청소년! 7인 7색, 배낭 메고 말레이 제도

글 · 사진 김 솔, 김태헌, 박은지, 박현서, 임요한, 주하민, 최윤하, 박진섭

도서출판 북트리

: 로마서 묵상하며 여행하기

청소년! 7인 7색,
배낭 메고 말레이 제도

글·사진 김 솔, 김태헌, 박은지, 박현서, 임요한, 주하민, 최윤하, 박진섭

도서출판 북트리

CONTENT

01 다섯 관점으로 만나는 7인 7색 배낭여행 ... 6

02 여행을 열다 ... 8

03 20일 말레이 제도 여행 루트 ... 10

04 서로를 소개합니다 / 여행 찬양 소개 ... 11

05 여행 준비 모임 ... 31

06 로마서 묵상하며 여행하기 ... 59

    2024-01-08 [로마서 1장] 상하이 레이오버, 기분 좋은 시작! ... 60

    2024-01-09 [로마서 2장] 깜짝 놀랄 물가, 싱가포르! ... 74

    2024-01-10 [로마서 3장] 육로 국경 넘어 말레이시아로! ... 88

    2024-01-11 [로마서 4장] 쿠알라룸푸르 시내 구경 ... 102

    2024-01-12 [로마서 5장] 바투동굴 힌두사원의 272계단 ... 115

    2024-01-13 [로마서 6장] 인도네시아 메단으로! ... 128

    2024-01-14 [로마서 7장] 메단에서 제대로 현지식 ... 142

    2024-01-15 [로마서 8장 1~17절] 터미널에서 만난 한류의 인기 ... 156

    2024-01-16 [로마서 8장 18~39절] 사모시르에서 누리는 자연 ... 169

    2024-01-17 [로마서 9장 1~18절] 상상초월! 20시간 나이트 버스 ... 183

    2024-01-18 [로마서 9장 19~33절] 파당, 나이트 버스 후유증 ... 197

    2024-01-19 [로마서 10장] 솔아, 괜찮아? ... 210

2024-01-20 [로마서 11장 1~24절] 에어비엔비에서 고기파티!　　224

　　2024-01-21 [로마서 11장 25~36절] 자카르타에서 또 하나의 추억　　237

　　2024-01-22 [로마서 12장] 신박한 닭구이와 족자카르타 야시장　　251

　　2024-01-23 [로마서 13장] 대단한 보로부두르 사원　　263

　　2024-01-24 [로마서 14장] 발리에서 힐링 시작!　　276

　　2024-01-25 [로마서 15장 1~13절] 스쿠버다이빙 도전!　　287

　　2024-01-26 [로마서 15장 14~33절] 발리 우붓　　302

　　2024-01-27 [로마서 16장] 대한민국으로!　　314

07 말레이 제도 여행을 마치며　　327

　　김　솔의 "여행으로 삶을 배우다"　　328

　　김태헌의 "도전하는 여행"　　330

　　박은지의 "말씀의 힘으로 살아가는 연습"　　332

　　박현서의 "'내'가 한 경험"　　334

　　임요한의 "여행과 함께하는 여행"　　336

　　주하민의 "어느새 추억이 되어버린 여행"　　338

　　최윤하의 "예상할 수 없는 그분의 계획"　　340

08 우리가 소개하는 여행 TIP　　343

09 여행을 닫다　　348

다섯 관점으로 만나는 7인 7색 배낭여행

　소명학교에서 가장 추천하고 싶은 청소년 배낭여행 '7인 7색'입니다. 학생들이 함께 준비하고 만들어가는 찐리얼 배낭여행이기 때문입니다. 이번에는 '말레이 제도'를 여행하는 이야기를 담았습니다. 여행의 준비와 진행 과정과 후기, 그리고 마지막 꿀팁까지 배낭여행의 종합선물세트를 만난 기분입니다.

　여러분도 '청소년! 7인 7색, 배낭 메고 말레이 제도'를 읽어나갈 때 아래의 다섯 가지 관점으로 읽어보시는 것을 추천합니다.

　첫 번째는 '말씀'입니다. 날마다 말씀과 함께 여행을 이어갑니다. 이번에는 '로마서' 말씀을 묵상했는데 매 순간 학생들의 묵상을 읽어보면 현실을 살아가는 우리에게도 영적인 깨달음을 줍니다. 말씀을 통해 낯선 곳에서의 경험만이 아니라 그 이상의 의미를 전해주고 있습니다.

　두 번째는 '도전'입니다. 여러 어려움을 만나고, 예측하지 못하는 변수를 만나 두려울 때도 있었지만 물러서지 않고 도전하는 이야기가 가득합니다. 도전하는 순간을 읽다 보면 왜 여행을 통해 '배움과 성장'이 있다고 하는지 알게 될 것입니다.

　세 번째는 '공동체'입니다. 7명의 학생들과 1명의 선배가 공동체가 되어 사소한 것도 서로 나누고, 누군가 아프고 힘들 때 함께 돕고, 배려하며 협력하는 모습을 보면 공동체로 하나 되어 함께하는 모습의 모범을 보고 있다는 생각이 듭니다.

　네 번째는 '기록'입니다. 7인 7색 여행의 바쁜 일정 중에 쉽지 않았을 텐데 모든 여정을 기록했고, 그 기록이 모여 이 책으로 나오게 되었습니다. 7인 7색 배낭여행은 '기록'을 통해 '기억'하는 특별한 여행이기도 합니다.

다섯 번째는 '감사'입니다. 3주간 진행되는 말레이 제도 7인 7색 배낭여행을 하면서 참가한 학생들 모두 각자의 어려움이 있었고, 고생도 참 많아 불평과 불만이 앞설 수 있었으나 그럼에도 불구하고 '감사'를 말하고 있었습니다.

이렇게 다섯 가지 관점을 담아낸 '청소년! 7인 7색, 배낭 메고 말레이 제도'의 발간은 소명학교 역사로도 남을 만큼의 의미가 있습니다. 김 솔, 김태헌, 박은지, 박현서, 임요한, 주하민, 최윤하 이상 7명의 제자들이 책까지 펴내서 학교장으로서 고맙고 감사합니다. 소명의 학생들을 포함하여 많은 청소년들이 꼭 읽어보길 추천하고, 7인 7색과 같은 말씀 묵상 배낭여행에도 도전해보길 권면합니다.

다시 한 번 진심으로 축하합니다.

감사합니다.

2024년 9월

소명학교장 정승민 (슈퍼맨)

여행을 열다

다섯 번째 시리즈, '말레이 제도'입니다. 싱가포르에서 출발하여 말레이 반도를 거쳐 인도네시아 수마트라, 자바 섬을 지나는 일정으로 20일을 진행했습니다. 지금까지 2018년에는 인도차이나 반도(베트남, 캄보디아, 라오스, 태국)에서 18일, 2019년에는 인도, 네팔(히말라야 안나푸르나 푼힐 포함)에서 23일, 2020년에는 남미(페루, 볼리비아, 아르헨티나, 브라질)에서 34일, 2023년에는 중동(이집트, 요르단, 키프로스, 이스라엘)에서 20일 일정으로 진행했습니다. 지금까지의 여행 일정을 비롯하여 출판까지 무사히 마무리 할 수 있었음에 하나님께 영광을 높여드립니다. 다음 여행은 튀르키예와 그리스를 고민하고 있습니다.

저는 경기도 용인시 수지구 고기동 소재, 경기도 교육청 등록 기독교대안교육기관 소명학교에서 '여행'이라는 별칭으로 국어를 가르치고 있습니다. 아이들이 저를 여행 쌤이라고 부릅니다. 별칭을 여행으로 지은 가장 큰 이유는 지금까지 나에게 보이지 않는 큰 스승으로 여행이 그 역할을 해주었기 때문입니다.

어느덧 다섯 번째인 이번 여행은 '말레이 제도'입니다. 이번에는 23학년도 10학년 김 솔, 11학년 김태헌, 박은지, 박현서, 임요한, 주하민, 최윤하, 12학년 (지금은 한동대학생이 된) 김다별까지 8명의 학생들과 20일 일정으로 로마서를 묵상하며 배낭여행을 했습니다. (다별이는 따로 출판 준비를 하고 있습니다.) 18년에는 사도행전을 묵상했고, 19년에는 마태복음을, 20년에는 창세기를 묵상하였고, 코로나로 잠시 쉼을 가진 뒤 23년에는 출애굽기를 묵상하며 배낭여행을 했었습니다.

말레이 제도의 특이점은 인도와 중국과 같은 근거리 나라의 문화가 녹아있기도 한 곳이며, 서구, 일본 등 제국주의가 만연했던 시기에 침략을 받아 침략국의 문화도 함께 공존하는 곳입니다. 동서양을 연결했던 헬레니즘 문화와 같이 의도되지 않은 동서양 문화의 만남이 있는 곳입니다. 종교는 대부분이 이슬람교이며, 기독교와 힌두교도 일부 있습니다. 이런 다양하고 복잡한 종교와 문화로 긴장감이 높을 것으로 예상될 수 있겠으나 그래도 큰 탈 없이 평화롭게 지내는 모습을 보면 이 곳 사람들의 유순한 성품도 함께 볼 수 있습니다.

7인 7색 여행의 두 가지의 목적은 첫 째, 나 자신을 찾아가는 여행입니다. 나를 창조하신 하나님께서 '성경'을 통해 말씀하십니다. 하루의 시작으로 말씀을 묵상하고, 이 말씀을 토대로 하루를 살아가고, 저녁 시간에 성찰하는 시간을 매일 가졌습니다. 또한 다양한 상황을 마주하며 이 상황을 어떻게 마주하고 대하는지를 스스로 관찰하며 자신이 누구인지 이해하는 시간을 갖습니다. 둘 째, 아이들이 주도하며 성장하는 여행입니다. 아이들이 시행착오를 겪으며 성장하는 모습을 바라볼 때 저는 방학을 포기한 것 이상의 가치를 바라봅니다. 그 모습이 너무나 아름답습니다. 개인주의가 만연한 이 시대를 거슬러 함께 공동체를 경험하며, 배우고, 성장함도 바라봅니다.

이 책과 함께 '로마서'를 깊이 묵상하는 시간이 되시기를 권면합니다. 로마서를 통해 바울은 두 가지를 강조하고 있습니다. 첫 번째는 '믿음'입니다. '오직 의인은 믿음으로 살리라.'는 이신칭의를 통해 행위가 아닌 믿음으로 구원받을 수 있음을 명확하게 말씀하고 있습니다. 두 번째는 '삶'입니다. 12장부터 믿음으로 은혜를 입은 자답게 살아가는 행함, 곧 삶을 이야기하고 있는 것입니다. 이 말씀은 현대를 살아가는 우리에게도 동일하게 말씀하고 있습니다. 믿음과 삶이 동일시되어 하나님의 자녀답게 살아가는 여러분 모두 되시기를 축복합니다.

감사합니다.

2024년 9월
소명학교 교사 박진섭 (여행)

20일 말레이 제도 여행 루트

서로를 소개합니다 / 여행 찬양 소개

여행 찬양을
들을 수 있어요!

김 솔을 소개합니다

김태헌 : 팀의 막내이고, 에너지가 엄청나다. 엄청난 에너지를 통해서 뭐든 해 보려고 하고, 나섰던 일이 기억에 남는다. 여행을 하면서 아프고 힘들어했을 때가 있었지만 불평하지 않고 잘 이겨냈다. 감성이 풍부한 것 같다.

박은지 : 밝고 유쾌한 친구. 말도 많고 장난기도 많다. 그리고 대통령 성대모사도 잘한다.ㅋㅋㅋ 항상 옆에서 웃게 해줘서 고마웠다. 우리 팀에서 유일한 막내라 걱정했지만 나름 씩씩하게 잘 지내는 모습이 보기 좋았다.

박현서 : 7인 7색 멤버 중 유일한 10학년(고1). 항상 밝은 에너지를 유지하며 여행에 즐겁게 임하였다. 나머지 멤버들이 다 선배였지만 금방 적응하고 매사에 적극적인 모습을 보여주는 후배였다.

임요한 : 팀 내에서 유일하게 10학년 막내라서 잘 적응하지 못하진 않을까 걱정했는데 생각보다 잘 적응해서 함께 여행할 수 있었다. 호기심이 많은 성격이라 어딜 가도 호기심을 가지고 탐구하려는 모습이 기억에 남았다. 여행 중에 처음 만난 분들과도 금방 친해져서 같이 사진도 찍을 정도로 친화력이 좋은 친구이다.

주하민 : 솔이는 이번 여행의 막내로, 선배들과 함께하는 여행에서도 밝은 에너지를 유지하며 긍정적인 모습을 보여준 친구이다. 언제나 웃음을 잃지 않고 주변을 밝게 만드는 솔이의 존재는 여행 기간 중 힘을 주는 역할을 했다. 어려운 상황에 부딪혀도 웃음을 잃지 않고 낙천적인 마인드로 도전하는 모습을 보여준다.

최윤하 : 솔이는 항상 씩씩하고 자신감이 넘치며 긍정적이다. 혼자 막내라 힘들었을 텐데 씩씩함을 잃지 않고 오히려 긍정적인 말들을 하며 힘든 상황을 이겨내려고 한다. 오히려 선배인 내가 많은 것을 배운 것 같다. 솔이의 긍정적인 마음과 묵상을 들으면서 나 자신도 성찰할 수 있어 고마웠다. 자신이 아픈 상황에서도 최대한 회복하려고 노력하고 더 성숙해지기 위해 노력하는 모습이 멋있고 고마웠다.

- **솔이의 여행 찬양 소개**

    나는 예람 워십의 '모든 걸음 되시네'라는 찬양을 골랐다. 이 찬양을 고른 이유는 불확실한 상황 속에서도 하나님이 내 나아갈 길을 아시고 인도해 주신다는 이 찬양의 메시지가 7인 7색에서 마주할 어려움에 있어 큰 위로가 될 것이라 생각했기 때문이다.

김태헌을 소개합니다

김 솔 : 상하이 입국 과정에서 직원들이 중국어로만 말해서 애를 먹었을 때, 중국어를 잘 해서 든든했다. 평소에 팀을 위해 많이 노력하는 모습을 보았다.

박은지 : 우리 팀에서 유일한 J인 것 같다. 계획적이고 시간 관리나 회의 진행을 무척 잘한 다. 실질적 리더라 불러도 될 정도로 팀에 많은 도움을 주었다. 뭔가 되게 논리적 이고 일 처리를 깔끔하게 잘한다.

박현서 : 7인 7색의 재미를 담당한 김태헌. 체대 준비생답게 체력이 좋아 여행에 큰 어려 움 없이 임한 친구이다. 싱가포르에서 가오리 요리를 상당히 먹고 싶어 했지만 결국 먹지 못해서 아쉬워하던 모습이 기억에 남는다. 여행 내내 여러모로 나를 재미있게 만들어 주었고, 힘이 돼 주었던 친구였다.

임요한 : 책임감이 높은 친구이다. 자기가 담당하는 부분이 아니어도 문제가 생기면 무조 건 나서서 해결하려고 해줘서 든든했다. 밥을 제대로 못 먹으면 예민해지므로 주 기적으로 음식을 배불리 먹을 수 있게 해줘야 한다. 항상 활기찬 분위기를 끌어 내려고 노력해 준다.

주하민 : 우리들의 행동대장 태헌이. 태헌이는 문제가 발생하면 먼저 나서서 친구들을 도 와주는 듬직한 친구이다. 뛰어난 책임감과 빠른 판단력으로 상황을 극복하고 해 결해 나간다. 주변에 활발한 에너지를 전달하며 유머 감각도 뛰어나 친구들에게 힘을 주는 역할을 한다. 태헌이와 함께하면 덩달아 나까지 자신감이 충전되는 기 분이다. 태헌이는 친구들의 손과 발이 되어 주며 함께하는 모든 순간을 재미있게 만들어 준다.

최윤하 : 태헌이는 도와주는 걸 좋아하며 배려가 깊다. 항상 무거운 짐은 자신이 들어야 하고, 곤란한 상황일 때 자신이 먼저 선뜻 나서며 다른 사람들을 배려해 준다. 다 같이 대화할 때 분위기를 즐겁게 만들어 주며 편하게 만들어 주는 장점을 가지고 있다. 책임감과 자신감이 넘치는 태헌이는 여행 안에서 힘든 일을 도맡아 하고 친구들을 도와주고 챙겨줄 때 참 고마웠다. 태헌이의 든든한 모습 덕분에 7인 7 색 여행이 안전하고 힘들지 않게 끝날 수 있었다.

• 태헌이의 여행 찬양 소개

　나는 '더 원합니다.'라는 찬양을 내 주제곡으로 선정하였다. 사실 주제 찬양을 선정하는 과정이 내게는 조금 어려웠다. 긴 여행 동안의 주제가 될 찬양이라고 생각하니 너무 거창한 것 같기도 하고, 여행 상황에 맞을 것 같은 적절한 찬양을 골라야 한다는 부담감도 있었다. 그러던 중에 하민이가 '더 원합니다'라는 찬양이 나와 잘 어울릴 것 같다며 추천을 해주었다. 실제로 찬양을 들어보니까 여행을 하면서 지칠 때 위로를 받을 수 있는 찬양인 것 같아서 마음에 들었고, 내 주제 찬양으로 선정하게 되었다.

박은지를 소개합니다

김 솔 : 내 소울 메이트다. 제작년에 남아공 단기선교를 함께 간 것에 이어서 올해도 함께 7인 7색 여행을 갔다. 여행지에서도 내 룸메이트였다. 진지할 땐 진지한 면도 있지만 장난기가 많고, 방에서 쉬고 있으면 자꾸 옆에서 복근운동을 하고 있었다. 그리고 내가 어려운 순간이 올 때, 특히 아팠을 때 내 옆에서 정말 많이 도와준 언니이다. :)

김태헌 : 여행을 잘 즐길 줄 아는 친구다. 여행지에서만 누릴 수 있는 값진 활동들에 항상 참여했다. 물론 남들이 기피하고, 힘들어하는 일에도 열심히 참여했다. 여행 내내 좋은 의견도 많이 내주고, 여행지 조사도 열심히 했던 것이 기억에 남고 고맙다.

박현서 : 여행의 계획과 이행에 최선을 다해준 박은지. 전체적인 일정에 정말 열심히 임하고, 무언가 변수가 생겼을 때는 해결하려 노력하였다. 항상 묵묵하게 자기 일을 함으로 여행에 도움이 된 친구이다.

임요한 : 적응력이 좋은 친구이다. 아무리 열악한 환경에 놓여도 힘들어하는 모습을 못 본 것 같다. 자기가 담당한 것들을 누구보다 열심히 하는 게 보였는데 특히 직접 맡은 족자카르타 조사를 엄청 열심히 해준 게 느껴졌다. 솔이가 아플 때도 가장 많이 챙겨줬다. 여행 때 무지개색 바지를 자주 입고 다닌 게 기억에 남는다.

주하민 : 은지는 책임감이 뛰어나며 친구들을 위한 배려심이 깊은 친구이다. 본인이 맡은 일이 아님에도 적극적으로 나서서 도움을 주는 따뜻한 마음을 가지고 있다. 또한 동갑이든 선후배든 상관없이 모두와 잘 어울려 지내는 놀라운 친화력을 보여준다. 은지의 가방 속에는 없는 것이 없어 무언가 필요할 때 먼저 선뜻 손을 내밀어주던 친구이다.

최윤하 : 은지는 여행하면서 정말 강하다는 걸 느끼게 해주었다. 어떤 상황에서도 정말 힘든 내색 하나 안하고 끝까지 도와주며 자신보다 남을 배려하는 모습이 멋있었다. 분명히 지치고 힘든 상황에서도 자신보다 남을 더 챙기는 모습이 성숙해 보였다. 누가 힘들거나 지치면 신경 써주고 챙겨주는 모습이 고마웠고 인상 깊었다. 은지가 맡은 일을 끝까지 책임지며 해내려 하고 자신이 맡은 일정을 가볍게 여기지 않고 최선을 다하는 모습이 멋있었다.

• **은지의 여행 찬양 소개**

　나는 '주를 위한 이곳에'라는 찬양을 선정했다. "주 은혜로 이곳에 서 있네. 주 임재에 엎드려 절하네. 그 어느 것도 난 필요 없네. 주님만 경배해."라는 구절이 인상 깊었다. 7인 7색을 하면서 환경도 열악하고 부족한 것이 참 많을 텐데, 그런데도 이곳에 오게 된 것, 7인 7색을 하게 된 것, 내가 이 공동체 안에 있는 것 등 모든 것이 주님의 은혜임을 고백하고 싶었다. 그래서 힘든 상황에도 주님을 찾는 연습을 하고 싶어서 이 찬양을 선정하게 되었다.

박현서를 소개합니다

김　솔 : 주하민 선배와 함께 교내 찬양 팀 리더이다. 그리고 나랑 같은 학생회 부서 팀원이어서 7인 7색을 가기 전에도 안면이 있었다. 그리고 영어를 잘해서 영어로 소통할 일이 있을 때 든든했다.

김태헌 : 유쾌하고, 배려심이 많으므로 함께 여행하기 좋은 친구다. 남을 잘 배려해 주려는 성격 덕분에 누구와도 잘 지내며, 여행 중에 좋은 분위기를 많이 조성해 주었다. 가끔 물건을 분실하거나, 바보짓을 할 때도 있지만 그게 현서의 매력 중 하나다. 기쁠 때뿐만 아니라 힘들 때도 함께 해주는 엄청 든든한 친구이다.

박은지 : 우리 중에 영어를 제일 잘한다. 특히 인도네시아 사람들의 영어는 발음 때문에 알아듣기가 힘든데 어떻게 알아듣고 말하는 건지 되게 신기했다. 숙소 체크인이나 현지인과 소통하는 건 다 이 친구가 했다. 같이 여행하는 입장에서 진짜 든든했다.

임요한 : 행동은 조금 느리지만 착한 친구이다. 다른 친구들을 배려하려고 노력하는 모습이 매우 감동적이었고, 자기가 도울 수 있는 일들은 언제나 나서서 도와준다. 매일 같은 나시고랭만 먹는 게 힘들다고 말하면서도 항상 남김없이 잘 먹는다. 그리고 찰떡파이를 아주 좋아한다.

주하민 : 우리들의 파파고 현서. 친절하고 이해심이 깊어서 우리들의 이야기를 항상 잘 들어주는 따뜻한 친구이다. 함께 여행하면서 현서는 친구들에게 힘을 주고, 다른 사람의 필요를 차별 없이 잘 챙기는 친구이다. 현서에게는 언제든 어떤 이야기든 편하게 할 수 있어 여행 내내 많은 이야기를 나누며 의지할 수 있었다.

최윤하 : 현서는 배려심이 깊고 긍정적이어서 같이 있으면 편해진다. 어떤 상황에서도 상대방을 먼저 생각하고 도와주는 것이 몸에 배어 있다. 힘들고 지치는 상황에서 현서랑 같이 있으면 힘이 나고 즐거워진다. 조금이라도 지쳐 보이면 먼저 찾아와 걱정해 주고 도와주는 따뜻한 친구이다. 가끔 어리버리 할 때도 있지만 밝은 에너지와 좋은 성품 덕분에 장점이 단점을 가리는 내가 본 사람 중 가장 착한 친구이다.

- **현서의 여행 찬양 소개**

    7인 7색 여행의 주제 찬양으로 WELOVE의 '아버지의 사랑으로'를 선택했다. 전체적으로 편안한 분위기의 음악이라 마음에 들기도 했지만, 찬양의 가사 중, "아버지의 사랑으로, 우린 한 번 더 일어서네"라는 가사가 마음에 와 닿았다. 7인 7색의 일정 속에서 닥쳐올 고난뿐만 아닌, 우리 모두가 각자의 인생 속에서 찾아오는 고난 때문에 넘어질 때가 있을 것이다. 이때 억지로 일어서는 것이 아닌 하나님의 사랑으로 몇 번이고 다시 일어나 자신에게 주어진 소명을 이루어 나가는 사람이 되기를 소망하는 마음에서 이 찬양을 선정하게 되었다.

임요한을 소개합니다

김 솔 : 인도네시아에서 고양이 사진을 상당히 많이 찍었다. 고양이를 좋아하는 듯하다. 자카르타 담당이었는데 자카르타에서 일반적인 호텔이 아니라 에어비앤비를 예약한 게 인상 깊었다.

김태헌 : 불평하지 않고, 수용적인 성격 덕분에 함께 있으면 편안한 친구다. 못 먹는 것이 없고, 못 하는 것이 없어서 어딜 가든지 잘 생활할 수 있다. 겉으로는 의지가 없어 보일 수 있지만, 본인이 꼭 하고 싶은 게 있다면 강력하게 추진하는 능력도 지니고 있다. 가끔 쓸모없는 물건을 사는데 돈을 투자할 때가 있다.

박은지 : 조용해 보이는데 은근히 할 일, 할 말 다 하는 것 같다. 도마뱀을 좋아한다. 좋아하는 분야가 예술 쪽이어서 그런지 사진도 뭔가 예술적으로 잘 찍는 것 같다. 그리고 여행 스타일이 나랑 반대여서 신기했다. 내가 좀 빡세게 일정을 잡았었는데 이 친구의 일정은 힐링 느낌이라 되게 색다르고 좋았다.

박현서 : 이 시대의 진정한 평화주의자. 평소에는 조용하지만 가끔 하는 한마디가 허를 찌른다. 조용하고 편안한 것을 좋아하기에 자카르타 숙소에서 요한이의 표정을 잊지 못한다. 상당한 예술적인 감각이 있기에 사진 찍을 때 도움을 많이 받았다.

주하민 : 요한이는 함께 학교에 다니는 내내 말 하는 걸 거의 들어본 적이 없을 정도로 조용한 성격이지만 언제나 묵묵히 친구들을 지지하고 함께해 준다. 그리고 조용한 성격과는 반대로 유머 감각도 있는 재미있는 친구이다. 사람을 잘 관찰하고 가끔은 옆에서 조용히 팩폭을 날리는데 그게 또 웃음을 주는 포인트 중의 하나이다.

최윤하 : 요한이는 겉으론 조용해 보이지만 실제로도 조용하다. 하지만 말 한마디 한마디가 우리를 자주 웃게 해줘서 같이 있으면 즐거워진다. 항상 조용히 뒤에서 지켜보았다가 도와주고 챙겨줘서 고마웠다. 가끔은 서로 장난을 너무 많이 쳐서 투닥거리기도 했지만, 요한이랑 같이 대화해 보면 성숙하고 생각이 깊다고 느껴지고 성장할 수 있도록 도와줘서 덕분에 즐거웠던 기억이 많은 것 같아 고맙다. 사진 찍는 걸 좋아하고 미적 감각이 넘치며 강아지와 고양이뿐만 아니라 도마뱀과 원숭이 등 가리는 동물과 곤충이 없는 듯하다.

• **요한이의 여행 찬양 소개**

　내가 고른 찬양은 '마귀들과 싸울지라'이다. 제목도 가사도 강렬해서 일상생활에서 듣기에는 공감이 잘 안될 수 있지만, 여행 중에 열악하고 힘든 상황이 찾아왔을 때는 이 찬양만큼 힘이 되는 찬양이 또 없다. 여행 중에 만난 어려움들을 하나님과 함께 담대하게 이겨낼 수 있게 해주는 찬양이다.

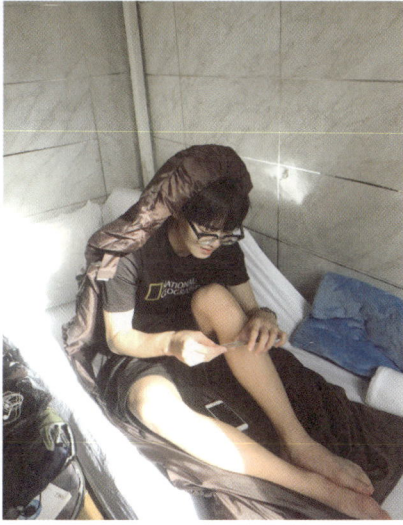

주하민을 소개합니다

김 솔 : 내가 속한 교내 찬양 팀의 리더였는데 7인 7색도 같이 가게 되어서 기대가 되었다. 7인 7색에서 친언니 분을 통해 llaollao(아이스크림 가게)를 소개해 줘서 덕분에 맛있는 아이스크림도 먹을 수 있었다.

김태헌 : 몸은 약하지만 책임감은 강한 친구다. 꼼꼼하고 세심하므로 주변 사람들을 잘 챙겨줄 때가 많으며, 성숙하기도 해서 공동체에 꼭 필요한 유형의 사람이다. 무서워하는 것이 많으나 정작 사람들이 본인을 무서워한다는 사실을 모른다. 무서울 때, 추울 때, 신났을 때 모두 소리를 지르는 것이 매우 인상적이다.

박은지 : 말투는 부드러운데 은근히 카리스마가 있는 친구. 말투가 조곤조곤하면서 굉장히 차분하다. 자주 아파 보여서 걱정했는데 아픈 티도 별로 안 내고 팀에 항상 도움이 되어 준 것 같다.

박현서 : 자칭 인도네시아의 여왕 주하민. 특유의 진지하면서도 밝은 성격으로 여행에 많은 도움을 주었다. 쿠알라룸푸르에서 빨래의 딜레마에 사로잡혀 있을 때 같이 해결해 주기도 하였다. 여행을 카리스마 있게 이끌어간 하민이에게 박수를.

임요한 : "성격도 외모도 천사같이 아름답고 고운 하민이."라고 써달라고 하민이가 부탁했다. 부드럽지만 카리스마가 있어서 이견이 잘 안 좁혀지거나 빠른 진행이 필요한 상황에서 다른 친구들을 집중시키고 이끌어 준다. 여행 내내 무릎이 안 좋아서 체력적으로 힘들었을 텐데 티 내지 않고 오히려 친구들을 챙겨주었다.

최윤하 : 하민이는 친구들을 잘 이끌어 주고 힘들 때마다 잘 챙겨주는 밝고 무서운 친구이다. 언제나 상황판단이 빨라 신속하게 결정하게 도와주고 친구들을 잘 이끌어 준다. 하민이는 환하게 웃는 모습이 정말 예쁘고, 밝지만 동시에 카리스마가 있어 모두가 하민이 말을 정말 잘 듣고 반박하지 않는다. 하민이는 자신이 힘들어도 남을 잘 챙기고 도와주며 같이 있으면 정말 따뜻하다는 걸 알 수 있다. 몸은 약하지만 속은 강해 무너지는 상황 속에서도 잘 이겨내고 또 그렇게 하길 노력한다.

• **하민이의 여행 찬양 소개**

　내가 선정한 찬양은 예람 워십의 '주님의 시선'이다. 작년 초에 처음으로 접했던 이 찬양은 나에게 위로를 주었던 찬양이다. 모든 여행 일정 중 언제나 주님의 시선이 나를 향하고 있다는 것을 항상 기억하고자 선정하게 되었다.

최윤하를 소개합니다

김 솔 : 처음엔 어색했는데 라이즈의 원빈을 좋아한다는 사실을 알고 나서 내적 친밀감이 생겼다. 정이 많고 귀여운 고양이를 좋아하는지 고양이 사진을 자주 찍는다. 같이 나눔을 할 때 보면 회개하려고 노력하는 모습이 인상적이었고 나도 배울 점이라 생각했다.

김태헌 : 재미있고, 다정해서 꼭 필요한 친구다. 장난도 많고, 웃음도 많아서 긍정적인 분위기를 만드는데 도움을 준다. 눈치가 빨라서 언제 어떤 것이 필요한지 잘 알아채고 도와준다. 길 찾기 능력이 좋아서 팀의 내비게이션으로 사용되었다. 가끔 맞을 짓을 하는데, 막상 맞으면 억울해하는 게 뭔가 웃기다.

박은지 : 항상 밝고 엉뚱한 매력이 있다. 예상치 못한 말 한마디로 빵 터질 때가 있다. 그리고 주변 사람을 잘 챙기고 정이 많은 친구다.

박현서 : 여행의 분위기를 담당한 최윤하. 한국과는 많이 다른 인도네시아의 문화나 분위기 때문에 모두가 똑같이 적응이 힘들었지만, 더욱 내색하지 않으려 했던 게 느껴졌다. 또한 특유의 긍정적인 에너지 덕분에 여행 내내 힘들었던 일도 잊고 웃게 해준 친구였다.

임요한 : 여행 전에는 다른 나라의 음식이 안 맞을까 봐 걱정했지만, 모든 음식을 잘 먹었다. 장난을 많이 치긴 해도 사소한 것들로 다른 친구들을 챙겨주기도 하고, 힘든 상황에도 불평하지 않고 긍정적으로 생각하려고 노력하는 모습이 보였다. 길을 잘 찾아서 내비게이션 역할로도 활동해 주었다. 아이들을 특히 좋아한다.

주하민 : 윤하는 여행 기간 내내 항상 내 곁을 지켜주었던 가장 믿음직스러운 친구이다. 함께 잠을 잔 경험이 많아 3주 동안 함께하며 어떠한 불편함도 없었다. 특히 무릎이 좋지 않은 내가 뒤처질 때는 옆에서 묵묵히 손을 잡아 이끌어 주는 따뜻하고 배려심이 깊은 친구이다. 또 의외의 의젓한 모습들도 볼 수 있었다. 함께 있으면 어떤 상황에서도 안심하고 즐겁게 여행을 즐길 수 있는 친구이다.

• 윤하의 여행 찬양 소개

　WELOVE의 '어둔 날 다 지나고'를 선정했다. 여행을 하면서 많이 지치고 힘든 시간들이 있을 텐데 그 순간마다 불평하는 내 자신이 더 연약해져 하나님이 원하시는 모습대로 행동하지 못할 것 같았다. 그래서 그때마다 하나님을 붙잡으며 하나님 뜻대로 살아가야 한다는 것을 기억하는 찬양을 하고 싶어서 선택하였다. 여행에서뿐만 아니라 우리가 살아갈 때 세상이 보기에는 우리가 이상하고 미련해 보여 우리를 무너뜨리고 힘들게 할지라도, 하나님께서 우리를 반드시 지켜주시고 하나님이 결국 옳으시다는 것을 다시 기억하기 위해 선택하였다.

김다별 선배를 소개합니다

김　솔 : 첫인상과 현인상이 제일 다른 선배이다. 학교 신문 동아리에서 처음 만났는데 그때는 진지하고 성실하고 신앙심 좋은 선배라고 생각했다. 물론 지금도 그런 면이 있지만 여행을 같이 다니면서 장난기 많은 모습을 발견했다. (수영할 때마다 나에게 물을 뿌린다..) 그리고 둘 다 투머치토커여서 다양한 주제로 이야기를 나누었고, 내가 선배의 인생 사진을 많이 찍어주기도 하는 등 20일 동안 많이 친해지고 재미있게 지냈다.

김태헌 : 이번 7인 7색에서 팀장을 맡아주었다. 주도적이고, 긍정적인 능력을 지닌 형이다. 명랑한 성격을 통해서 사람들과 잘 지내는 능력도 가지고 있다. 언제든 잘 나서서 도와주고, 팀 활동에 적극적으로 참여해 준다. 함께 여행한다면 도움 주는 일이 많은 고마운 존재이다.

박은지 : 우리 팀의 팀장이자 유일한 12학년 선배. 7인 7색 오기 전엔 진지한 면만 있는 줄 알았는데 같이 지내보니 은근히(사실 많이) 장난꾸러기라는 걸 알게 되었다. 내가 만약 친오빠가 생긴다면 이런 느낌일 것 같다. 축구 월드컵 일정을 다 외우고 다닐 정도로 축구를 엄청 좋아하고, 탁구를 잘치고, 수영을 못한다. 그래서 그런지 같이 수영할 때 너무 재밌었다. ㅋㅋㅋ

박현서 : 8명의 학생 중 가장 선배인 김다별 선배. 항상 차분한 목소리로 말하고 매사에 조용하지만, 적극적으로 임했던 모습이 기억에 남는다. 힘들더라도 크게 내색하지 않고, 즐길 때는 정말 재밌게 즐기는 모습이 인상적이었다.

임요한 : 7인 7색 멤버 중 가장 연장자이자 팀장으로도 섬겨준 다별 선배. 그만큼 어떤 상황에서도 긍정적인 마음을 잃지 않고 선배로서 우리를 챙겨주었다. 힘든 일도 솔선수범해서 참여하고 놀 때는 누구보다 재미있게 즐기는 모습이 보기 좋았다. 특히 수영할 때 정말 행복해 보였다.

주하민 : 다별 선배는 이번 여행의 유일한 12학년으로서 팀장 역할을 맡아주었다. 뛰어난 책임감을 갖고 있으며, 선배라는 위치의 무게를 잘 이해하고 우리를 안내해 주었다. 때로는 단호하고 결단력 있는 모습으로 우리를 이끌어 주는 리더십이 여행

내내 우리 모두에게 큰 도움을 주었다.

최윤하 : 다별 선배는 이번 7인 7색 여행 팀원 중 가장 긍정적이고 밝았다. 여행 리더와 선배로서 항상 우리를 도와주고 챙겨주려고 노력하는 모습이 자주 보였다. 가장 선배이고 또 여행의 리더라 부담감도 많았을 것 같은데, 그럼에도 밝은 모습을 잃지 않고 성숙한 선배를 보며 감사하기도 하고 죄송하기도 했다. 다별 선배와 함께 탁구를 쳤을 때도 답답한 상황에서 답답한 티를 하나도 안 내고, 오히려 더 친절하게 가르쳐주어서 계속 같은 팀을 하고 싶을 정도로 친절했고 감사했다.

여행(박진섭) 선생님을 소개합니다

김　솔 : '여행'이라는 닉네임을 가진 분답게 여행의 고수이시다. 그리고 같이 있다 보면 정말 배울 점이 많다. 여행 내내 여행 쌤이 계셔서 든든했다. 그리고 다년간의 여행 경험으로 인해 사진을 정말 잘 찍어주신다. 여행 쌤 감사합니다!!

김태헌 : 언제나 변함없이 감사한 선생님이다. 여행지에서는 거의 모든 것을 우리 스스로 하게 두시지만, 이것을 통해서 우리가 최대한 많은 것을 배울 수 있게 해주신다. 여행뿐만 아니라 인생에 꼭 필요한 조언들을 해주시며, 참 스승의 표본이다.

박은지 : 더위와 고난을 즐기는 여행 쌤. 이번 여행을 통해 더욱 존경하게 되었다. 말도 안 되는 변수들을 많이 겪어보셔서 그런지 인내심이 엄청나신 것 같다. 우리가 직접 여행을 주도해야 하기에 방관자 역할을 자처하셨지만, 든든한 존재감을 가릴 순 없었다.

박현서 : 처음부터 끝까지 든든하게 우리의 뒤를 지켜주셨던 여행 쌤. 여행 내내 일정에 전혀 개입하지 않으시고, 길을 헤매도 그대로 따라오시기만 하셨지만, 그 덕분에 모든 것을 우리가 직접 했기에 7인 7색에서 얻어가는 것이 더 많았다.

임요한 : 체격도 마음씨도 듬직하신 여행 쌤. 우리에게 모든 것을 맡기고 뒤에서 지켜보시지만 필요한 상황에는 주옥같은 조언도 해주신다. 여행 쌤께서 우리가 최대한 많은 경험을 해 볼 수 있도록 이끌어 주신 덕분에 더 좋은 여행이 될 수 있었다. 여행할 때만큼은 여행 쌤의 말씀이 절대적으로 옳으므로 말을 잘 듣자.

주하민 : 여행 쌤은 여행 내내 우리 곁에서 듬직하게 함께해 주셨다. 그의 존재만으로도 안심이 되고, 믿음이 생긴다. 섬세한 관찰력과 따뜻한 성격으로 우리를 편안하게 해주는 특별한 존재이다. 언제나 뒤에서 우리를 지켜주며, 어려운 순간에도 현명한 선택을 할 수 있도록 도움을 주신다. 때로는 선생님의 섬김이 우리에게 감동을 주기도 했다.

최윤하 : 여행 쌤은 항상 뒤에서 우리를 지켜봐 주시면서 격려와 조언을 아끼지 않으신다. 항상 우리를 지켜보시면서 답답한 상황이 많으셨을 텐데 그 모습을 참고 있는 참을성을 배우고 싶다. 어떤 상황에서도 웃음을 잃지 않으시고 긍정적이다. 우리가

여행을 하면서 하는 모든 경험에서 배움을 얻을 수 있도록 도와주시고 묵상을 하면서 우리와 하나님과의 관계가 가까워질 수 있도록 도와주신다. 여행 쌤의 긍정적이고 어른스러운 성품을 닮고 싶다..

여행 준비 모임

솔이의 여행 준비

• **2023-11-09 (목) 첫 번째 모임**

　오늘은 첫 모임을 했다. 모임 전에 '7인 7색'에 대한 기대감도 있었지만, 한편으로는 나이가 제일 어려서 선배들 사이에서 내 몫을 잘할 수 있을지 걱정되기도 하였다. 대략적인 코스를 짤 때 상하이에서 10시간 동안 여행을 하는 것이 추가되었다. 그리고 갈 나라들에 대한 조사를 어느 정도 하고 마무리되었다. 여행 쌤께서 운동을 꾸준히 하라고 권면하셨다. 평소에 운동 관련해서는 좀 작심삼일 같은 태도로 임했는데, 7인 7색은 체력이 없으면 가서 살아남기(?) 힘들 것 같아서 진짜 운동을 해야겠다고 생각했다!!

• **2023-11-14 (화) 두 번째 모임**

　두 번째 모임이다. 이제는 본격적으로 코스 짜는 작업을 진행하고, 각자 담당 지역을 정하고, 준비 과정 역할을 정했다. 내 담당 지역은 '발리'인데 발리가 휴양지로 유명하고 자연도 좋아서 자연에서 휴양하는 느낌으로 짜보고 싶다. 하지만 한편으로는 발리가 좋은 여행지이기에 더 잘 준비해야 한다는 부담도 있다.

　그리고 준비 과정에서의 내 역할은 배낭여행 준비물 리스트 초안을 작성하는 것이다. 어렸을 때부터 여행을 많이 다녀서 그런지 준비물 체크하고 짐 싸는 게 나름 익숙하지만, 배낭여행은 짐을 줄이는 게 관건이므로 이를 유념하며 준비해야겠다는 생각이 들었다.

• **2023-11-20 (월) 세 번째 모임**

　오늘은 각자 하기로 한 역할에 대해 발표를 하였다. 나는 준비물 초안에 대해 발표하였다. 그리고 담당 지역 조사를 진행하였다. 나는 발리 담당이어서 발리에 대해 조사를 진행하였다. 주로 발리의 유명 관광지, 수상 액티비티, 먹거리 등을 조사했는데, 처음에는 조사하면서 조금 막막했지만 발리가 한국인들에게 인기 있는 관광지여서 그런지 관련 정보들이 많이 나와서 그나마 덜 막막했다. 나는 발리를 조사하면서 기대되는 부분이 스쿠버다이빙인데, 스쿠버다이빙을 하면서 난파선 탐험도 하고 거북이도 만나고 싶다.

• 2023-11-27 (월) 네 번째 모임

  오늘은 작년에 7인 7색을 다녀온 변선민 선배가 와서 도움을 주었다. 나는 선배에게 7인 7색 숙소를 어떻게 예약하는지 질문을 했는데, 숙소는 어느 구역에 몰려있는지만 확인하고 현지에서 바로 예약한다고 해서서 신기했다. 나는 준비 모임 때 하나부터 열까지 다 계획하고 가는 줄 알았는데 의외로 현지에서 갑자기 하는 것들이 많아서 계획이 변경되는 일이 있더라도 유연하게 대처할 수 있는 자세가 필요할 것 같다. 그리고 발리 코스는 차 안에만 있는 시간을 최대한 줄이기 위해 동선을 대략 계획하였다.

• 2023-12-11 (월) 다섯 번째 모임

  오늘은 작년에 7인 7색을 다녀온 여러 선배들의 7인 7색 후기와 꿀팁을 들었다. 가장 기억에 남았던 부분은 멘탈을 잘 잡아야 한다는 꿀팁이었다. 이를 통해 느낀 점은 현지에서 계획이 틀어지는 여러 상황이 생길 수도 있으니 이에 대비하는 것도 중요하지만 계획대로 되지 않더라도 멘탈을 잘 잡는 게 중요하며, 이 멘탈을 잡는 과정에서 하나님을 의지해야겠다고 생각했다.

  그리고 다른 꿀팁으로는 7인 7색 출판에 대비하여 글을 꾸준히 쓰라고 하셨는데, 사실 나는 현지에 가서 피곤한 상황 속에서 글을 많이 쓸 자신이 없었지만, 그래도 남아공이나 영국에서 꾸준히 글을 쓴 경험이 있기에 너무 피곤하면 키워드 중심으로 적는 등 여러 방법을 통해 글을 적어야 할 것 같다.

  선배님과의 만남이 끝나고, 지역 조사를 하면서 7인 7색 때 부르고 출판에도 넣을 찬양을 선곡하였다. 나는 '주님 내 길 아시네'라는 찬양을 선곡했는데, 이 찬양은 평소 내가 나의 길에 대한 확신이 없을 때, 나를 둘러싼 여러 상황들이 막막하고 어려울 때 듣는 찬양이다. 이번 여행에서도 분명히 어려운 상황이 있을 텐데, 그때마다 이 찬양을 들으며 하나님이 나의 길을 인도하심을 다시금 잊지 않게 하고 싶다.

• 2023-12-18 (월) 여섯 번째 모임

　오늘은 오후 수업을 빠지고 다 같이 장티푸스 예방접종을 하러 병원에 갔다. 주사를 맞기 전엔 걱정이 되면서 오만가지 생각이 다 들었지만, 막상 주사를 맞고 나니 내가 생각했던 것보다는 덜 아팠던 것 같다.
　저녁에는 다시 학교로 돌아와서 평소처럼 준비를 시작했다. 오늘은 발리 루트를 여러 가지 버전으로 만들어 보았다. 준비는 무난하게 잘하고 있었지만, 예방접종의 여파 때문인지 평소보다 더 졸렸고, 왼쪽 팔이 뻐근했다.

• 2023-12-26 (화) 일곱 번째 모임

　오늘은 조사를 보충하면서 새로운 사실들을 알게 되었다. 대략적인 일정은 짜졌지만, 발리가 출국 일을 제외하면 3일로 늘어나서 내가 예상한 것보다 더 많은 활동을 할 수 있을 것 같았다. 그리고 환전 관련해서 알아보던 도중 여행 쌤에게 여쭤보니 개인 용돈은 부모님이 여행 쌤에게 보낸 다음에 현지 ATM에서 뽑아서 쓰는 방식으로 한다고 한다.
　그리고 오늘 준비 모임에서는 약간의 걱정도 하였다. 우리는 중국 동방항공을 이용할 예정인데, 동방항공에 대해 알아보던 중 작년에 동방항공 여객기가 수직으로 추락했다는 걸 보고 걱정이 되어 비행기 사고가 안 나기를 기도하게 되었다.

• 2023-12-27 (수) 여덟 번째 모임

　오늘은 인도네시아에서 사역하시는 선교사님과 줌으로 만났다. 줌에서 선교사님께 질문도 하고 인도네시아의 유명한 음식, 그리고 문화 등을 알게 되었다. 그중에서도 인도네시아는 힌두교나 무슬림에 비해 기독교 인구가 적다는 것 또한 알게 되었는데, 내가 7인 7색 여행을 간다면 그들에게 예수님을 무작정 얘기하는 것보다는, 그들의 전통과 문화를 존중하는 태도를 가지면서도 현지인들에게 피해를 끼치지 않고 예수님 말씀을 삶에서 실천하는 삶을 살기를 추구해야겠다고 생각했다.
　참고로 지금은 제주도로 가족 여행을 온 상황에서 줌 모임 날짜가 잡혀 제주도의 한 스타벅스 안에서 모임을 했다. 경기도에 계신 선생님과 선배들과 발리에 계신 선교사님과 제주도에 있는 내가 구애받지 않고 소통할 수 있다는 것은 이 시대의 큰 장점인 것 같다.

• **2024-01-02 (화) 아홉 번째 모임**

  마지막 준비 모임을 했다. 오늘은 주로 가방과 침낭, 신발을 체크하고 여행자보험에도 가입하면서 여행의 전반적인 준비를 마무리했다.

  여행 준비를 하면서 출국까지 일주일도 남지 않았다는 사실이 조금씩 실감이 나면서도 걱정이 되었다. 이번 마지막 모임 전에 가족 여행으로 4박 5일간 제주도를 다녀왔는데, 7인 7색을 앞두고 선배들과 좀 덜 어색해지고 싶다는 생각이 들어 누룽지, 가방 네임택과 제주도에서 사 온 귤 쫀드기를 선물로 주었다.

태헌이의 여행 준비

• 2023-11-09 (목) 첫 번째 모임

　첫 모임이 있었던 날이다. 첫 모임은 언제나 긴장되는 것 같다. 여행에 대한 기대와 불안이 동시에 공존하는 기분을 느낄 수 있는 날이다. 우리는 모여서 자기소개를 가장 먼저 했다. 그 후에 각자 어떤 지역을 맡을지 논의를 하고 지역을 나누었다. 나는 '싱가포르'라는 지역을 맡게 되었다. 대도시이고 할 것이 많을 것 같아서 싱가포르가 좋을 것 같았다. 그리고 각자 어떤 사전 조사를 할지 나누면서 조금씩 자기가 해야 할 일에 대해서 구체화했다.

• 2023-11-14 (화) 두 번째 모임

　여행 사전 조사로 무엇을 할지 나눌 때 나는 예방접종을 조사하는 역할을 맡았다. 그래서 주혈흡충증과 장티푸스 백신을 필수로 선정했고, 말라리아 백신은 권고 사항으로 해두었다. 그리고 선정한 도시에 대해서 조사도 함께 진행했다. 싱가포르 도시에 무엇이 있고, 무엇이 유명한지 얇고 폭넓게 조사했다. 그리고 여행 그 자체에 대한 조사도 물론 중요하지만 우리끼리 내부에서 친목을 다지는 것도 중요하기 때문에 그 부분도 신경 쓰려고 노력했다.

• 2023-11-20 (월) 세 번째 모임

　지금까지는 주로 폭 넓게 싱가포르라는 나라만 조사했지만, 오늘은 구체적으로 어떤 숙소를 이용할 건지, 어떤 식당을 방문할 건지, 어떤 곳을 갈지를 정해 보았다. 가격, 위치, 적절성 등을 고려하여 호텔 후보 3개, 음식점 후보 3개, 방문할 만한 곳 6곳을 선정했다.

• 2023-11-27 (월) 네 번째 모임

　지금까지는 주로 인터넷을 통해서 자료를 조사했었다. 하지만 오늘은 조금 더 구체적인 정보를 알고 싶어서 'This is Singapore'라는 책을 참고했다. 책을 통해서 현지

문화와 기후, 식문화를 알게 되었고, 공항에서 숙소까지 택시를 타는 것이 가장 합리적이라는 책의 추천을 수용해서 공항에서 숙소까지 택시를 타고 가는 것으로 결정했다. 또한 싱가포르 1일 차, 2일 차 동선을 확정했다.

- 2023-12-11 (월) 다섯 번째 모임

아파서 참석하지 못했다.

- 2023-12-18 (월) 여섯 번째 모임

지난주 모임에 참석하지 못해서 원래 지난주에 해야 했던 것들을 하였다. 밴드에 가입하고 내 주제 찬양을 선정하였다. 그리고 지금까지 찾은 호텔, 식당, 랜드마크 후보들을 하나씩 확정 지으면서 더 정확하게 동선을 계획했다.

- 2023-12-26 (화) 일곱 번째 모임

지금까지 세운 계획을 한 번 더 점검했다. 이전에 이미 어느 정도 일정과 동선을 완성했기 때문에 특별히 개인적으로 조사를 한 것은 없었다. 그러므로 여행자보험, 준비물 체크 등 내 여행지와는 별개로 조사해야 할 것들을 조사했다.

- 2023-12-27 (수) 여덟 번째 모임

참 감사하게도 인도네시아에 계신 선교사님과 줌을 할 기회가 있어서 그동안 준비 모임을 하면서 궁금했던 점들에 대해서 여쭤볼 수 있었다. 인도네시아의 날씨, 식문화, 정서, 기본 예의 등을 여쭤보았고, 선교사님께서 하나하나 친절히 답해주셨다. 여행 일정 동안 인도네시아에 가장 오래 머물게 될 것이기 때문에 이런 정보들을 잘 아는 것은 매우 중요했다. 물론 사전 조사를 하긴 했지만 실제로 현지에 계신 분이 가진 정보량과 비교할 수는 없으므로 최대한 선교사님의 말씀에 의지하기로 했다.

- 2024-01-02 (화) 아홉 번째 모임

오늘이 여행을 출발하기 전 마지막 점검일이기 때문에 학교 도서관에서 모여서 가장 먼저 짐 검사를 진행했다. 가방, 침낭, 신발 등을 검사했다. 검사가 끝난 후에는 간식을 먹으면서 각자가 준비한 도시를 조사하는 시간을 가졌다. 오늘이 마지막 모임이기 때문에 이 시간까지 사전 조사를 모두 끝내야 했다. 그리고 특히 말레이 제도에서의 첫날을 맡은 나는 더욱 그랬다. 그러므로 최종적으로 일정과 동선을 확정 지었고, 미리 알아봐 두었던 호텔의 예약도 완료하며 준비를 마쳤다.

은지의 여행 준비

• 2023-11-09 (목) 첫 번째 모임

　첫 모임을 했다. 말로만 듣던 그 '7인 7색'을 가게 되어서 기분이 싱숭생숭했다. 왜냐하면 무조건 가야겠다는 생각은 없었고, 그냥 새로운 걸 '도전'하는 것 자체를 좋아하는 편이라 '한번 해 볼까?'라는 마음에 하게 되었기 때문이다. 그리고 션 쌤(전 소명학교 인문고전 선생님)이 말씀하시기를 인생에서 가장 중요한 2가지는 첫 째, 좋은 멘토를 만나는 것이고, 둘 째, 여행을 많이 다니는 것이라고 하셨다. 마침 나는 해외여행을 학교에서 가는 것 빼고 가본 게 2박3일 대만 여행밖에 없으므로 성인이 되기 전에 좀 더 의미 있고 특별한 경험을 해 보고 싶었다. 그래서 배낭여행이라 고생할 걸 알지만, 그 고생과 고민들 속에서도 얻는 게 분명히 있을 거라는 생각으로 7인 7색을 신청하게 되었다. 첫 모임은 아무래도 서로 많이 어색하고 막막했다.

• 2023-11-14 (화) 두 번째 모임

　이제 각자 도시를 정했다. 나는 '인도네시아 족자카르타'를 맡게 되었다. 검색을 해 보니 역사적인 건축물이 많고, 엄청 유명한 불교사원도 있고, 풍경이 너무 예뻐서 한 번 맡아보고 싶었는데 하게 되어서 좋았다. 아무것도 잡혀있지 않아 막막했던 저번 모임에 비하면 무언가 계획이 세워지고 있어서 은근히 순조롭게 잘 되고 있다는 생각이 들었다. 처음 지도를 보고 루트를 짤 때 신선한 충격이 있었다. 왜냐하면 도시에 대한 아무런 조사 없이 일단 지도를 보고 대충 큰 도시를 말해서 루트를 선정하는 게 뭔가 대충 막 정하는 느낌이 들었기 때문이다. 그리고 한 도시를 정해서 내 맘대로 음식, 루트, 숙소, 교통편 하나부터 열까지 다 정한다는 게 편하고 효율적이란 생각이 드는 반면에, 내가 이 도시를 온전히 책임져야 한다고 생각하니 앞이 아득해졌다.

• 2023-11-20 (월) 세 번째 모임

　오늘도 각자 맡은 도시에 대한 조사를 진행했다. 숙소를 찾는 과정이 생각보다 흥미로웠다. 최대한 낮은 가격을 찾는 동시에, 짠 루트와도 가까운 숙소를 찾아야 하니 은근히 까다로웠는데 '이 허름하고 낡아 보이는 곳에 가서 진짜 자게 될까?'라는 상상을 하니 좀 두려우면서도 재밌는 상상을 하게 되었다. 그리고 발리를 조사하는 솔이가 옆에서 발리 사진을 계속해서 보여줬는데, 정말 바다가 너무 아름답고, 난생 처음해 보는 경험이 많을 것 같아서 기대가 많이 되었다. 오늘도 역시 순조롭게 조사를 잘 마무리한 것 같아서 뿌듯했다.

• 2023-11-27 (월) 네 번째 모임

벌써 네 번째 모임이다. 이제 점점 익숙해지는 것 같다. 오늘은 특별한 일이 두 가지나 있었다. 첫 번째는 현서의 동생들과 어머니가 오셔서 떡볶이와 어묵을 해주셔서 배고프지 않은 7인 7색 모임을 할 수 있었다. 정성스럽게 재료와 도구들을 다 준비해 주셔서 참 감사했다. 그리고 두 번째는 7인 7색으로 이집트, 요르단, 이스라엘을 갔다 왔던 변선민 선배가 와서 궁금한 것들을 물어보는 시간을 가진 것이었다. 나는 궁금한 게 많아서 이것저것 생각나는 대로 물어봤다. 뭐가 가장 힘들었냐는 말에 의외로 '관계'가 힘들었다는 답변을 해주셔서 굉장히 충격이었다. 오해도 많이 하고, 또 거기선 친구들의 단점이 너무 많이 보였다는 얘기를 해주셨다. 그래서 각자의 생각에 너무 빠져있기보다는 있는 그대로 털어놓고 얘기하는 게 정말 중요하다고 했다. 나는 당연히 체력이나 계획한 대로 잘 안된 게 가장 힘들었을 거라 생각했는데 관계 얘기를 하셔서 좀 심란했다.

• 2023-12-11 (월) 다섯 번째 모임

7인 7색으로 중동에 다녀온 여러 선배들과 인터뷰했다. 아직은 준비하는 단계라 모르는 것들 투성이었는데, 인터넷으로 쳐도 나오지 않는 선배들의 생생한 경험담을 들을 수 있어서 좋았다. 들은 것들 중에 인상 깊은 것은

 1. 변수를 즐기기: 내가 계획적인 사람이 아니어서 잘할 수 있을 것 같지만, 개인 여행이 아니라 팀 여행이다 보니 변수가 생기면 멘탈이 무너지기 쉬울 것 같기 때문이다. 그럼에도 변수를 즐기겠다고 마음을 먹는다는 것은 대단한 용기가 필요할 것 같다.
 2. 꿀 스틱: 처음 들어보는 거였는데 이런 게 있다는 게 신기했다. 이번 여행을 통

해 그동안 몰랐던 걸 많이 알게 되는 것 같다.

　3. 화내지 말기: 숙소도 안 좋고, 노숙할 수도 있고, 변수도 많이 생기고, 서로 단점도 많이 보인다고 하는데 '화를 안 내는 게 가능할까?'라는 생각이 들었다.

• 2023-12-18 (월) 여섯 번째 모임

　오늘은 장티푸스 예방접종을 하러 삼성서울병원에 다녀왔다. 예방접종 주사 중에 권고 말고 필수로 맞아야 하는 주사가 장티푸스뿐이라 다행이었다. 병원에 갔는데 생각보다 대기시간이 길었다. 그래서 4교시만 수업을 빠지기로 했는데 5교시까지 수업을 다 빠지게 되었다. 수업 시간에 병원에 오니 좋긴 했다. 주사는 별로 안 아팠다.

• 2023-12-26 (화) 일곱 번째 모임

　이제 일곱 번째 모임이 되니 조사해야 할 게 점점 줄어갔다. 물론 도시에 관해서는 많이 조사를 못 한 탓에 불안한 감이 없진 않지만, 이제 출국 날이 계속 다가오니 갈수록 기대도 되면서 기분이 싱숭생숭했다. 친구들과 우리가 타는 항공편에 대해 알아봤는데, 중국 동방항공 비행기가 한번 추락해서 전원 사망한 적이 있는 걸 보고 깜짝 놀랐다. 그래서 다들 기도 제목에 안전하게 잘 갔다 오게 해달라는 말을 넣었다. 그리고 나는 안전과 더불어서 하나님을 만날 수 있는 시간이 되었으면 좋겠다고 했다.

• 2023-12-27 (수) 여덟 번째 모임

　오늘은 줌으로 인도네시아 선교사님과 인터뷰를 했다. 저녁 9시였는데, 그만 내가 자버렸다. 알고는 있었는데 쏟아지는 졸음을 주체하지 못했다. 뒤늦게 전화를 받고 깨서 줌에 들어갔지만 이미 끝난 상태였다. 선교사님께 많이 죄송했다. 아무튼 그래서 어쩔 수 없이 솔이에게 메모한 문서를 받아서 내용을 읽어봤다. 인도네시아는 무슬림이 많고, 기독교인이 적다고 한다. 나와 다른 종교를 이해하는 동시에 내가 믿고 있는 종교의 신념은 부정하지 않는 자세는 어떻게 가질 수 있을까?

• 2024-01-02 (화) 아홉 번째 모임

　마지막 모임이다. 이제 진짜 가는 게 실감 났다. 엄마와 같이 열심히 고른 등산 신발을 신고 배낭과 침낭을 학교에 가져왔다. 배낭에 침낭을 넣어봤는데 겨우겨우 들어가서 굉장히 당황했다. 알고 보니 침낭은 배낭 바깥에 끈으로 매는 거였다. 하하. 아무튼 이제 일주일만 있으면 난 비행기를 타고 중국에 가 있을 것이다. 지금 내가 무슨 마음인지는 잘 모르겠다. '처음'은 설레면서도 불안정하다. 이 불안함과 두려움을 잘 이겨내서 이번 내 인생 첫 배낭여행이 즐거운 기억으로 남게 되었으면 좋겠다.

현서의 여행 준비

- **2023-11-09 (목) 첫 번째 모임**

 '7인 7색'의 첫 모임을 통해, 하나도 감이 잡히지 않았던 배낭여행이 조금씩 감이 잡히기 시작했다. 우리가 갈 나라는 말레이시아와 인도네시아 쪽으로 싱가포르와 자카르타, 발리 등을 가게 되었다. 또한 여행 쌤께서 각 국가나 지역에서 택시를 탈 때나 어딘가를 둘러볼 때 두 팀 정도로 나뉘어서 움직여야 한다고 하셔서 두레 편성을 미리 했다. 그것 외에도 각자 가고 싶은 도시 혹은 나라를 조사하거나, 여행 가기 전 준비물, 예방접종 목록, 비자 및 부모 동의서가 필요한 나라는 어디인지 등과 같은 기본적인 것들을 알아보고 정하는 시간을 가졌다. 애초에 배낭여행이라는 것 자체가 처음이라 어색한 면도 많았지만, 어떤 마음가짐으로 해야 하는지 알게 되었고, 또한 이번 배낭여행의 무게감을 대강 파악하게 되었다.

- **2023-11-14 (화) 두 번째 모임**

 전 모임에서 정해진 나라들을 조금 더 자세히 조사하며, 20일 동안 어떤 루트로 돌아다니게 될지에 대한 초안을 잡았다. 또한 각 나라에 입국할 때 필요한 비자나 부모 동의서 같은 서류가 필요한 나라가 있는지 알아보았고, 추가로 더 확인이 필요한 것들도 있었다. 실제 7인 7색 여행을 떠나기 전 필요한 것들에 대해 조금 더 세분화하여서 2인 1조 느낌으로 어느 부분을 맡을지 나누어 준비 기간 동안 완료하는 것을 목표로 하였다. 첫 모임 때 추가로 조사하기로 했던 것들을 조사해 온 덕분에 진전이 있는 부분들도 있었고, 다음 모임 때는 각자가 가게 되는 나라 혹은 지역을 하나씩 맡아서 세부적으로 조사하기로 계획했다. 개인적으로 첫 모임 때는 조금 어색한 느낌이 있었는데, 이번 모임부터 훨씬 분위기가 좋아져서 편하게 임할 수 있었다.

- **2023-11-20 (월) 세 번째 모임**

 2인 1조로 맡았던 것들, 예방접종 목록, SG카드, 동의서, 비자 등 같은 사전 조사를 각자 어느 정도 알아본 뒤 모임에서 진행 상황을 공유하고 같이 정해야 할 것이다면 같이 알아보기도 하였다. 아마 나머지 조사하는 동안 계속 알아보고 수정할 것 같다. 또 저번 모임에서 어디를 방문할지 확정되면서, 이번 모임에서는 각자 어느 지역을 맡게 될지 정하였고, 이어서 맡은 지역에 대한 조사를 시작하였다. 나는 '파당'이라는 인도네시아 수마트라 섬의 한 지역을 맡았는데, 당장 우리나라의 한 지역을 정해서 여행 계획을 세우라 해도 버벅거릴 것 같은데, 해외에 처음 들어보는 지역을 조사하려 하니, 어디부터 시작해야 하는지 감이 전혀 오질 않아서 많이 조사하지는 못했다.

• 2023-11-27 (월) 네 번째 모임

네 번째 모임은 대부분 각자 자신의 담당 나라를 조사하는 시간으로 보냈다. 또한 저번 모임에서 말했듯이 예방접종과 SG카드 같은 사전 준비 목록들에 대해 추가로 몇 가지가 정해졌고, 내가 담당했던 예방접종도 거의 결론이 나서 많은 접종 목록 중 필수 항목인 장티푸스만 맞기로 하였다. 주사를 맞는 건 별로 내키진 않았지만 안전을 위해서라면 어쩔 수 없지 않나 싶다.

나라 조사를 시작한 지 2일 차인데 조사하면 할수록 곤란한 부분이 많았는데, 기본적으로 파당이 시골과 도시 그 사이 어딘가 느낌의 굉장히 애매한 곳이라서, 뭔가 랜드마크 같은 역할을 할 것들이 별로 없었다. 그나마 유명했던 것은 파당의 전통 음식인데, 마치 인도 음식과 한식을 합친 것 같은 느낌이 났고, 미국에서도 세계에서 가장 맛있는 음식으로 선정될 정도로 유명하다고 한다. 또 이동 수단도 문제가 되었다. 파당으로 가기 전 가는 곳이 사모시르인데, 파당에서 상당히 거리가 있는 곳이다. 딱히 알려진 대중교통도 없어서 어떻게 가야 할지 싶어서 상당히 곤란했었다. 조사를 계속해야 할수록 여러모로 굉장히 빡센 여행이 될 것 같다는 것을 알게 돼서 긴장이 많이 되었다.

• 2023-12-11 (월) 다섯 번째 모임

다섯 번째 모임부터는 저번 모임과 비슷하게 각자 조사와 피드백이 오갔었다. 특별히 오늘은 올해 초에 7인 7색으로 중동을 다녀온 선배들의 조언과 이야기를 들었는데, 그동안에 모임 시간보다 훨씬 더 얻어가는 것이나 느낀 것들이 많았던 시간이었다. 가기 전 꼭 챙겨야 하는 준비물과 여행 가운데 어떻게 생활해야 하는지에 대한 내용, 여행의 팁들에 대해 말해 주었다. 해주었던 말 중에 여행 쌤께서 정말 여행 일정 중 아무것도 하지 않으시는데, 만약 개입하신다면 정말 큰일이 난 거라고 했던 말이 가장 기억에 남았었다. 이번 모임 덕분에 불안했던 마음이 좀 덜해진 것 같았고, 미리 팁을 주신 선배 분에게 정말 감사했다.

• 2023-12-18 (월) 여섯 번째 모임

각자가 맡은 나라에 대한 조사를 계속해서 진행하고, 조사가 거의 마무리된 친구들도 있었다. 동시에 여행 쌤께서 출국 날이 점점 가까워지고 있기에, 본격적으로 갈 준비를 하라고 지시하셨다. 준비로는 출간된 7인 7색 책을 읽거나 배낭을 미리 알아보는 등이 있었다. 또한 여행을 가기 전 준비해야 할 것이 어떤 것들이 더 있는지에 대해 검토하고, 선생님께서 추가로 해결해야 할 문제들을 몇 가지를 주셔서 팀 내에서 다 같이 해결하였다. 이쯤 되니 대부분의 준비는 거의 끝마쳤다고 생각되었다.

• 2023-12-26 (화) 일곱 번째 모임

여행 쌤께서 회의가 있으셨기에 우리끼리 주도적으로 모임을 진행해 나갔다. 가기 전 우리가 가져가야 할 준비물을 최종적으로 확정하였고, 여행자보험 조사, 장티푸스 외 접종 목록 확인 등 여러 가지 것들을 확정하고 마무리 짓는 단계까지 도달하였다. 저번에 말씀하셨던 가방, 신발, 침낭 등을 어떤 것을 사야 할 것인지 직접 가져와 알려주셨고, 그것을 토대로 삼아 개인적으로 구매하게 되었다. 또 내일은 발리에서 사역하고 계시는 선교사님과 줌 모임이 있었기에 질문을 미리 준비하였다. 개인적으로 진짜 궁금한 게 몇 가지 있었기에 생각보다 금방 썼다.

• 2023-12-27 (수) 여덟 번째 모임

오후 9시에 인도네시아 선교사님과의 줌 모임을 하게 되었다. 몇 년 전 소명학교에 계셨던 좋은 땅 선생님과의 연이 있으셔서 뵐 수 있었고, 각자 미리 준비한 질문을 사전에 전해드리고, 선교사님께서 인도네시아에서 겪으셨던 일이나 경험 같은 것들에 대해서 말씀해 주시면서 동시에 질문에 답해주시는 형식으로 모임이 진행되었다. 전체적으로 우리가 가는 곳이 어떠한 곳이고, 또 어떠한 것을 조심해야 하는지 등을 인도네시아에서 오랫동안 계셨던 분께 미리 알아갈 수 있었기에 유익한 시간이었다.

• **2024-01-02 (화) 아홉 번째 모임**

마지막 모임이었기에 다른 모임과는 조금 다르게 따로 추가 조사를 하지 않았다. 각자 구매한 배낭을 가져와서 직접 검사를 받도록 하셨고, 여행자보험이나 숙소 예약 같은 조금 복잡한 문제들을 완전히 마무리 짓는 시간으로 보냈다.

지금까지 조사를 하는 동안 7인 7색을 갈 준비를 했지만, 마지막 모임이 생각보다 빨리 다가왔던 것 같았고, 벌써 일주일밖에 남지 않았다는 것에 실감이 나지 않았다. 처음 도전하는 것이기에 당연히 긴장도 되고 얼마나 힘들지 예상도 어느 정도 되었지만, 그래도 지금까지 7인 7색을 다녀오셨던 선배들은 다 좋은 평가를 하셨기에 나 또한 기대하며 갈 수 있지 않을까 싶었다.

요한이의 여행 준비

- **2023-11-09 (목) 첫 번째 모임**

　아파서 참석하지 못했다.

- **2023-11-14 (화) 두 번째 모임**

　저번 주에 있었던 첫 모임 날 아파서 학교에 결석하는 바람에 오늘이 내 첫 '7인 7색' 모임이다. 처음엔 우리가 갈 첫 도시(나라)인 싱가포르를 조사했는데 나라 크기는 작지만 가고 싶은 곳이 굉장히 많아서 어느 곳을 가야 할지 고민됐다.

　이후 각자 담당할 도시들을 하나씩 정하게 되었는데 나는 '인도네시아의 수도인 자카르타'를 담당하게 되었다. 자카르타는 인도네시아의 수도인 만큼 잠깐 조사해 봤는데도 흥미로워 보이는 장소들이 많이 보였다. 특히 인도네시아 최대 규모의 이슬람 사원인 이스티크랄 사원에 가보고 싶다는 생각이 들었는데 규모가 정말 크고 웅장해서 일정에 꼭 넣으려고 한다.

　첫 번째 모임에 대한 소감은 우리가 직접 정하고 조사해야 할 것들이 생각보다 많아서 앞으로 바쁘게 움직여야 할 것 같다. 하지만 직접 계획하는 여행인 만큼 보람 있는 시간이 될 것 같아 기대된다.

- **2023-11-20 (월) 세 번째 모임**

　오늘은 저번에 이어서 각자 맡은 도시 여행 계획을 짰는데 그 전에 각자 조사해 오기로 한 주제들이 있어서 그것들에 대해서 나눴다. 나는 싱가포르 SG카드 발급에 관한 내용을 조사했는데 싱가포르에 입국하기 전에는 미리 SG카드라는 것을 발급받아야 한다. 작성 자체는 간단한 편이라서 내가 9명의 SG카드를 한 번에 작성하기로 했다.

　이어서 다른 선후배, 친구들이 예방접종, 여행 시 필요한 준비물 등에 대해 조사해 온 내용을 들었다. 그 뒤 각자 도시를 열심히 조사하고 모임을 마쳤다.

- **2023-11-27 (월) 네 번째 모임**

　작년에 중동으로 7인 7색에 다녀온 변선민 선배를 만나 질문하고 이야기 듣는 시간을 가졌다. 열악한 상황에서 친구들과 계속해서 붙어있다 보면 상대방의 단점도 많이 보일 수밖에 없으므로 관계에 문제가 생길 수 있다고 하셨다. 그래도 정말 재밌었고 다른 어느 곳에서도 경험해 볼 수 없는 여행이었기 때문에 간 것을 전혀 후회하지 않는다고 했다. 선배의 말을 듣고 여행에 대해 기대하는 마음도, 걱정되는 마음도 더 커졌다.

　다음으로 자카르타에 대한 조사를 이어갔는데 어떤 순서로 움직일지 임시로 틀을 짜 보았다. 첫날에는 간단하게 폰독 인다라는 대형 쇼핑몰에 방문해 구경하는 시간을 가지려고 하고, 둘째 날에는 인도네시아 최대 규모의 이슬람 사원인 이스티크랄 사원, 그리고 그 옆에 있는 모나스 탑에 가려고 한다. 이후에는 아쿠아리움이나 워터파크, 바다 등 놀면서 힐링할 수 있는 곳에 방문할 계획이다.

　다음 도시인 족자카르타로 출발하는 시간이 밤 10시로 정해져서 그전까지 자카르타에서 보낼 수 있는 시간이 더 많아졌다. 덕분에 자카르타에서 가고 싶은 곳들에 가지 못할 걱정은 사라진 것 같아서 다행이다. 모임이 끝나갈 때쯤 현서 어머니께서 떡볶이와 어묵을 준비해 주셔서 감사히 맛있게 먹고 모임을 마쳤다.

- **2023-12-11 (월) 다섯 번째 모임**

　오늘은 우리 엄마가 간식으로 치킨을 6마리나 시켜주셔서 배불리 먹고 모임을 시작했다. 작년에 중동으로 7인 7색을 다녀온 12학년 선배 다섯 분에게 여러 가지 이야기를 들었다. 짐 쌀 때 어떤 것들을 챙기면 좋을지와 같은 현실적인 팁들을 많이 알려주셔서 도움이 많이 됐다.

　빨랫줄과 안대, 귀마개, 라면스프, 꿀, 원하는 소스들을 챙겨가면 유용하게 쓰일 거라고 했다. 공항 체크인을 확실히 해야 하고 그곳의 법도 조금씩 공부해 가서 혹시라도 벌금을 내는 일이 없도록 해야 한다고도 하셨다. 또 서로에게 불만이 생기면 그때그때 직접 말해서 풀어야 큰 갈등이 안 생긴다고도 배웠다.

　선배들이 가고 나서는 각자 도시에 대한 조사를 이어갔다. 나는 자카르타에서 묵을 숙소를 에어비앤비에서 알아봤는데 생각보다 너무 좋은 숙소를 발견했다. 9인실에 10만 원인데 숙소 안도 좋고 수영장이나 사우나도 있고 바로 옆에 대형 쇼핑몰도 있는, 게다가 다른 일정 지역들과도 가까운 곳이었다. 실제로 그 숙소에 갈 수 있을지는 모르지만 일단 숙소에 대해서는 안심이다.

마지막으로는 다 같이 여행 경험을 책으로 출판할지 말지 고민하는 시간을 가졌는데 직접 책을 출판해 보는 일이 매우 의미 있는 경험이긴 하지만 동시에 매우 힘든 일이고 특히나 여행 쌤에게 큰 부담이 가는 일이라 걱정도 되었다. 그렇지만 일단은 모두 각자의 글을 열심히 작성한다는 약속 하에 출판을 진행하기로 결정했다.

• 2023-12-18 (월) 여섯 번째 모임

오늘은 이어서 각자 도시를 조사했다. 다들 대략적인 조사가 마무리된 것 같아서 여행에 가져갈 배낭과 침낭을 알아봤다. 원래는 학교에서 스마트폰 사용이 금지되어 있지만 7인 7색 여행 때는 안전과 편리상의 이유로 스마트폰을 가져가야 하는 데 스마트기기 사용 신청에 대한 안내도 받았다. 모임 중간에는 은지 어머니께서 간식으로 피자를 준비해 주셔서 잘 먹고 모임을 마쳤다.

• 2023-12-26 (화) 일곱 번째 모임

오늘은 수업이 오전에 끝나는 날이라 점심을 먹고 바로 모임을 진행했다. 여행에 필요한 준비물과 예방접종, 숙소 결정, 보험, 국제학생증 다양한 사항들에 대해 이야기를 하며 해결하는 시간을 가졌다.

간식은 태헌이 어머니께서 도넛을 준비해 주셨다. 내일은 줌으로 인도네시아 발리에서 사역하시는 선교사님과 만나서 인도네시아에 대해 질문하는 일정이 있다. 나는 현지 음식 추천에 관한 질문과 인도네시아 교통체증이 얼마나 심각한지 등에 관한 질문을 준비했다.

• 2023-12-27 (수) 여덟 번째 모임

계획했던 대로 오늘은 인도네시아에서 사역하고 계시는 선교사님께 여행에 필요한 질문을 하기 위해 줌으로 모였다. 실제로 인도네시아에 거주하시는 분이시다 보니 7인 7색 선배들 때와는 다른 정보들을 얻을 수 있었다.

인도네시아의 교통이 심각하다는 이야기를 많이 봐서 걱정을 많이 했지만, 선교사님의 말씀을 들으니 걱정했던 만큼은 아닐 것 같아서 안심이 되었다. 현지 음식도 한국 사람들의 입맛에 잘 맞을 거라고 하셔서 기대됐다. 원래 낯선 음식이나 향신료도 잘 먹는 편이라서 문제없이 모두 먹을 수 있을 것 같다.

- **2024-01-02 (화) 아홉 번째 모임**

드디어 7인 7색 여행을 떠나기 전 마지막 모임이다. 각자 짐을 잘 쌌는지 확인하기 위해 배낭과 침낭, 등산화 등을 모임에 챙겨갔다. 최근 며칠간 인터넷, 다이소 등에서 여행에 필요한 물건들을 사고 있는데 50리터 크기의 배낭과 편한 트래킹화, 부피가 작고 잘 마르고 가벼운 나일론이나 기능성 소재의 옷 등을 샀다. 그 외에도 컵라면, 배낭 방수커버, 빨래집게, 안대 등 여러 가지 필요한 물건들이 많아 머리가 복잡했다.

윤하 어머니께서 피자를 준비해 주셔서 먹고 시작했는데 오늘은 마지막 모임인 만큼 비행기 체크인이나 숙소 예약, 이심(eSIM) 준비 등 출발 전에 확인해야 할 것들이 많았다. 빠르게 필요한 일들을 모두 마치고 해산했다. 아직 3주 동안 떠난다는 마음의 준비가 안 됐는데 벌써 여행이 1주일도 안 남았다는 게 믿기지 않는다.

하민이의 여행 준비

• **2023-11-09 (목) 첫 번째 모임**

'7인 7색'을 위한 첫 모임을 했다. 여행 쌤을 통해 전체적인 여행이 어떻게 진행되는지, 앞으로의 모임을 어떤 식으로 진행해야 하는지 여행에 대한 구체적인 이야기를 처음으로 한 날이었다. 말레이 제도 지도를 함께 보며 눈에 들어오는 지역들을 선정했고 여행 책자를 보면서 가고 싶은 지역을 구체적으로 정리하였다. 그리고 함께 앞으로 갈 나라에 대해 조사 했다.

• **2023-11-14 (화) 두 번째 모임**

지난주에 정했던 지역들을 한 명씩 맡아서 각자 맡은 지역을 조사하기 시작했다. 나는 '인도네시아 메단'이라는 지역을 맡았다. 아는 정보가 하나도 없으므로, 인도네시아를 가장 먼저 조사했다. 그리고 역사, 교통 등 메단이라는 지역에 대한 정보를 찾아보았다.

• **2023-11-20 (월) 세 번째 모임**

지난주에 정한 루트를 구체화하고 각자 조사할 도시를 정했다. 인도네시아 메단의 역사와 랜드마크, 관광, 교통 등 기본 정보를 조사하기 시작했다. 여러 여행 블로그를 찾아보며 식당과 음식도 조사했다. 이후 호텔을 조사하였다. 평소 여행을 갈 때도 구체적으로 계획을 세우고 가본 적이 없는 것 같은데 우리나라가 아닌 다른 나라 여행 계획을 세우려고 하니까 어려움이 있었고, 내가 조사하고 있는 게 맞게 조사하는 건지 의문도 들었고 막막했다. 생각보다 다양한 매체를 통해 알아볼 필요가 있다고 생각했다.

• **2023-11-27 (월) 네 번째 모임**

아파서 참석하지 못했다.

- 2023-12-11 (월) 다섯 번째 모임

　지난 7인 7색을 다녀오신 12학년 선배들과 만났다. 여행을 갈 때 필요한 것이 무엇인지, 어떤 것을 준비해야 하는지 말씀해 주셨다. 선배들과의 만남을 통해 단순히 인터넷으로 조사해서는 알 수 없는 것들을 알 수 있어서 좋았고 많은 도움을 받을 수 있었다. 선배들과의 만난 이후 지난 시간에 준비하던 것을 이어서 조사하였다. 쿠알라룸푸르에서 메단까지 이동하는 방법을 조사해 보았다.

- 2023-12-18 (월) 여섯 번째 모임

　그동안 준비했던 것들을 거의 매듭짓는 시간이었다. 오늘은 내가 담당하는 지역뿐만 아니라 다른 친구들을 도와가며 어려운 부분들을 함께 처리해 갔다. 혼자의 힘으로는 어렵고 막막했던 것들이 친구들과 함께 하니까 오래 걸리지 않아 해결할 수 있었다. 오늘을 시작으로 여행 기간에도 어려운 부분이 있을 때 서로 도와주고 함께 이야기하며 여행을 했으면 좋겠다는 생각이 들었다.

- 2023-12-26 (화) 일곱 번째 모임

　개인 사정으로 모임 중간에 참여해서 그동안 조사했던 것들을 다시 한 번 검토하고 부족한 부분을 최종적으로 보완했다. 이후 친구들과 이야기하며 어떤 부분을 어떻게 조사했고, 무엇을 계획했는지 함께 나누며 이야기하는 시간을 짧게 가졌다.

- 2023-12-27 (수) 여덟 번째 모임

　인도네시아에 계신 선교사님과 줌을 통해 궁금한 점들을 여쭤보고 여행 팁을 듣는 시간을 가졌다. 여행 가기 전 알아야 할 어휘들과 현지인들이 불편해하는 행동, 말 들을 배울 수 있었다. 또 선교사님이 현지에서 지내시면서 겪었던 경험들을 실제로 들어볼 수도 있었다. 선교사님과의 만남을 통해 선교사님께서 어떤 마음가짐으로 선교에 임하고 계신지 느낄 수 있었고, 우리가 여행하게 될 나라들을 어떤 시선으로 바라봐야 하는지 생각해 볼 수 있는 시간이었다.

• **2024-01-02 (화) 아홉 번째 모임**

　방학을 하고 학교로 모여 마지막 준비 모임을 했다. 각자 가져갈 배낭, 보조 배낭, 신발을 챙겨서 여행 쌤께 검사를 받는 과정을 거치고 숙소 예약, 휴대폰 이심(eSIM) 확인 등 여행에 필요한 것들을 마지막으로 점검하는 시간을 가졌다.

윤하의 여행 준비

• **2023-11-09 (목) 첫 번째 모임**

처음부터 본격적으로 시작해서 조금 믿기지(?) 않았고, 처음이라 어색하고 익숙하지 않은 모임이라 걱정도 많았다. 오리엔테이션을 들으며 걱정이 가장 컸다. 내가 도시를 맡아서 팀을 모두 이끌 수 있을지 걱정이 많이 들었다. 처음이라 부족하고 준비가 미숙했지만, 더 노력해 보고 싶은 마음이 들었다.

• **2023-11-14 (화) 두 번째 모임**

본격적으로 세세하게 다 같이 계획을 짜기 시작했다. 이곳에 며칠 머물 것인지 언제 무엇을 타고 이동할 것인지를 의논하였다. 드디어 뭔가 계획하고 준비하는 것이 실감 났다.

도시 중에서 '사모시르'를 맡게 되었다. 이유는 딱히 없었는데 사모시르는 자연을 그저 즐기기 좋은 곳이었다. 이런 경험이 처음이라서 걱정도 되고 준비할 것이 많은 것 같아 무섭기도 했지만 배움이 되는 경험이라고 생각해 열심히 해 보기로 하였다. 말레이시아와 싱가포르를 친구들과 조사 중에 신기하고 재밌는 곳들을 많이 발견해 조금 안심도 되고 설레기도 하였다. 여전히 부족하였지만 확실히 첫날보다 열심히 적극적으로 할 수 있어 좋았다.

• **2023-11-20 (월) 세 번째 모임**

사모시르를 조사하였다. 생각보다 인터넷에 사모시르의 관한 자료가 없어 준비하는데 막막하고 힘들었다. 사모시르 섬의 음식이나 숙소도 마땅한 것들이 없었고 조사하는데 쉽지 않았다.

지금 인도네시아의 대부분 지역의 종교는 발리 섬만 힌두교이고 대부분이 무슬림이다. 그런데 특이하게 이 사모시르 섬 주민의 80% 이상이 기독교 신자라고 한다. 기독교인이 많다는 게 신기하였다. 사모시르에서 다 같이 즐길 수 있는 것들을 조사하는 중에 온천도 찾고 자연을 즐길 수 있는 곳이라 해서 자연 위주로 조사를 하였다.

• 2023-11-27 (월) 네 번째 모임

　사모시르를 맡았었지만 추가로 '상하이'를 맡게 되었다. 변선민 선배를 만나 7인 7색을 통해서 어떤 배움과 어려움이 있었는지 듣게 되었다. 힘들었던 점들을 듣게 되었을 때 걱정이 되었지만 후회하지 않고 너무나 즐거웠다고 한 이야기를 듣고 안심이 되었다.

　사모시르가 섬이어서 어떻게 섬으로 가는지 조사해 보았다. 버스를 타고 이동한 뒤 섬을 들어갈 수 있는 배를 타야 한다. 배를 타고 40분 정도 이동하면 사모시르에 도착하게 된다. 사모시르 숙소를 조사해보던 중 저렴하고 좋은 숙소를 찾기가 힘들었다. 저렴한 숙소를 찾기가 쉽지 않아서 걱정이 되었다. 음식도 내 입맛에 맞는 음식을 찾기 힘들어서 걱정이 되었다.

　상하이를 새로 맡게 되었는데 상하이를 10시간만 있게 되어서 유명한 곳들만 조사해 보았다. 유명한 관광지와 유명한 곳들을 보는 것을 계획하였다.

• 2023-12-11 (월) 다섯 번째 모임

　12학년 선배들의 작년 여행 이야기를 들으며 7인 7색의 이야기를 더 자세히 들을 수 있었다. 선배들이 지금 준비하는 과정에서 어떤 점들을 더 신경 써야 할지 알려주었다. 지금 준비 과정에서 준비한 것들이 여행에서 정말 많이 변할 것이기 때문에 다 예상해서 가라고 알려주셨고, 멘탈이 무너지는 순간들이 많은데 그때마다 하나님을 잡으라고 충고해 주었다.

　선배들이 여행 가서 필요한 것들과 조심해야 할 점 여러 가지를 알려주시고 신경써 주서서 감사했다. 또한 책을 만들고 나서 다시 현생을 살아갈 때 힘든 시간 속에서 만든 책을 보며 그곳에서 만난 하나님이 이곳에서도 계신다는 것을 느낄 수 있으니, 책을 만드는 것이 중요하다고 알려주었다.

• 2023-12-18 (월) 여섯 번째 모임

　사모시르 계획을 거의 다 마무리하고 찾아볼 자료들이 부족하여 미리 준비물과 여행자보험, 예방접종 등 먼저 정리하여 찾아보기로 하였다. 각자 맞았던 예방접종을 체크하고 안전하게 갔다 오기 위해 맞아야 할 예방접종을 확인하였다. 다 같이 의논한 끝에 장티푸스를 접종하기로 하였다. 또한 여행 쌤께서 그전에 나왔던 7인 7색 도서들을 읽어보라고 권면해 주셔서 시간이 날 때마다 틈틈이 읽어보기로 하였다.

• 2023-12-26 (화) 일곱 번째 모임

방학하기 전 마지막 7인 7색 모임이었다. 오늘 모임은 여행 쌤은 늦게 오시고 우리끼리 알아서 준비물을 마지막으로 점검하였다. 7인 7색 모임을 시작한 지 얼마 안 된 것 같은데 벌써 준비물을 체크하고 배낭을 싸야 할 시간이 왔다는 게 믿어지지 않았다. 그곳에 가서 물론 좋은 배움과 경험이 있을 거라는 것을 잘 알고 있지만 예상치 못한 상황과 힘든 일들도 일어날 것을 생각하니 걱정도 되고 불안하기도 하였다. 그래도 그곳에서 하나님이 우리에게 보여주시고 느끼게 해주실 것들을 기대하며 걱정보다는 기대하는 마음으로 가야겠다고 생각했다.

• 2023-12-27 (수) 여덟 번째 모임

오늘은 인도네시아에 계신 선교사님과 함께 줌 모임을 하였다. 선교사님께 먼저 우리가 준비한 질문을 보내드렸고 질문을 토대로 모임이 시작되었다. 선교사님께서 인도네시아에 대한 설명과 조심해야 할 점들을 알려주셨다. 우리를 위해서 자세히 설명해 주시고 도와주셔서 감사하고 유익한 시간이었다.

• 2024-01-02 (화) 아홉 번째 모임

오늘은 7인 7색을 가기 전 마지막 모임이었다. 짐을 싸고 갈 준비를 하면서도 실감이 나지 않았다. 준비물을 빼먹지는 않았는지 빠진 것은 없는지 생각할 게 정말 많았다.

체크를 할 게 많아 그것을 체크하고 핸드폰 이심(eSIM)도 누가 챙길지 정하였다. 벌써 일주일도 남지 않은 7인 7색 여행이 물론 걱정도 되지만 기대도 된다.

로마서 묵상하며 여행하기

2024-01-08 (월) / 로마서 1장

상하이 레이오버(Layover : 하루 경유 여행), 기분 좋은 시작!

• 솔이의 묵상과 여행

　복음으로 인해 그리스도인들은 모두 '빚진 자'가 되었다. 그러나 우리는 그 빚을 이웃에게 갚아나가는 삶을 살아야 한다고 오늘 말씀에서는 전했다. 나는 죄도 많이 짓고 부족하지만, 하나님이 그럼에도 날 사랑하시니 나도 이웃의 부족한 점을 보더라도 이해해 줄 수 있는 마음을 가져 복음에 빚진 것을 갚아나가야 한다고 생각했다.

　드디어! 오늘 출발한다. '상하이' 여행 전에 입국심사를 했는데, 우리는 중국 비자를 발급받지 않아서 별도의 심사를 받아야 하는 상황이었다. 그 과정에서 시간이 너무 많이 지체되고, 까다로웠다. 지문도 다 찍고 이것저것 작성할 것도 많았다. 그래도 다행이었던 점은 김태헌 선배가 중국어를 잘해서 소통이 되었다.
　다사다난했던 입국심사가 끝나고 여행 쌤의 사촌 동생 분이 상하이에 사셔서 같이 여행에 동행하면서 가이드 역할을 해주셨다. 우리가 인원이 많아 차를 한 대 빌렸는데, 그 차가 연예인들이 많이 타는 커다란 벤츠여서 왠지 연예인 체험을 하는 기분이었다.

　저녁을 먹고는 후식으로 탕후루를 먹었다. 한국에서 탕후루 하나를 사 먹을 돈이면 여기서는 3개 정도를 사 먹을 수 있다고 한다. 탕후루 맛은 크게 다르지는 않았지만, 한국에서는 탕후루 안에 잘 안 넣는 재료들도 보였다. 키위로 탕후루를 만든 게 신기해서 먹어보았는데 맛은 한국과 크게 다르지는 않으면서도 더 단 것 같았다. 씹다 보니 과일 키위를 넣은 게 아니라 키위 젤리에 설탕을 입힌 것 같았다.

탕후루를 먹고는 '상하이 금융 거리'로 갔다. 이곳은 상하이의 랜드마크들이 모여 있는 곳이다. 세계에서 두 번째로 높은 '마천루와, 동방명주'가 있었다. 그리고 유람선이 그 밑에 있는 강을 지나다녔다. 야경이 예뻐서 개인 사진을 찍으려고 했더니 주변에 사람이 너무 많았다. 역시 중국이라 사람이 많은 건가..?

개인 사진을 찍은 다음 추위를 참고 우리는 '예원'으로 갔다. 금융 거리가 현대적인 느낌이라면 예원은 중국 전통 느낌의 건축과 분위기를 띠고 있었다. 예원에서는 중국의 전통차를 마셨다. 약간 꽃차에 밀크 티 섞은 향이 났는데 나는 우유를 잘 먹지 못해서 마시지는 않고 은지 언니가 마실 때 옆에서 향만 맡아봤다.

상하이에서의 시간이 지나고 사촌 동생과 그 여자 친구 분과 헤어져 공항으로 갔는데, 우리의 여행을 도와주셔서 정말 감사하다는 생각이 들었다. 우리끼리만 갔다면 모르고 지나치거나 많이 헤맸을 텐데, 덕분에 여행의 첫 단추를 잘 채운 기분이었다. 그러면서도 앞으로의 여행은 현지 사정에 밝은 사람이 동행하지 않기에, 오늘처럼 순탄하지 않고 여러 우여곡절이 많을 것 같아 아쉽고 걱정이 되었다.

• 태헌이의 묵상과 여행

복음을 부끄러워하는 사람이 되지 말고, '복음에 은혜 입은 사람'인 것을 깨닫고 살자.

우리는 아침 일찍 학교로 모여서 인천 공항으로 출발했다. 우리는 인천에서 '상하이'로 향하는 비행기에 탑승했다. 우리의 목적지는 말레이 제도지만 경유를 위해서 상하이에 잠시 머물러야 했다. 비행기가 상하이에 도착했을 때 우리는 여행 선생님의 사촌 분을 만날 수 있었다. 우리가 상하이에 대해서 잘 모르기 때문에 그곳에서 오래 사셨던 사촌 분의 도움을 받기 위함이다.

비행기에서 제대로 된 점심을 먹지 못했기 때문에 상하이에 도착해서 가장 먼저 식당으로 향했다. 현지식을 먹었지만, 한식과 매우 유사했기 때문에 맛있게 먹을 수 있었다. 한식당과 비슷한 식당을 찾아주신 배려 덕분에 그럴 수 있었다.

식사를 마친 후에는 상하이 시내를 구경했다. 유명한 무역도시답게 여러 인종의 사람들, 여러 양식의 건물들이 있었다. 원래 상하이에서 조금 많은 시간을 보낼 예정

이었지만 비자 문제와 비행기 연착으로 인해서 2시간 정도를 허비했기 때문에 그럴 수 없었다. 그래서 간략하게 둘러보고, 사진을 찍은 후에 다시 공항으로 복귀해야 했다.

  우리는 밤 비행기를 타고 '싱가포르'로 향했다. 싱가포르 일정은 내가 준비한 도시이기 때문에 걱정이 되었고, 그래서인지 비행기 내부에서 잠을 잘 이루지 못했다.

• 은지의 묵상과 여행

"더러움에 내버려두다." 죄를 짓는 사람에게 가장 큰 벌은 그대로 더러워지도록 내버려 두는 것이다. 어쩌면 계속해서 죄를 짓지 말라고 경고를 받고, 하나님의 말씀을 통해 양심의 죄책감을 얻는 우리는 축복받은 것이 아닐까? 만약 나에게 주시는 말씀이 지키기 힘들고 양심의 가책을 느끼게 하는 말씀이더라도 '나를 깨끗케 하려고 하시는 거구나'라고 받아들여야겠다. 7인 7색을 하며 마음이 죄악으로 더러워지더라도 깨끗해지려 노력하는 내가 되자.

오늘은 생각보다 순조롭게 흘러간 하루였다. 사실 처음 출발할 땐 실감도 안 나고 애들하고 다 같이 가서 싱숭생숭했다. 내가 왜, 어쩌다 이곳에 오게 되었는지 알지만 그런데도 내가 이 자리에 있다는 게 어색하다는 느낌을 떨쳐 내버리기가 힘들었다. 분명히 여행을 통해 배우고 많이 느끼기 위해서였는데, 막상 공항으로 향하는 차를 타니 불안감과 일말의 기대만이 내 마음을 채웠다. 들뜨는 마음도 있었지만 동시에 '내가 잘 해낼 수 있을까?'라는 불신 때문에 좀처럼 마음을 놓기가 힘든 출발이었다.

공항에서 짐 검사하는데 그만 아까운 내 볶음김치 2봉지가 걸려 버렸다.. 액체류 100ml 이상은 기내에 반입할 수 없다는 이유 때문이었다. 사실 부치는 짐에 넣었으면 됐는데 급하게 넣어서 신경을 못 썼다. (그래서 결국 나중에 다시 샀는데, 맛이 없어서 버렸다.)

'상하이'에 도착하고, 여행 쌤 사촌 동생 분과 여자 친구 분의 도움으로 무사히 상하이 이곳저곳을 둘러볼 수 있었다. 분명히 중국인데, 서양식 건물이 많아서 놀랐다. 영

국의 빅벤같이 생긴 건물도 있어서 완전히 중국에 대한 편견을 깼다. 음식도 너무 맛있고 동파육이 입에서 살살 녹았다. 360도 사방을 둘러봐도 곳곳이 화보라 사진을 찍어대느라 정신이 없었다. 길고 지루했던 입국심사 시간이 전부 깨끗이 잊힐 정도로 좋았다. 다별 선배와 솔이와 함께 B급 감성 브이로그를 찍었다. "티가 정말 맛있네요. 티는 역시 중국 티", "다별 기자, 현재 상하이에 나와 있습니다." 다큐 컨셉, 뉴스 컨셉, 광고 컨셉 등등으로 헛소리로 마구 웃고 떠들었다. 그게 뭐라고 참 행복했다. 이 정도면 고생길 떠나기 전에 마지막 만찬 날인 걸까?

• **현서의 묵상과 여행**

바울은 그리스도인이 아니었고 오히려 그들과 대적하는 사람이었지만, 회개 후에 그 누구보다 하나님께 열정적인 사도로 행동한 사람이었다. 모태신앙인 나도 하나님께서 부르신 것에 대한 '즉각적인 순종'을 힘들더라도 해야겠다. 바울은 실천했다는 것이 인상 깊었다.

7인 7색의 일정들에 대해 상의하고 계획했던 기간도 길었지만, 출국 날 당시를 생각해 보았을 때, 그 전의 일정들이 너무 빨리 지나간 듯한 느낌이었다. 출국 전날에는 벌써 내일이 출국 날인 것이 믿어지지 않았었고, 출국 당일도 믿어지지 않았었다. 일어나서 준비하고 학교에 도착하기까지, 꽤 긴장한 탓에 불안한 채로 학교에 가게 되었다. 작년에 중동으로 7인 7색을 갔다 온 선배들이 여행에 관한 팁들을 알려주셨고, 여행 쌤 또한 여행의 처음부터 끝을 우리가 다 해야 한다고 하셨기에, 7인 7색을 가기

전부터 내가 생각지도 못한 어렵고 힘든 일들이 닥칠 수도 있다고 생각하며 마음을 먹었다. 그 덕분에 그래도 첫날에 멘탈이 터지거나 하는 일이 일어나지는 않았다. 오히려 실감이 전혀 나지 않기도 하였다.

7인 7색 첫날, 처음 갔던 나라는 '중국'이다. 그 중 유명한 도시인 '상하이'에 들르게 되었는데, 10시간 정도 시간이 나게 되어 많은 것들을 보았다. 여행 쌤의 사촌 동생 분께서 구경을 시켜주셨는데, 비전트립 때 다녀왔던 장춘, 연변과는 전혀 다른 모습

이라 놀랐다. 상하이라는 지역이 엄청나게 번창한 곳이라는 것은 알았지만, 스케일이 너무 커서 영국이나 미국의 하나의 도시를 보는 듯한 느낌이었다. '와이탄 거리와 예원'이라는 곳을 다녀왔는데, 둘러볼 때 당시 시간이 저녁이어서 야경이 정말 상상 이상으로 아름다웠던 곳이었다. 거리의 복고풍 전등들이 시간대와 너무 잘 어울리기도 하였고, 분위기 또한 마음에 들었다. 정말 '중국이 이런 곳이었어?'라고 할 정도로 큰 충격과 인상을 주었던 곳이었다.

첫날을 돌아보면, 자칫하면 7인 7색이 이렇게 쭉 편할 것으로 생각할 수도 있었다. 그러나 여행 쌤께서 나머지 일정들이 오늘 같을 것으로 생각하면 안 된다고 하셨다. 아직 하루밖에 되지 않아서 감이 다 잡히진 않았고, 싱가포르에 새벽 5시에 도착하고 또 일정을 소화해야 했기에 애매한 면도 있었지만, 나 혼자 가는 것이 아니었기에, 다른 사람들과 함께 같이 가는 것이기 때문에, 그렇게 엄청난 부담감으로 다가오지 않았다.

• 요한이의 묵상과 여행

나는 교회를 다니기 때문에 구원에 가깝다고 생각해서 안심하게 되면 더 이상 하나님을 위해 노력하지 않게 될 수 있다. 교회에 잘 다니는지 보다 하나님을 향한 내 마음이 어떤지를 생각해 봐야한다. 그래서 오늘 하루 동안 일상에서 하나님을 찾고 생각하며 살아보려고 한다.

설레는 마음 때문인지 잠이 안 오는 바람에 한 시간밖에 잠을 못 자고 여행을 시작했다. 첫 나라인 싱가포르로 경유하기 위해 '상하이'로 갔다.

싱가포르 행 비행기를 타기까지 시간이 남아서 상하이를 구경했다. 어렵게 중국 임시 비자를 받고, 현지에 살고 계신 여행 쌤의 사촌 동생과 여자 친구 분을 만나서 안내를 받았다. 리무진을 불러주신 덕분에 편하게 이동할 수 있었는데 상하이는 내가 전에 경험해 본 중국과는 여러모로 많이 달랐다.

먼저 중식당에 가서 돌아가는 큰 원형 테이블에 앉아 삼겹살 요리, 달걀 볶음밥 등 여러 가지 중국 음식을 먹었는데 모든 음식이 다 맛있어서 놀랐다. 음식들이 대부분

단 게 특징이었다.

식사를 마치고 '상하이 거리'를 걷는데 풍경이 정말 아름다웠다. 유럽풍의 건물들이 많이 보여서 처음엔 중국에 온 실감이 들지 않았다. 큰 강 주변으로 높은 빌딩들과 특이한 건물들이 많이 보였다. 거리를 구경하면서 밀크 티나 탕후루도 먹고, 전통적인 중국 건축물 들을 볼 수 있는 '예원'에도 들렀다.

상하이는 싱가포르에 가기 전 잠시 들린 곳이라 제대로 구경할 시간은 없었지만, 잠깐이나마 즐거운 시간을 많이 보내서 나중에 돌아봐도 기억에 많이 남을 것 같다.

오늘 하루는 여행 쌤 사촌 동생 분이 안내해 주신 덕분에 시행착오를 겪지 않고 하루를 보낼 수 있었다. 덕분에 감사하기도 했지만, 앞으로는 오늘처럼 편하고 즐겁게만 여행할 수는 없을 거라는 생각이 들었다. 하지만 열악한 상황에 처하더라도 불평하기보다 감사하는 마음을 가져보려고 노력해야겠다.

• 하민이의 묵상과 여행

　7인 7색을 가서 어떤 일이 있을지 아직 예상이 전혀 안 되지만 가서 즐겁게 즐기고 많은 것을 배우고 오는 것도 중요하지만, '하나님께서 함께하시는 여행'이 되었으면 좋겠다. 다 함께 느끼는 어려움도 있을 것이고 개인이 느끼는 어려움도 있을 것인데, 어려움 속에서도 하나님의 은혜를 느끼고 지혜롭게 해결해 나가는 우리가 되었으면 좋겠다.

　인천공항에서 '상하이'로 가서 여행 쌤의 사촌 동생 분을 만났다. 나와 같은 '하민'이라는 이름을 가진 분이셨다. 중국에서 생활하신 지 10년이 넘으셔서 가이드 역할을 해주셨다. 식당으로 이동하는 시간에 지나다니며 보이는 건물들과 유명한 것들을 설명해 주셨다. 우리끼리 돌아다녔으면 놓쳤을 부분들을 자세하게 설명해 주셨다. 작년 9월 중국 장춘을 방문하였는데 이번에 방문했던 상하이는 사뭇 다른 모습이었다. 아무래도 지난번 방문했던 곳은 시골이다 보니 상하이와 차이가 있었던 것 같다.

　사촌 동생 분이 알고 계신 식당에 들러 저녁 식사를 잘 마무리했다. 그리곤 거리로 나가 중국식 탕후루를 먹어보았다. 지난번에 중국에 들렀을 때 먹어보지 못한 아쉬움을 이번 기회에 해소할 수 있었다. 중국에서 처음 탕후루를 먹어본 소감은 개인적으로 우리나라 탕후루가 더 맛있는 것 같다.

　이후 중국의 현대식과 전통식 건물을 둘러보았다. 이때 나는 지난번 중국에서 보지 못했던 아름다운 것들을 볼 수 있었다. 여행 중 알게 된 흥미로운 사실은 중국은 식

당, 가게, 길거리 등 어느 곳에나 보조배터리가 있다는 것이었다. 또한 반납도 내가 보조배터리를 빌린 곳이 아니라 길거리에 보이는 곳에 반납해도 된다는 것이었다. 약간 우리나라 도서관에서 책 상호대차(협약된 도서관끼리 소장한 자료를 서로 주고 받으며 이용자에게 빌려주는 것.) 하는 것과 비슷하다는 생각이 들었다.

　여행을 하며 중간 중간 사촌 동생 분과 거리 설명을 들으며 이야기할 기회가 있었는데 그때 본인과 이름이 같아서 내 이름밖에 기억이 나지 않는다고 말씀을 하셨던 게 기억에 남는다ㅎㅎ. 하루도 안 되는 정말 짧은 시간이었지만 여행을 하면서 불평불만보다는 감사와 행복이 가득했던 하루였다.

• 윤하의 묵상과 여행

　하나님을 우리가 이해하려고 하는 것이 아니라 우리는 믿음으로 하나님을 믿고 하나님께서 결국 깨닫게 하신다는 것을 알려주셨다. 우리는 교만하여 가끔 하나님을 이해하려고 하고, 알려고 하지만 크고 크신 하나님의 계획은 우리가 알 수 없다. 살아가다 보면 여러 가지 상황이 나에게 닥칠 때 그 하나님을 원망하고 돌아서려고 한다. 하지만 결국 '나에게 가장 좋은 것을 주시는 하나님'은 깨닫게 하시고 알게 하신다. 어디를 가든지 어떤 생활을 하든지 하나님을 잊고 내 마음대로 살아가고 무너지는 상황들이 항상 있을 것인데, 그때마다 하나님을 믿고 살아가는 내가 되고 싶다고 묵상을 하였다.

　드디어 11월부터 준비해 오던 7인 7색을 가게 되어 걱정과 기대 둘 다 공존하였다. 걱정되는 것들도 정말 많았지만 다 같이 공항에서 묵상하면서 염려가 덜어진 것 같았다. 묵상을 마치고 우리는 비행기를 타고 '상하이'로 이동하였다. 오늘은 내가 준비한 상하이를 시작으로 7인 7색 여행이 시작된다. 비행기가 늦게 이륙하여 시간이 지체되고, 공항에서 나오는데 고생을 해서 시간이 조금 촉박했다.

　여행 쌤 사촌 동생 분과 동생 분의 여자 친구 분이 우리의 오늘 중국 여행을 도와주시러 오셨다. 큰 기대를 하지 않은 상하이였는데 상하이는 예전에 갔던 중국과는 다르게 서울보다 시설이 더 좋아보였다.

　도착해 저녁을 다 같이 맛있게 먹고 '와이탄 거리'를 구경하였다. 너무 이쁘고 유럽 같은 이곳을 보고 계속 감탄만 나왔다. 생각지도 못한 유럽 같은 분위기와 너무 좋은 시설에 우리는 금방 행복해져 마구마구 사진을 찍었다.

조금은 시간이 촉박했지만 시간이 가능할 거 같아 '예원'도 가기로 하였다. 예원은 아까 간 와이탄 거리와 달리 화려하고 옛날 느낌이 나는 곳이었다. 마찬가지로 너무 이뻐 행복하게 구경하며 사진을 찍었다. 정말 예상치도 못하게 상하이에서 행복하고 좋은 추억을 만들게 되어서 너무 감사했다. 물론 이 다음 여정은 이번과 달리 많이 편안하게만 즐기지는 못하겠지만 좋은 마음으로 시작할 수 있어서 감사하였다.

2024-01-09 (화) / 로마서 2장

깜짝 놀랄 물가, 싱가포르!

- **솔이의 묵상과 여행**

　오늘 말씀을 통해 복음을 아는 자가 선행을 하는 이유에 대해서 알게 되었다. 복음을 아는 자는 자신도 하나님에게 죄 사함을 받은 빚을 졌기 때문에 그 빚을 이웃에게 갚는 것이다. 그래서 오늘 말씀을 한 줄로 요약하면 '빚으로 빚을 갚는다.'라고 정리할 수 있다. 오늘도 역시 서로의 단점을 보더라도 말씀을 생각하며 너그러운 마음을 가지려 한다.

　오늘은 비행기에서 하루를 맞이했다. 상하이에서 '싱가포르'로 5시간 동안 비행기를 탄 다음 싱가포르 공항에 도착하여 숙소로 이동했다. 그런데 변수가 생겼다. 우리는 사전에 숙소가 24시간 Open이라고 되어 있길래 24시간 체크인이 가능한 줄 알았는데, 알고 보니 카운터는 24시간 오픈이지만 체크인은 오후 3시부터 가능하다고 한다. 그런데 우리가 숙소에 도착한 시간은 새벽 5시였기 때문에, 약 10시간 동안 방에 들어갈 수 없었다. 설상가상으로 조기 체크인을 하려면 내야 하는 추가 비용도 만만치 않았다. 이러한 변수를 눈앞에서 마주하자 '아, 내가 진짜 7인 7색을 오긴 왔구나!'라는 생각이 들면서 실감이 났다. 그리고 이러한 변수 속에서도 모두 불평하기보다는 상황을 해결하고 최선의 대안을 찾기 위해 노력하는 모습이 보여서 앞으로의 여정에서도 변수가 생길

때 이렇게 대처하면 될 것 같다고 느꼈다. 결국 우리는 허락을 구해 숙소 로비에 짐을 놓고, 공용 샤워실에서 샤워를 했다.

샤워를 하고 묵상을 한 다음, 싱가포르 여행을 했다. '머라이언 파크'로 이동하는 길에는 정말 더웠다. 지금쯤 한국은 엄청 추울 텐데 한국과 날씨가 너무 달라서 더 덥다고 느꼈다. 이곳의 지리를 잘 몰라 몇 번 헤매면서 머라이언 파크에 도착했는데 일단 신기했다. 머라이언 파크는 싱가포르 하면 떠오르는 대표적인 이미지였고, 미디어나 책을 통해 봐왔던 곳을 실제로 보니 신기했다. 우리는 단체 사진을 찍고, 조금 둘러보다가 돈을 인출을 한 다음 점심을 먹었다. 머라이언 파크 안에 있는 일식집에 갔다. 한화로 인당 3만 원 정도 하는 비싼 곳이었다. 그래서인지 가게에 에어컨도 잘 나오고 직원 분도 한국어를 잘하셨다.

'마리나 베이 샌즈 쇼핑몰'에서는 뭔가 그림의 떡을 보는 기분이었다. 예산이 부족한 우리는 쇼핑몰에서 뭘 사겠다고 생각하기보다는 더위를 피하려고 왔다. 쇼핑몰을 나와 숙소로 가서 한 4시간 정도 쉬고 저녁으로 라면을 먹었다. 저녁을 먹고 인도 야시장에 갔는데 한가운데에 실제 소가 있어서 놀랐다. 힌두교는 소를 신성시하기 때문에 그런 것 같다.

숙소로 돌아와서는 나눔을 했다. 오늘 하루 동안 너무 많이 걸어 다녀서 휴족 시간을 붙였다. 내일은 말레이시아로 가는데 기대가 되었고, 사실상 7인 7색 첫날이라 여행에 대한 설렘이 아직 남아 있다.

• 태헌이의 묵상과 여행

　로마서 2장 13절 말씀을 보고 율법을 행하는 것, 다른 말로 그리스도인처럼 살아가는 것, 그걸 단지 알고 있는 게 아니라 '실천하면서 사는 것이 중요하다는 것'을 느끼게 되었다. 그러기 위해 주위에 있는 '내 이웃을 사랑'해야겠다.

　새벽 5시쯤 '싱가포르'에 도착했다. 그리고 공항에서 택시를 타고 숙소로 이동했다. 원래는 숙소에서 짐을 내리자마자 아침을 먹은 뒤에 곧바로 도시를 여행할 계획이었다.

　숙소 홈페이지에서는 24시간 체크인이 가능하다고 되어있었기 때문에 내 계획에 문제가 없을 거라고 생각했다. 하지만 숙소에 도착하자 체크인 시간은 오후 3시부터라는 설명을 들었다. 24시간 체크인은 추가 비용이 매우 많이 붙는 조건이었던 것이다. 첫 계획부터 제대로 이루어지지 않았다. 그래서 앞으로의 일정이 걱정되기도 했고, 팀원들에게 미안하기도 했다. 하지만 빠르게 멘탈을 잡은 뒤 좋은 대안을 마련해 보기로 했다. 그래서 숙소에 짐만 맡기고 씻기로 하였고, 묵상을 하고 도시 부근에서 아침을 해결하기로 했다.

　그래서 우리는 '머라이언 파크'라는 싱가포르의 유명한 랜드마크로 향했다. 조사했을 때는 숙소에서 도보로 30분 정도의 거리로 나와 있었기 때문에 걸어가는 것이 크게 힘들지 않을 것 같았다. 하지만 그 도시의 길이 익숙하지 않았기 때문에 예상 시간이 훨씬 넘어서 머라이언 파크에 도착하게 되

었다. 파크에 도착한 뒤 근처에 있는 일식당에서 점심을 먹었다. 그 당시에는 물가 개념이 없어서 잘 몰랐지만, 되돌아봤을 땐 굉장히 비싸고 호화로운 식당을 이용했다는 것을 알 수 있었다. 하지만 그 순간이 너무 좋았기 때문에 후회는 없다. 식사를 마친 뒤에는 쇼핑을 하러 쇼핑몰로 갔다. 사실 쇼핑 그 자체가 목적이 아니었다. 날이 너무 더웠기 때문에 햇빛을 피하고자 그곳으로 갔던 것이다. 아무튼 그곳에서 시간을 보낸 후에 간단한 저녁거리를 사서 숙소로 복귀했다. 우리는 이날에 총 15km 정도를 걸었다. 날씨도 무척 더웠기 때문에 더 힘들었던 것 같다. 그래서 침대에 누웠을 때 눕자마자 잠이 들었다.

• 은지의 묵상과 여행

하나님은 외모로 사람을 취하지 않으신다고 한다. 이 말씀은 어찌 보면 무섭다. 왜냐하면 인간은 겉모습을 그럴듯하게 꾸미면 대부분은 다 속아서 그 겉모습이 진짜 모습이라고 생각한다. 그래서 내가 마음속으로 매 순간 수많은 죄를 지어도 사람들에게 좋은 모습만 보여주면 그만이다. 하지만 하나님은 중심을 보시고 내 마음 깊은 속을 보시고 진실을 보시기 때문에 내가 친구들, 선생님, 부모님까지는 속일 수 있어도 하나님 앞에선 언제나 치부를 보일 수밖에 없다. 그러므로 '하나님은 모든 것을 다 아신다.'는 사실을 기억해야겠다.

드디어 우리 스스로 계획을 세운 첫 도시 '싱가포르'에 도착했다. 하지만 기대와 다르게 무언가 보거나 가려면 돈이 너무 많이 들었다. 동물원 하나 가는데 4만 원, 유니버설 스튜디오 가는데도 8만 원. 다른 장소들도 전부 마찬가지였다. 싱가포르에서 예산을 다 쓸 수는 없기에 우리는 뚜렷한 목적지를 정하지 못하고 그때그때 회의해서 갈 곳을 정했다. 그렇게 '머라이언 파크'에 어찌어찌 갔는데 사자 상 말곤 생각보단 볼 게 없었다. 그리고 무언가 하나를 결정할 때마다 의견 수합을 해야 하니 참 번거롭고 귀찮았다. 피곤하기도 하고 숙소 가서 쉬고 싶은 마음도 들었다. 일단 배고픈 나머지 근처에 있는 일식집에서 스시를 먹었다. 한 사람당 3만 원씩이나 하는 매우 풍족한 식사였다. 먹으면서 생각해 보니 '고생하려고 이 여행을 온 거였지.'하고 깨달았다. 이

건 힐링 여행이 아니라 배낭여행이니까. 앞으로는 작은 것에 감사하는 연습을 해 봐야겠다.

• 현서의 묵상과 여행

　나의 행동만 그리스도인이거나 나의 겉모습이 그리스도인 같다고 내가 진정한 그리스도인 것은 아니다. 우리의 평생 사명인 '진정한 그리스도인'이 되는 것을 이루기 위해, 나의 마음마저 그리스도인답게 생각하고 판단하는 사람이 되기 위해 노력해야 한다.

　중국에서의 일정을 마치고 바로 밤 12시쯤 비행기를 타고 새벽 5시에 도착하게 되었다. 비행기에서 잠을 잘 자지 못하고 계속 뒤척이는 바람에 이틀 동안 잠을 6시간도 못 잔 상태로 '싱가포르'에 도착하게 되었다. 택시를 통해 숙소에 도착했고 체크인 하려 했지만, 첫날부터 쉽지 않은 일이 벌어졌다. 당시 시각은 오전 6시 정도였는데 오후 3시부터 체크인이 가능하다는 이야기를 듣게 되었다… 분명 예약 사이트에서는 체크인에 관한 언급이 없었지만, 안내 데스크에는 정확하게 3시부터 체크인이 가능하다고 쓰여 있었다. 다들 체크인 시간까지는 고려하지 못했기에 결국 계획을 수정할 수밖에 없었다. 우선 관리자 분께 부탁드려서 라운지에 각자 짐을 맡기고 여행을 먼저 하는 방향으로 수정하였다.

　싱가포르는 유명한 관광지이기도 하고, 랜드마크도 많아서 가기 전부터 기대가 되었던 나라였다. 숙소에서 30분쯤 걸어서 가장 유명한 상징물 중 하나인 물을 뿜는 사자상이 있는 곳인 '머라이언 파크'에 도착했다. 호수 건너에는 '마리나 베이 샌즈'라는

세 개의 건물 위에 배 모양의 구조물이 얹혀있는 유명한 호텔이 배경으로 있는 풍경이 무척 인상적이었다. 점심은 머라이언 파크에서 따로 지출이 없었기에 조금 고급스러워 보이는 이자카야에서 먹게 되었다. 7인 7색의 모든 일정에서는 모든 것을 현금으로 하였고, 그러기 위해서는 근처의 ATM 기계에서 돈을 직접 뽑아야 했다. 인출 후 한 식사는 맛있었지만 여행 쌤의 말씀으로는 역대 7인 7색 중 가장 비싼 식사였다고 한다. 세금이 19% 정도 붙기도 하였고, 우리가 갔던 지역 중 가장 물가가 비싼 지역이기도 하였다.

이후 근처 쇼핑몰에서 시간을 보내고 숙소로 체크인하게 되었다. 숙소가 가격에 비해 조금 퀄리티가 떨어지는 것을 보고 현지 물가를 한 번 더 실감하게 되었다. 각자 저녁을 먹은 뒤에 근처에 있는 야시장 쪽을 돌아보게 되었다. 우리나라와 비슷한 느낌의 시장이라 생각했지만 그런 느낌과는 많이 달라서 약간 아쉽기도 하였다.

7인 7색에서의 첫날은 적응하기 위해 보냈던 것 같다. 확실히 중국과는 차이가 있었고, 조금 빡세진 날씨나 일정을 몸으로 느끼면서 적응해 나가는 시간이었다고 생각한다. 이날이 7인 7색 여행 중에서 가장 많이 활동을 했다고 느껴지는 날이었다.

• 요한이의 묵상과 여행

'우상을 가증히 여기는 네가 신전 물건을 도적질하느냐?'라는 말씀을 보고 올바르지 않은 사람들을 보고 욕하기보다는 나 스스로 부끄럽지 않게 살아야겠다는 묵상을 했다. 오늘 하루 동안 남들을 지적하기보다 내 행동을 더 돌아보며 살고자 한다.

오전 12시부터 5시까지 5시간 동안 비행기를 타고 '싱가포르'에 도착했다. 상하이는 조금 쌀쌀한 날씨였던 데에 반해 싱가포르는 덥고 습한 날씨였다. 오전 6시쯤 숙소에 도착했다. 숙소에 도착하자마자 바로 씻고 자고 싶었지만, 체크인이 오후 세 시부터였기 때문에 그럴 수 없었다. 어쩔 수 없이 짐만 놓고 체크인 시간이 될 때까지 주변 거리를 구경했다. 어제도 엊그제도 잠을 제대로 못 잔바람에 하루 종일 피곤했다.

싱가포르의 랜드마크인 '머라이언 파크'에 가기 위해 걸어서 이동했다. 가는 길에 본 건물들이 각자 다르게 특이해서 볼거리가 많았다. 건물 벽면에 그물을 씌우고 거기에 식물을 심어두는 등 건물과 그 주변에 식물들이 많이 보였는데 자연과의 공존

을 중요하게 생각하는 것 같았다. 그래서 빌딩들이 많은데도 불구하고 칙칙한 느낌이 전혀 들지 않았다.

공원에는 큰 호수와 물을 뿜는 사자 석상이 있는 게 전부였다. 석상 앞에서 단체 사진을 찍고 점심을 위해 가격대가 기본 3만 원 정도 되는 일식집에 큰맘 먹고 들어갔다. 나는 사케동을 먹었는데 비싼 만큼 먹는 동안 행복했다.

숙소 체크인 시간을 채우기 위해 쇼핑몰도 구경했다. 현서, 은지, 솔이와 함께 쇼핑몰을 둘러보고 코코넛 캔 음료도 사 먹었다. 드디어 체크인 시간이 다가와서 슈퍼마켓에

서 장을 본 뒤 숙소에 들어갔다. 짐도 풀고 손빨래도 했다.

저녁은 아까 산 시리얼과 컵라면으로 조촐하게 해결했다. 숙소 내부는 가격에 비해서 아쉬웠는데 인당 7만 원 이상의 숙소라서 조금 기대하고 들어갔지만, 내부가 더럽고 창문도 안 열리는 등 여러 가지로 문제가 많았다. 어제 갔던 상하이도, 싱가포르도 너무 고급스러운 도시라 아직까진 7인 7색에 온 실감이 잘 안 났었는데 이제야 실감이 났던 것 같다. 하지만 불평이 아닌 감사를 하며 이것 또한 특별한 경험이라고 생각하기로 했다.

저녁을 먹은 후에는 야시장을 잠깐 둘러보고 왔다. 싱가포르에 힌두교 신도가 많아서인지 시장 같은 곳에서는 머리가 아플 정도로 향냄새가 많이 났다. 오늘은 어제와는 달리 시간이나 체력, 날씨 등의 이유로 고난이 많은 하루이기도 했지만 그런데도 갈등이 생기거나 불평하는 일 없이 주어진 상황에서 서로 배려하고 감사하며 적응하려고 했다는 점이 보기 좋은 하루였다.

• 하민이의 묵상과 여행

　좋은 것을 좋게 여길 줄 아는 것도 정말 귀한 것이다. 본인에게 놓인 상황을 제대로 보지 못한다면 아무리 귀하고 값진 것이라도 그것을 알지 못하고 그냥 지나쳐 버릴 수도 있는 것이다. 하나님께 이번 여행 가운데 내게 주신 것들을 잘 보고 '선한 것을 분별하는 눈'을 가질 수 있게 해달라고 간구하며 이번 여행을 보내려 한다.

　상하이에서 5시간을 비행기를 타고 '싱가포르'에 도착했다. 새벽에 공항에 도착해 숙소에 체크인을 하려고 했는데 너무 이른 시간이라 체크인이 되지 않았다. 호텔 라운지에 짐을 맡기고 돌아가면서 씻었다. 상황도 좋지 않고 공간도 너무 좁아서 아주 힘들었지만 준비를 마치고 '머라이언 파크'로 이동했다.

　생각보다 거리도 있고 날씨도 덥고 습하고 처음 가보는 길이라 많이 헤맸었지만, 중간 중간 컨디션 관리를 해 가며 머라이언 파크를 찾아갔다. 새벽에 잠도 잘 자지 못하고 아침도 못 먹고 더위 속을 걸어가느라 많이 지쳐있었고, 이성을 잃은 상태였기

때문에 머라이언 파크 구경은 뒷전이고 식사를 할 수 있는 식당을 먼저 찾아 나섰다.

식사를 마치고 공원 근처에 있는 쇼핑몰에 들어가 구경했다. 식사했던 식당에서 한국말을 할 수 있는 직원 분이 계셨고, 우리를 응대해 주실 때마다 그분이 밝게 웃으시며 들어오셨다. 덕분에 걱정했던 소통에는 어려움이 없었고 타지에서 외국인과 한국말로 대화하는 게 신기하기도 하고 재미있었다.

• 윤하의 묵상과 여행

하나님께서는 참으며 선한 일을 하며 영광을 구하는 자에게는 영원한 생명을 주시고, 이기심에 사로잡혀 불의를 따르는 자에게는 진노와 분노하시리라고 말씀하고 계신다.

나는 하나님 앞에서 떳떳하게 영광을 구하고 있다고 말하지 못한다. 나에게는 사랑이 없고 미움과 이기심이 가장 크게 차지하고 있으며, 하나님보다 세상을 따르며 사는 삶을 살아가고 있다. 나 자신보다 하나님이 먼저이며 '하나님을 진심으로 믿고 예배하는 사람'이 되고 싶다.

중국에서 '싱가포르'에 가는 비행기를 타게 되었다. 12시에 출발하여 새벽 시간 동안 5시간 이동하는 비행기를 타게 되었다. 모두 이 비행기에서 자고 다음 날 일정을 수행할 예정이었는데, 금방 잠에 들 줄 알았지만 허리가 너무 아파 잠을 내내 자지 못하였다.

아침 5시에 싱가포르에 도착해 택시를 타고 숙소로 이동하였다. 도착하니 주인 분이 체크인 시간은 3시라고 하여 모두 혼란스러웠지만 다 같이 이야기 끝에 짐을 한쪽에 놓고 씻기로 하였다. 씻고 정리를 한 뒤 우리는 '머라이언 파크'로 이동하였다. 30분을 걸어가는데 너무 덥고 몸이 피로해 힘들었지만, 도착해서 이자카야를 먹으며 피로를 풀 수 있었다. 머라이언 파크에서 사진을 찍은 후 우리는 쇼핑몰을 가기로 했다.

날씨가 너무 더웠기 때문에 쇼핑몰에서 구경을 하면서 좀 쉰 뒤 다시 숙소로 이동하였다. 저녁은 라면과 시리얼을 먹고 야시장을 구경하러 가기로 하였다. 생각보다 야시장에서 볼 것이 많지 않아 다시 숙소로 돌아왔다. 하루의 마지막을 나눔으로 마무리하면서 오늘 하루 동안 생각대로 되지 않은 순간들이 많았는데 그 순간들 마다 판단하며 살았던 내 모습을 볼 수 있었다.

오늘 아침 묵상을 하면서 도 판단하며 살지 않기를 바라며 미워하기보다는 남을 사랑해야겠다는 묵상을 하였는데, 오늘 하루 안에서만 해도 지키지 못한 연약한 나를 성찰 할 수 있었다. 피곤하고 힘든 하루였지만 묵상 성찰로 마무리해서 감사 할 수 있는 하루였다.

2024-01-10 (수) / 로마서 3장

육로 국경 넘어 말레이시아로!

- **솔이의 묵상과 여행**

　오늘 말씀에서는 의인은 없다고 나온다. 그게 '우리에게 하나님이 필요한 이유'이기도 하다. 왜냐하면 의인은 없으므로 인간은 스스로 죄의 문제를 해결할 수 없다. 그래서 오늘 하루 동안 나의 죄를 발견했을 때 혼자서 끌어안기보다 하나님을 의지하고, 죄의 유혹으로 시험에 들 때 하나님께 솔직하게 죄로 인해 힘들다고 털어놓는 하루를 살아보자.

　오늘은 아침부터 싱가포르에서 '말레이시아의 쿠알라룸푸르'로 가는 버스를 5시간 동안 탔다. 터미널에서 내려 근처 햄버거 집에서 점심을 먹었는데, 코카콜라인 줄 알고 시켰던 음료 맛이 이상했다. 콜라처럼 생긴 음료수에서 비누 맛이 났는데, 이 음료는 호불호가 많이 갈렸다. 내 입맛과는 맞지 않는 것 같다.
　밥을 먹고 터미널에서 숙소로 가기 위해 택시를 잡으려 했다. 그런데 택시 기사들이 시세보다 3배 정도 비싼 가격을 불렀다. 결국 우리는 흥정에 실패했고, 내가 그랩이라는 택시 앱 통해 택시를 잡으려 했으나 나도 그랩은 처음이라 실수를 하여 그랩을 타지 못했다. 결국 선배들이 다른 택시와 흥정을 한 다음 탔는데 그 택시도 시세보다 비쌌다.

택시를 타고 숙소 밀집 지역으로 간 다음, 두 팀으로 나눠 숙소를 구하고 나와 은지 언니, 여행 쌤은 짐을 지켰다. 사실 나도 숙소를 구하러 가고 싶었다. 왜냐하면 7인 7색에서 선배들은 다 무언가 열심히 참여하는 것 같았는데 나는 두드러지게 참여하는 것 같지 않았기 때문에 숙소를 구하러 가는 길에 동행하여 참여하고 싶었다. 그런데 동기들과 갔다면 편안하게 이야기 했을 텐데 선배들과 가다 보니 같이 가고 싶어도 이야기하기 어렵다고 느껴졌고, 이미 선배들이 팀을 다 나눈 상황이었기 때문에 거기에 끼어서 가기도 애매했다.

짐을 지키면서 나는 외로운 감정을 느꼈다. 현금 인출을 하는 선배도 있고, 짐을 드는 선배도 있고, 길을 찾는 선배도 있고, 흥정을 하는 선배도 있고, 체크인을 하는 선배도 있는데 나는 내가 해야 할 일이 뭔지 잘 찾지 못하는 것 같았다. 게다가 오늘은 그랩으로 택시를 잡으려 했지만, 실수를 해서 나 자신이 원망스러웠다. 동기들과 있을 땐 느껴보지 못한 감정을 느끼게 되자, 이와 더불어 자연스럽게 외로움도 찾아왔다. 그래서 한국에 있는 친구들에게 영상통화를 걸었다. 친구들이 너무 무언가를 해야 한다는 마음보다는 잘 즐기고 오라고 해주었고, 엄마가 그동안 내가 주도하는 것이 많았으니 따라가는 여행도 가치 있다고 말씀해주셔서 위로가 되었다. 이러한 감정 또한 나의 부족함과 미숙함이니 하나님 안에서 잘 개선되기를 바란다.

• **태헌이의 묵상과 여행**

예수님이 화목제물이 되신 덕분에 내가 지금 하나님의 자녀로 살아갈 수 있는 것인데, 지금까지 그것을 감사하지 않고 살아왔던 것 같다. '마땅히 감사'할 줄 알아야 한다고 묵상했다.

아침에 일어나서 간단하게 아침을 먹은 뒤 '말레이시아의 쿠알라룸푸르'로 떠나는 국제버스를 탔다. 어제 매표소에 가서 미리 표를 구해뒀기 때문에 수월하게 버스를 탈 수 있었다. 버스에서 꿀잠을 자는 동안 목적지에 도착했다. 우선 숙소로 향하기 전에 그 근처에서 먼저 점심을 해결하기로 했다. 그래서 근처에 있던 패스트푸드 식당으로 갔다. 버거와 치킨 모두 맛있었지만 한 가지 특이한 점은 음료로 콜라를 주지 않고, 그곳만의 특별한 무언가를 주었다. 난생처음 먹어보는 맛이라서 잘 표현하긴 어렵지만 물파스 맛이 났다. 한 번 더 먹을 필요는 없을 것 같다.

아무튼 그곳에서 택시를 타고 예정된 숙소로 출발했다. 하지만 숙소가 닫혀 있었기 때문에 그 근처에서 다른 숙소를 구해야 했다. 나는 현서, 하민이와 팀을 이루어서 숙소를 찾으러 다녔다. 결국 합리적인 가격에 좋은 조건의 숙소를 구할 수 있었다. 하지만 숙소를 찾고 가격 협상을 하는데 꽤 많은 에너지를 소비했고, 날이 벌써 어두워졌기 때문에 다른 어떠한 일정을 소화할 수는 없었다. 그래서 숙소에서 쉬기로 했고

씻고 짐을 풀었다. 하지만 숙소에서 쉬는 도중에 계속 바퀴벌레가 나와서 너무 당황했다. 한국이었다면 전혀 상상하지 못했을 순간이다. 어쨌든 불평할 수 없었기 때문에 참아야 했고, 이곳에서의 첫 날 밤을 잘 보냈다.

• **은지의 묵상과 여행**

　의인이 없다고 하며 하나님을 깨닫는 자도, 찾는 자도 없다고 한다. 나는 기독교인인데도 불구하고 왜 하나님을 간절하게 찾지 못하는 걸까? 여행 중에 '하나님을 찾는 연습'을 해 보자.

　싱가포르에 온 지 얼마나 됐다고 금세 다른 도시로 이동할 시간이 되었다. '쿠알라룸푸르'로 가는 국제버스를 5시간 동안 탔다. 중간에 국경 넘느라고 여권을 검사했는데 이상하게 나만 뭔가가 계속 걸렸다. 그리고 화장실을 갔다 왔더니 아뿔싸! 아무도 보이지 않았다. 정말 국제미아가 되는 것일까? 식겁했으나 좀 더 나가보니 버스 앞에 여행 쌤이 마중 나와 계셨다. 휴~ 하나님 감사합니다.

　쿠알라룸푸르에 도착하자마자 ATM기에서 돈을 인출했다. 그런데 그만 카드 비밀번호를 연속으로 잘못 입력하는 바람에 카드가 아예 먹통이 되어버렸다. 다별 선배, 솔과 함께 인출을 했었는데 나라도 정확하게 다시 비밀번호를 쌤께 여쭤봤어야 했다는 생각이 들었다. 뭔가 도움이 되고 싶지만 잘 안 되는 한계를 느꼈다.

　이제 숙소로 이동하려고 택시를 타려는데 사람들이 너무 비싼 돈을 불렀다. 그래서 처음으로 '그랩'을 쓰려고 했는데 나는 앱을 미리 깔아뒀지만, 회원가입을 안 해둔 탓에 택시를 부를 수가 없었다. 솔이만 유일하게 그랩을 이용할 수 있었고, 나머지는 그랩을 설치하고 있었지만 잘되지 않아 시간이 오래 걸렸다. 처음 써보는 앱에 우왕좌왕하고 길거리에 아예 자리를 잡고 한참 동안 택시를 잡느라 정신이 없었다. 택시 하나 잡는 게 이렇게 오래 걸릴 줄이야.

  숙소에 도착하고 나서 드디어 먹고 싶던 현지식을 처음으로 먹게 되었다. 말레이시아, 인도네시아 지역은 미고랭과 나시고랭이 가장 유명하다고 한다. 미고랭은 볶음면, 나시고랭은 볶음밥인데 향도 자극적이지 않고, 간도 딱 괜찮아서 먹기 좋았다. 확실히 한국과 가까운 나라다 보니 음식이 생각보다 먹을 만해서 한식이 별로 그립지 않았다. 그렇게 여러 가지를 시켜서 저녁을 먹는데 무슨 '시럽' 같은 핑크색 음료가 나왔다. 맛이 진짜 무슨 설탕하고 시럽만 잔뜩 넣은 것 같은 인위적인 맛이었는데 진짜 별로였다. 근데 임요한은 그 음료를 잘 먹어서 신기했다. 저녁 나눔을 하면서 오늘 있었던 일에 대해 되돌아봤다. 땡볕에 돌아다니느라 힘들긴 했지만 여태까지는 그래도 순조롭다는 느낌이 들었다. 국제버스도 무사히 잘 타고 숙소 구하는 데 시간이 좀 걸리긴 했지만, 어쨌든 숙소도 무사히 잡고 저녁도 맛있게 먹었으니 더할 나위 없었다.

• **현서의 묵상과 여행**

나는 분명 7인 7색 일정 중 하나님을 믿지 못하는 마음가짐과 행동을 할 것이라고 생각했다. 그러나 이번 말씀을 통해 우리가 그 어떤 행동을 하여도 하나님의 신실하심은 폐할 수 없다는 것을 알았고, 때문에 '언제나 변함없는 하나님을 끝까지 의지해야겠다.'고 묵상하였다.

느낌상으로는 얼마 되지 않았던 것 같지만 오늘 싱가포르에서 떠나야 한다. 어제 미리 버스 센터에서 예약했는데 9시 45분까지 체크인이기에 서둘러 움직였다.

그렇게 바로 버스 타는 곳으로 이동하였고 탑승 시간이 조금 길었긴 했지만, 버스 자체는 퀄리티가 좋아서 편하게 잘 올 수 있었다. 조금 특이한 게 있다면 버스가 국경을 넘어야 했기에 중간에 두 번 정도 내려서 여권 확인과 몇 가지 심사를 받았던 게 기억에 남았다.

그렇게 달려서 '쿠알라룸푸르'에 도착해서 점심시간이 조금 지났기에 A&W라고 하는 프랜차이즈 패스트푸드점에서 점심을 먹게 되었다. 음식은 다 비슷비슷했지만 가게의 시그니처 음료수가 기억에 남았는데, 특이한 맛이긴 했지만 개인적으로는 별로였다.

숙소로 가기 위해 택시를 잡아야 했었는데 생각했던 것보다 훨씬 복잡한 상황이 펼쳐지게 되었다. 우리가 밥을 먹은 근처가 버스 정류장 같은 느낌이었기에 근처에 서 있는 택시들이 많았다. 아무 택시나 잡으려 했지만 택시 기사가 거의 다 20~30링깃 정도 요구하였다. 그러나 선생님께서는 한 택시당 10링깃이면 충분하다고 하셨기에 흥정을 시도해 봤지만 모두 거절당했다. 결국 택시는 잠시 접어두고, 그랩이라는 현지의 카카오택시와 비슷한 앱을 통해 택시를 잡으려 했다. 확실히 돈은 더 적게 받앉지만 갑자기 데이터가 잘 터지지 않기도 하였고, 어떻게 잡은 택시도 이상한 곳만 맴돌다가 결국 취소되었다. 결국 돈을 더 내더라도 빌딩 앞에 계셨던 택시 기사 분들에게 다시 가서 택시를 이용하게 되었다.

그렇게 미리 알아본 숙소에 다시 도착했지만, 공교롭게도 방이 다 찼다고 하여 또 계획이 틀어지게 되었다. 어쩔 수 없이 팀을 나눠서 근처에 숙소를 최대한 싼 가격에 찾기로 했다. 이런저런 숙소를 알아보던 중 차이나타운 안에 있는 한 숙소에 들어가게 되었는데, 보증금 포함 전체 비용으로 1220을 부르셨다. 선생님과 계속 연락을 하며 가격이나 다른 숙소에 대해 여쭈어보고 있었는데, 뭔가 우리가 심각하게 고민하는 것처럼 보이셨는지 총 120을 깎아서 1100에 3박 4일을 해결하게 되었다. 이때 흥정하는 데에는 이런 방법도 있구나 싶었다. 결과적으로 이 숙소에 체크인을 하게 되었고, 숙소 바로 밑에 있는 현지 식당에서 저녁을 먹고 하루를 마무리하였다. 이때 처음으로 나시고랭과 미고랭을 먹어보았는데 생각보다 맛있었다.

• 요한이의 묵상과 여행

하나님은 의로우신 분이기 때문에 우리가 죄를 지으면 심판하신다. 우리는 다 죄를 짓기 때문에 죄를 짓고도 심판을 안 당하길 원하는 게 아니라 회개하고 의로워지기 위해 계속해서 노력해야 한다. 오늘 하루가 끝나고 하루를 돌아보며 잘못한 부분이 있다면 '회개'하며 하루를 마무리하려고 한다.

푹 자고 아침 8시쯤에 일어났다. 침대에 누워서 잔 건 거의 3일 만이라 침대가 불편한 거랑은 상관없이 너무 개운했다. 챙겨온 침낭 안에서 자니 딱히 불편하다고 느껴질 것도 없었다. 아침으로 한국에서 가져온 컵라면을 먹고 짐을 싸서 '말레이시아'로 출발했다. 전날 예약해 둔 국제버스를 타고 5시간을 이동해 국경을 넘었다.

말레이시아에 도착해서 점심으로 햄버거를 먹었는데 햄버거는 익숙한 맛이었지만 같이 나온 음료수는 정말 특이했는데 소화제 같은 맛이 나는 탄산음료였다.

미리 숙소를 예약하지 못해서 숙소가 많은 곳으로 이동해 찾아다녔다. 이동하려고 택시를 잡는 것부터 시행착오가 많았다. 택시 기사님들이 택시비를 너무 높게 부르셔서 깎아보려다가 결국 실패하고, 그랩 앱을 사용해 택시를 불러서 이동했다. 어디서든 저렴한 가격에 쉽게 택시를 부를 수 있어서 정말 유용한 앱이다. 이후로 여행 내내 그랩 앱을 정말 잘 사용했는데 거의 매일 사용했던 것 같다.

두세 그룹으로 흩어져서 각자 숙소를 찾았는데 다별 선배와 윤하, 내가 알아보러 간 숙소는 가격이 2인실 12,000원 정도로 정말 저렴한 대신 아주 낡은 숙소였다. 평소의 나였으면 바로 다른 숙소를 찾으러 갔겠지만, 어느새 여행에 적응이 됐는지 그곳이 나름

마음에 들었다. 하지만 다른 친구들이 조금 더 비싸지만 좋은 숙소를 찾아서 거기로 가게 되었다.

　시장 한가운데에 있는 숙소였는데 방에 창문이 없어서 방음은 잘 됐다. 대신 창문이 없어서 환기가 안 되는 바람에 담배 냄새가 많이 났다. 그리고 어디선가 바퀴벌레도 계속 나왔다. 그래도 방에 샤워부스도 있고 침대도 편한 꽤 좋은 숙소였다.

　짐을 풀고 현지 식당에서 저녁을 먹었다. 치킨 볶음밥이나 치킨 누들, 리치 주스 등을 먹었는데 가격도 저렴하고 맛있었다. 다시 숙소로 돌아가서 놀다가 1시쯤에 잠들었는데 불 끄면 바퀴벌레들이 다 나올까 봐 불을 켜고 잤다.

• 하민이의 묵상과 여행

혼자서 기준을 정해두고 '아, 이 정도면 괜찮지.'라는 생각으로 행동하고 말을 할 때가 있다. 말을 할 때 조금 더 주의를 하고, 오늘 하루 누가 들어도 기분이 나쁘지 않게 이야기해야겠다.

싱가포르에서 '말레이시아'로 국경을 넘는 길이었다. 비행기가 아닌 버스를 타고 이동했다. 평소 멀미가 심한 편이라 걱정했지만, 버스가 너무 편해서 가는 내내 편안하게 잠을 자면서 왔다.

편안하게 이동을 하고 앞에 있는 쇼핑몰로 들어가 식사를 했다. 패스트푸드점에 갔는데 함께 나왔던 음료수가 기억에 남는다. 맥주잔에 담겨 콜라 같은 모습을 하고 있었는데 냄새는 파스 냄새가 났다. 한 입 먹어보고 잔을 내려놓고 다시는 입을 대지 않았던 기억이 있다. 아직도 어떤 음료수였는지는 의문이다.

식사를 마치고 어렵게 택시를 잡고 숙소를 찾아 나섰다. 다별 선배가 찾아놓았던

숙소를 찾으러 선배와 태헌이, 현서까지 함께 나섰다. 그런데 길을 찾지 못하고 계속 헤매는 모습을 보았는데 나중에 알고 보니 택시에서 내렸던 장소가 우리가 찾던 숙소였다는 것을 알게 되었다. 모두 그렇게 한바탕 웃은 뒤 들어가려 했는데 숙소 문이 열려있지 않아 조를 세 개로 나누어 두 팀은 숙소를 찾으러 다니고, 한 팀은 짐을 지키는 역할을 했다. 태헌이와 현서와 함께 뛰어다니며 한 호텔에 들어갔다. 우리가 발견했던 호텔이 생각했던 조건과 잘 맞아 해당 호텔을 선택하였고 그곳에서 3일을 머물게 되었다. 여행에 와서 선생님의 도움 없이 했던 첫 번째 일이라 괜히 기분이 좋고 뿌듯했다.

• 윤하의 묵상과 여행

하나님 앞에서 진심이 되는 내가 되고 싶었다. 입술로만 말하는 내가 아니라 내 입술이 '진심'으로 고백한 대로 살아가는 내가 되고 싶었다. 다른 것을 두려워하는 것이 아니라 하나님을 두려워하고 하나님 뜻대로 살아가는 내가 되고 싶다. 하나님께 올려드리는 나의 기도도 진심이 되었으면 좋겠다.

아침에 일어나 식사와 묵상을 하고 숙소 체크아웃하고 '쿠알라룸푸르'로 이동하러 버스를 탔다. 4시간 동안 버스를 타고 쿠알라룸푸르에 도착하였다. 쿠알라룸푸르에서 밥을 먹으러 찾아다니다가 A&W라는 곳에서 밥을 먹었는데 배고파서 버거는 잘 먹을 수 있었지만, 음료수가 너무 파스 맛이 나서 신기하기도 하면서 맛이 없어서 꾸역꾸역 먹었다.

밥을 먹은 뒤 대충 지정해 둔 숙소로 이동해야 했기 때문에 택시를 잡아서 가려고 하였다. 하지만 택시 기사님들이 자꾸 평균 요금보다 비싼 요금을 요구하셨고, 계속해서 돌아다니며 다른 택시들을 찾아다녔지만 자꾸 비싼 요금을 요구하셔서, 우리는 결국 그랩으로 택시를 잡기로 하였다. 그랩으로는 저렴하게 갈 수 있었는데 갑자기 문제가 생겨 그랩도 잡을 수 없게 되었다. 어쩔 수 없이 우리는 조금 더 비싼 돈을 내고 택시를 타고 이동하였다.

쿠알라에서는 싱가포르와 달리 발로 뛰면

서 숙소를 찾아야 해서 나는 요한이와 다별 선배와 같이 발로 뛰며 숙소를 찾아다녔다. 사실 한국이었으면 절대 묵지 못할 숙소가 많았지만 언제든 숙소들이 금방 다 찰 수 있는 상황이었기에 무슨 숙소든 예약을 해야 하는 상황이라 정말 열악하여도 자리가 있다는 것만으로도 감사할 수 있었다.

결국 1~2시간 동안 찾아서 하민이가 겨우 예약을 하였다. 다 같이 짐을 풀고 현지식으로 저녁을 먹으러 갔다. 사실 첫 현지식이라 걱정을 많이 했었는데 나시고랭이 생각보다 맛있어서 잘 먹을 수 있었다.

2024-01-11 (목) / 로마서 4장

쿠알라룸푸르 시내 구경

• 솔이의 묵상과 여행

　복음은 우리의 행위로써 구원받은 것이 아니라고 오늘 말씀에서는 말했다. 세상에서 사랑받으려면 외적인 조건이 좋아야 한다고 말한다. 사랑받을 만한 행동을 해야 사랑할 수 있는 게 인간의 본성이다.

　나는 여기서 우리 학년도 없고, 무언가 나 자신이 팀에 쓸모없는 존재가 된 것 같아서 힘들었다. 그런데 하나님은 나의 행위와 내가 이룬 업적, 사랑받을 만한 행동을 하지 않더라도 '하나님은 나를 사랑해 주시고 기다려 주시는 분'이시기에, 예수님이 우리의 죗값을 치르신 것 아닐까? 그래서 이번 여행에서 내가 실수하더라도 부족한 모습을 보이고 외로움을 느끼더라도 하나님은 나를 사랑해 주신다. 그러므로 나도 하루 동안 하나님께 위로받으며 살아가자고 다짐했다.

　오늘 오전을 한마디로 요약하자면 너무 더웠다. 아침에는 중국 식당에 가서 카야 토스트를 먹었다. 카야 토스트는 카야 잼을 바른 토스트인데, 카야 잼은 싱가포르와 말레이시아에서 유명하다고 해서 이번 기회에 먹어보았는데 맛이 약간 독특하면서도 맛있었다.

　아침을 먹고 '므르데카 광장'을 갔다. 이동하는 중간 중간에 다들 너무 더워서 힘들어했다. 다행히 나는 한국에서 미니 선풍기를 가져와서 사용했기에 그나마 덜 더웠다. 선배들과 좀 어색한 분위기를 풀어나가고

싶어서 미니 선풍기를 선배들에게 빌려주었다. 사소하게 챙긴 물건들이 여행 와서는 생각보다 도움이 많이 되는 것 같다.

너무 더워서 숙소에서 쉬다가 쇼핑을 마치고 좀 더 쉬다가 '페트로나스 트윈 타워'를 갔다. 이 타워는 말레이시아의 랜드마크이기 때문에 가보고 싶었는데 가게 되어 좋았다. 타워 앞에서 단체 사진을 찍고 안에 있는 쇼핑몰에 갔다. 각종 브랜드의 모델들이 임윤아, 카리나, 이영지 등등 한국 연예인이었고, 이니스프리와 삼성, 비비고 등 한국 브랜드도 많이 입점해 있어 한국 쇼핑몰이라 해도 믿을 만큼 한류 열풍이 퍼진 게 체감되었다. 한국인으로서 자랑스러웠다.

그리고 말레이시아에 살다 오셨던 주하민 선배의 언니 분이 추천해 주신 'llaollao' 아이스크림 가게에 가서 아이스크림을 먹었다. 흰색 요거트 아이스크림에 토핑을 1가지 고르거나, 3가지 고르거나, 4~5가지를 고를 수 있으며 토핑 고르는 수에 따라 가격이 다르게 책정된다.

나는 은지 선배와 같이 먹었는데 망고와 로투스 부스러기(?) 그리고 초콜릿 소스를 선택했다. 나는 요거트 아이스크림을 별로 좋아하지 않는 편이어서 맛은 크게 기대하지 않았지만, 내가 먹어본 요거트 아이스크림 중 가장 맛있었다. 한국에는 llaollao가 없어서 아쉬웠고, 한국에도 생긴다면 꼭 다시 먹어보고 싶었다.

• 태헌이의 묵상과 여행

아브라함도 행위가 아닌 믿음으로 의롭다 함을 얻었다. 행위로는 의인이 될 수 없다는 것을 알아야 하고, '아브라함과 같은 믿음'을 가지려고 노력해야겠다.

아침에 일어났는데 열도 조금 나고 목이 아팠다. 아마도 어제 택시와 숙소의 가격을 흥정하는 과정에서 많은 대화를 나눴던 것이 원인인 것 같다. 아무튼 그래서 오전 일정에 함께 가지 못했다.

약을 먹고 조금 쉬니까 괜찮아져서 다행히 오후 일정에 함께할 수 있었다. '독립 기념 광장'에 방문했다. 그때 당시에는 큰 생각이 없었지만 지금 돌아보면 다른 나라의 독립 기념 광장을 방문한 것은 이번이 처음이라는 사실을 알게 되었다. 간단하게 둘러본 후에 그 근처에 있는 현지 국숫집을 방문했다. 살짝 짜장면과 같은 것을 먹었는데 다행히 입맛에 잘 맞았고 맛있게 먹었다. 점심을 먹고 다시 숙소로 돌아와서 더운 시간을 피하고, '현지 시장'을 구경했다. 시장에 스포츠 저지, 옷, 신발, 명품 가방 등을 모방한 가짜 제품들을 많이 팔았다. 가짜라고 생각하지 않고 보면 잘 눈치 채지 못할 정도로 꽤 퀄리티가 좋았던 것 같다.

그 후에는 '페트로나스 트윈 타워'를 방문했다. 타워에서 간단하게 쇼핑을 하고 'llaollao'라는 아이스크림 가게에 방문했다. 하민이의 언니께서 추천해 주셔서 거절하기 힘들었다. 가서 아이스크림을 먹는데 토핑을 추가해서 만드는 방식이라서 신선했

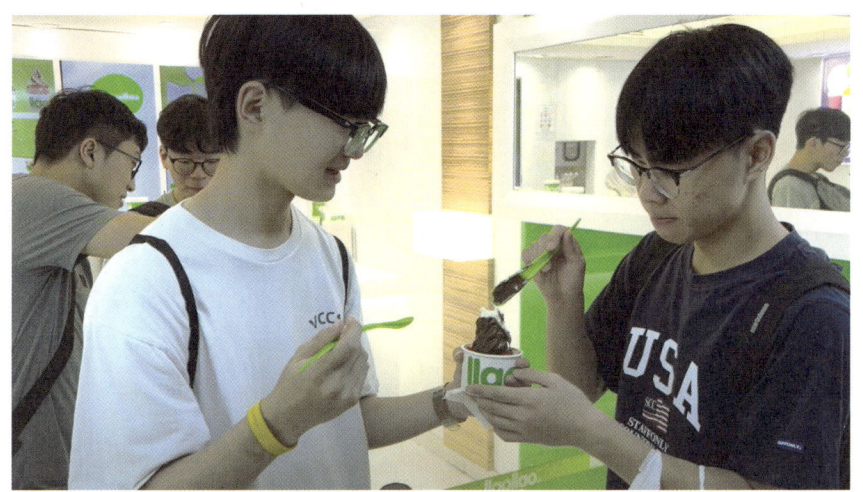

다. 엄청 맛있었고, 누구라도 좋아할 만한 대중적인 맛이었다. 마음 같아서는 혼자 하나를 먹고 싶었지만, 저가 예산으로 여행을 마쳐야 하므로 요한이와 하나를 나누어 먹었다.

 숙소로 돌아와서 현지식을 먹고 빨래방에 방문했다. 그동안 많은 빨래가 쌓여 있어서 어떻게든 해야 했다. 물론 손빨래도 시도해 봤지만 차라리 안 하는 게 나을 정도로 너무 못해서 어쩔 수 없이 빨래방에 가야 했다. 돈을 조금이라도 줄이기 위해서 요한이, 현서와 함께 빨래를 돌렸다. 근데 하필 우리 빨래 머신에서 탈수가 진행이 안 됐다. 하지만 이 정돈 괜찮을 줄 알고 그냥 건조기를 돌렸다. 이 선택을 하지 말아야 했다. 이때 건조기를 돌려서 돈은 돈대로 써버렸지만, 빨래는 전혀 마르지 않았다. 하지만 이미 날이 너무 어두워졌기 때문에 숙소로 돌아와야 했고, 숙소 방에서 간단하게 말려보기로 했다.

• 은지의 묵상과 여행

'의롭다'는 것은 '하나님의 약속을 믿고 확신하는 것'이다. 바랄 수 없는 중에 바라고 믿었다. 우리의 여행이 어떻게 흘러갈지 나는 한 치 앞도 알 수 없지만, 주님이 우리의 길을 인도할 거라는 확신을 갖고 나아갈 수 있으면 좋겠다. 좀 더 많은 것으로 주님을 느끼고 싶다.

오늘은 드디어 말로만 듣던 '쌍둥이 타운'에 가는 날이다. 건축적으로도 무척 유명한 곳이라 기대가 많이 되었다. 이동하는 건 딱히 문제가 없었다. 어제 그렇게 헤맨 뒤로 이제 그랩 앱으로 택시를 잡는 게 훨씬 익숙해졌기 때문이다. 3명이 택시를 부르고, 나머지는 기다리다가 3팀으로 나눠서 택시를 탔다. 그렇게 도착한 쌍둥이 타운! 가자마자 빌딩이 엄청 높아서 카메라에 다 담기도 힘들었다. 과연 빌딩 안엔 뭐가 있을까? 기대감을 갖고 들어갔지만, 상하이, 싱가포르에서도 많이 본 백화점이 복사 붙여넣기가 되어 있었다.;; 전 세계 백화점은 다 똑같이 생긴 걸까? 뭔가 특별한 것이

있을 것 같았는데 1층에 중국 느낌으로 꾸며져 있고, 명품관들이 모여 있는 것까지 구조가 완전히 똑같았다… 우리는 일단 백화점 지하의 푸드 코트로 가서 쇼핑을 했다. 다 같이 내일 아침에 먹을 과일과 빵을 샀는데 우르르 몰려다니면서 구경하는 재미가 있었다. 용과가 맛있다길래 용과를 샀는데 무슨 맛일지 궁금했다.

일정이 다 끝나고 저녁에 빨랫감을 들고 친구들과 함께 숙소 근처 세탁소에 갔다. 가자마자 눈에 띈 건, 물이 넘쳐서 거품이 흘러나온 세탁기였다. 그리고 다른 세탁기도 고장나서 탈수가 안 됐다. 다른 멀쩡한

세탁기들은 기다리는 시간이 너무 길어서 지루했다. 세탁 하나 하는데 세탁, 탈수 과정을 거치니 무슨 2~3시간이 걸렸다. 피곤해 죽겠는데 세탁기 앞에서 몇 시간을 멍을 때리고 있었다. 흘러나온 거품을 보고 맥주 거품 같다는 생각이 들었다. 세탁 하나 하는데도 이렇게 긴 인내의 과정이 필요하다니! 내가 만약 이곳을 오지 않았다면 지금쯤 한국에서 집에서 편하게 있었겠지? 이곳은 무엇 하나 멀쩡한 게 없는데 말이다. 그래도 지루한 삶에서 벗어나 이런 생고생을 하는 것도 나름대로 의미가 있다고 되뇌어 본다. 하하하.

• 현서의 묵상과 여행

우리는 각자의 행위가 절대로 의로 여겨질 수 없다. 오직 '하나님의 말씀을 신뢰하는 것'에서 비롯한 믿음만을 의로 여겨야 한다. 나의 행위로 인한 의로 자만하거나, 다른 사람을 낮추지 않도록 노력하자.

오늘은 일정이 조금 많았기에 아침에 일찍 일어났었다. 아침은 근처의 토스트 가게에서 먹었는데, 안에 들어있는 소스가 특이한데 꽤 맛있어서 기억에 남았다.

이동한 곳은 '므르데카 광장'이라는 곳인데, 말레이시아의 독립을 기념하는 광장이라고 한다. 넓은 광장에 굉장히 큰 말레이시아 국기가 걸려있는 긴 깃대가 있었다. 근처를 구경하며 이슬람 사원 쪽으로 갔는데 도착한 후 안쪽까지 들어가 보려 했지만, 사원 앞쪽에서 빌려주고 있는 복장을 빌려야 했다. 하필 날씨도 더운데 긴 옷을 입어야 해서 안쪽까지는 들어가지 않기로 했다. 이후 근처에 있는 국숫집에서 점심을 해결했는데 이 지역에서 꽤 유명한 음식점이라고 들었다. 유명한 음식점답게 맛있었고, 직원 분께서 굉장히 유쾌한 분이셔서 행복하게 식사를 할 수 있었다.

이후 숙소 쪽으로 돌아와서 다 같이 '차이나타운'을 구경했는데, 한국에 있는 길거리 장터와 비슷한 느낌이었다. 굉장히 다양한 것들을 팔았는데 그중에 티셔츠 하나

가 마음에 들어서 사고 싶었지만 맞는 사이즈가 없어서 결국 못 샀다.

잠깐 자유 시간을 가지고 말레이시아의 랜드마크인 '페트로나스 트윈 타워'에 방문하게 되었다. 롯데타워 정도 되는 건물이 두 개가 있는 것과 비슷한 규모이다. 타워를 뒤로 하고 다른 건물에는 매우 큰 백화점이 있어서 하나씩 둘러보았다. 가장 기억에 남는 건 하민이가 추천해 준 가게에서 아이스크림을 먹었는데 굉장히 맛있던 것이 기억에 남았었다. 숙소에 돌아갈 때쯤에 비가 갑자기 쏟아져

서 뛰어다니면서 택시를 잡게 되었다. 숙소에 도착해서 어제와 똑같은 곳에서 저녁을 먹게 되었는데, 저번에 갔을 때부터 직원 분들도 친절하시고, 음식도 맛있어서 이 식당에 정이 든 것 같았다.

 그렇게 하루 일정이 다 마무리된 후 근처에 있는 코인 세탁실에서 다른 친구들과 같이 빨래를 돌렸다. 잘 돌아가던 세탁기가 멈추길래 끝난 줄 알고 건조기로 옮겼는데, 뭔가 옷이 탈수가 전혀 되지 않은 것 같았다. 무슨 생각이었는지 딱히 의심하지 않고 그대로 건조기에 넣어버렸다. 건조기를 두 번이나 돌려도 마르지 않았는데 알고 보니 세탁기 오류 때문에 탈수가 되지 않았던 것이었다. 결과적으로 빨고 건조하는 것만 3시간이 걸렸었다….

• 요한이의 묵상과 여행

하나님은 우리가 어떤 일을 해내길 바라시기보다 하나님을 믿길 바라신다. 지금 7인 7색에서는 특히 무슨 일이 일어날지 알 수 없고, 계획대로 잘되지 않는데 이런 상황일수록 '하나님을 의지'해야 한다. 오늘 일정 중에 난관에 부딪히거나 체력적으로 지칠 때 하나님을 떠올리며 해결책을 찾고 이겨내자.

바퀴벌레를 피해 침낭 안에 들어가서 잘 자고 일어났다. 아침 먹을 식당을 미리 정해놨었지만, 사람이 너무 많아서 근처 다른 식당으로 이동해 카야 토스트와 오렌지 주스를 먹었다. 그리고 숙소에서 가까운 곳에 위치한 '므르데카 광장'에 갔다. 햇볕이 정말 뜨거워서 선크림을 꼭 많이 발라야 했다. 독립 기념 광장이었는데 광장 근처도 공원처럼 조성되어 있어서 구경하거나 사진 찍기 좋게 되어 있었다.

점심으로 무려 1945년에 생긴 현지 식당에 가서 고기가 들어간 국수를 먹었는데, 개인적으로 정말 취향에 잘 맞아서 맛있게 먹었다. 점심시간쯤 되자 날씨가 너무 더워서 계속 돌아다니지는 못하고 숙소에 들어가서 몇 시간 동안 쉬었다. 그러고는 숙소 앞의 '시장'을 구경했다. 짝퉁 옷, 가방, 시계, 향수 등이 정말 많았는데 명품이나 프리미엄이 붙은 브랜드 신발들을 그대로 베껴서 팔고 있었다. 그런데 생각보다 잘 만들어서 밖에서 보면 가짜인지도 모

를 것 같다. 구경을 하다가 900원에 말레이시아 기념 마그넷을 샀다.

저녁 시간이 되기 전에 택시를 타고 '페트로나스 트윈 타워'에 갔다. 한국과 일본이 각자 빌딩 한 개씩 만들었다고 하는데 정말 높고 잘 지어져 있었다. 지하에 있는 쇼핑몰에서 각자 용돈으로 젤리나 초콜릿 같은 간식도 사고 다음 날에 먹을 빵과 용과도 샀다. 그리고 하민이가 추천한 'llaollao'라는 요거트 아이스크림 가게에 갔다. 여러 가지 토핑 중에서 몇 가지를 선택할 수 있는 곳이었는데 나는 초콜릿 시럽과 딸기를 선택했다. 그냥 평범한 아이스크림 맛일 줄 알았는데 생각보다 너무 맛있어서 비싸지만 먹어볼 가치가 있었다.

돈을 아끼기 위해서 저녁 식사는 어제 저녁에 갔던 현지 식당에서 하고, 숙소 주변에 있는 코인 세탁방에 빨래를 하러 갔다. 그런데 세탁기 조작을 잘못해서 옷이 제대로 안 말라버렸다. 건조기에 한 번 더 돌려봐도 안 마르길래 일단 어쩔 수 없이 숙소에 널어뒀다. 이제 자려는데 현서가 세탁소에 옷 몇 개를 두고 왔다는 걸 뒤늦게 알아버려서 다시 다녀왔다. 다행히 옷은 되찾았지만, 마지막에 시행착오가 많은 하루였다.

빨래가 생각대로 되지 않는 바람에 친구들 간에 약간의 갈등이 있을 뻔했지만 서로 인내하고 배려해서 잘 지나갈 수 있었다. 역시 24시간 붙어있다 보면 정말 사소한 것으로도 갈등이 생길 수 있으니 더 조심하고 항상 배려하며 살아야겠다는 생각이 드는 하루였다.

• 하민이의 묵상과 여행

　모든 일은 행위가 아니라 그 마음과 동기가 중요한 것이다. 내가 누군가를 도울 때 왜 그 사람을 돕는 것이고, 어떤 마음으로 그들을 돕는 것인지를 내 자신도 잘 파악하고 있는 것이 중요하다. 모든 일정 가운데서 다른 사람들을 도울 때에도 '기쁜 마음'으로 함께하고 싶다.

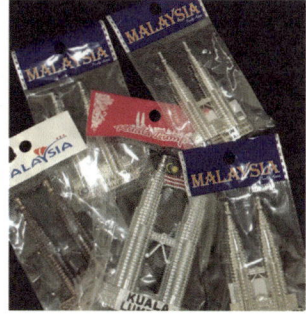

　말레이시아에서의 2일 차이다. 오늘은 말레이시아의 유명한 관광지를 둘러보았다. 그중에서 '트윈타워'에 방문했던 것이 기억에 남는다.

　두 팀으로 나뉘어서 쇼핑몰 안을 구경하고 마트에 모여 각자 개인 물품(선물 등)을 사고 함께 먹을 아침밥을 샀다. 이후 첫째 언니가 추천해 주었던 'llaollao'라는 아이스크림 가게에 들러 2인에 한 개씩 원하는 아이스크림을 골라 먹었다. 이 아이스크림 가게는 기본 요거트 아이스크림에 각자 원하는 토핑을 추가하는 방식이다. 사이즈별로 올릴 수 있는 토핑의 수가 달랐다. 말레이시아에 가기 전부터 안 먹으면 '범죄'라고 이야기했던 언니의 말처럼 우리 모두 너무나 맛있게 먹었다. 밖으로 나가 트윈타워 앞에서 단체사진을 찍고, 택시를 타러 가는 길에 비를 맞으며 뛰어갔다. 이런 사소한 것 하나마저도 재미있었던 하루였다.

• 윤하의 묵상과 여행

하나님께서는 우리 죄를 허물로 덮어주셨다. 이것이 '가장 큰 감사'이다. 매일 매일 죄를 지으며 살아가는 우리를 하나님께서는 품어주시고 항상 옆에 계셔서, 우리가 다른 길로 새어 나가다가 다시 하나님을 찾더라도 언제나 항상 옆에 계신다.

아침에 일어나 밥을 먹으러 숙소를 나왔다. 원래 정해둔 곳이 줄이 너무 길어 근처 식당을 들어가 토스트를 먹었다. 태헌이가 아파 태헌이 밥을 챙겨 숙소로 돌아와 묵상하였다. 묵상이 끝난 뒤 다 같이 '므르데카 광장'으로 향했다.

날씨가 너무 더워 구경을 하다가 숙소로 돌아오기로 했는데 이동하다 사원을 발견해서 밖에서 구경하였다. 안에 들어가려면 긴 옷을 입어야 했기 때문에 날씨도 덥고 배고픈 상태라 점심을 먹으러 이동하였다. 근처에 국숫집이 있다고 하여 그곳으로 이동하였는데 직원 분들도 너무 친절하시고, 국수도 너무나 맛있어서 배부르게 먹고 나올 수가 있었다.

숙소에서 조금 쉰 뒤 친구들과 숙소 앞에 있는 '차이나타운 시장'을 돌아다니기로 하였다. 옷도 사고 신기한 것들도 구경하면서 쇼핑을 하였다. 쇼핑을 마친 뒤 우리는 '페트로나스 트윈 타워'에 가서 사진도 찍고 안의 쇼핑몰에서 쇼핑을 했다.

너무 배고파 저녁을 어떻게 할지 고민하던 중 저녁을 저렴한 곳에서 먹고, 하민이 언니가 추천해 준 아이스크림을 먹기로 했다. 아이스크림 조금 비싸 어떻게 먹을지 고민

중 둘씩 나눠서 중간 사이즈를 먹기로 했다. 사실 아이스크림을 먹으면서 진지하게 어떻게 나눠서 먹을지 고민해 본 경험이 없기에 이렇게 돈을 아끼려고 진지하게 얘기하는 게 웃기기도 하면서 안쓰럽기도 하였다.

먹기 전에는 몸이 너무나 지친 상황이었는데 아이스크림을 먹고 나니 너무 맛있고 당 충전이 되어 몸이 훨씬 나아졌다. 몸을 충전한 뒤 다시 숙소로 돌아와 근처에서 밥을 먹기로 하였다.

밥을 먹은 뒤 세탁소가 있어 빨래들을 전부 챙겨 세탁소로 갔다. 세탁을 기다리는데 머리가 너무 아파 하민이가 쉬라고 말해줘서 애들이랑 숙소로 돌아와 빨래를 기다렸다. 여자 애들 건 세탁 건조 다 끝나서 돌아왔지만 남자 애들 건 문제가 생겨 건조를 두 번 돌리게 되어 총 2~3시간 동안 세탁소에 있었다. 다시 세탁소에 가서 나랑 태헌이랑 현서랑 요한이랑 세탁을 기다리면서 너무 힘들었지만 재밌기도 하였다.

114 청소년! 7인 7색, 배낭 메고 말레이 제도

2024-01-12 (금) / 로마서 5장
바투동굴 힌두사원의 272계단

• **솔이의 묵상과 여행**

오늘 말씀은 '환난 중에도 즐거워하라.'는 메시지를 담고 있다. 나의 상황에서도 생각해 보면 7인 7색에서 외로움이라는 환난이 있는데, 그 가운데에서도 즐거워할 수 있기를 오늘 하루 동안 기도해보자.

오늘은 '힌두교 사원인 바투 동굴'을 갔다. 말레이시아 지하철로 이동을 했는데 한국 지하철보다 사람이 적고 좌석이 많은 것 같다. 지하철에서 내려 사원으로 가는 길에는 야생 원숭이가 많이 보였다. 이곳저곳을 쌩쌩하게 돌아다니는 모습이 신기하기도 했고, 얘들은 사람을 두려워하지 않는 것 같았다.

바투 동굴에는 동굴로 올라가는 272개의 계단이 있는데, 힌두교에서는 이 계단을 다 오르면 인간에게 있는 272개의 죄가 용서받는다고 한다. 나는 계단을 오르면서 인간은 종교를 막론하고 죄로 인해 괴로워한다는 걸 느꼈다. 그런데 인간의 죄 문제를 다른 종교에서는 인간 스스로가 해결해야 한다고 말하지만, 기독교는 하나님이 죄의 문제를 예수님으로 해결해 주시면서 우리가 은혜를 얻게 되었다.

계단이 가팔라서 오르는 게 힘들었다. 다른 종교를 가진 사람들도 계단을 오르면서 죄의 무게를 느낄 텐데, 우리는 죄 사함을 하나님이 값없이 주시기 때문에 때로는 죄의 무게를 너무 가볍게 여기기도 하는 것 같다. 하나님의 은혜에는 감사하되, 죄의 무게를 가벼이 여기지 않기 위해 노력하는 삶을 살아야겠다고 생각했다.

점심으로는 어제 갔었던 국숫집을 갔다. 한 도시에 며칠씩 머물면 단골집도 생기는 것 같다. 국수는 좀 짰지만 맛있었다. 약간 짜파게티 같이 생긴 국수도 있었고, 소고기뭇국과 비슷한 맛이 나는 국수도 있었다.

점심을 먹고는 비도 오고 더워서 숙소에서 각자 쉬었다. 저녁은 KFC에서 치킨을 먹었는데 한국 KFC와는 조금 다른 맛이 났다. KFC에서 마무리 나눔을 했는데, 여행 쌤이 우리 숙소 주변에는 무슬림 기도 소리가 매일 들리는데, 그들은 기도가 일상이 되어 있다고 하시며 우리의 모습은 어떤지 질문하셨다. 평소 나의 모습을 돌아보았을 때 가끔은 하루에 한 번도 하나님 생각을 안 한 적도 있다. 나에게도 기도가 일상화되면 하나님을 더 많이 생각할 수 있지 않을까? 그러면 하나님 생각으로부터 오는 긍정적인 영향이 분명히 있을 것이다.

• 태헌이의 묵상과 여행

한 사람의 태도가 그 주변 사람에게 영향을 미칠 수 있으므로 내가 '순종하는 사람'으로 성장해서 내 주위 공동체에게 긍정적인 영향을 주는 사람이 되면 좋겠다.

아침 일찍 일어나 기차역에서 기차를 타고 '바투 동굴 힌두교 사원'으로 향했다. 사원 주변에 원숭이와 비둘기들이 잔뜩 있었다. 사원에 도착하면 계단들이 굉장히 많은데 그 계단을 올라가면 동굴 내부에 사원이 있었다. 동굴 내부에 사원을 지어서 그런지 좀 웅장했다.

사원 구경을 마치고 다시 기차를 타고 숙소로 돌아왔다. 돌아와서 어제 점심을 먹었던 국숫집에서 또 점심을 먹었다. 점심을 먹은 뒤에는 다시 빨래방에 방문했다. 숙소에서 말렸던 것이 조금 마르기는 했지만, 제대로 건조되지 않아서 그런지 냄새가 났기 때문에 다시 빨래를 해야 했다. 다행히 이번에는 무사히 잘됐고 너무 감사했다.

한국에 살면서 빨래가 잘 됐을 때 감사했던 적은 한 번도 없었다. 이런 부분이 배낭여행의 재미인 것 같다. 숙소에서 조금 쉰 뒤에 저녁을 먹으러 갔다. 요한이가 KFC를 먹고 싶다고 말했는데 어떻게 잘 추진돼서 KFC에 갔다.

• 은지의 묵상과 여행

 의인을 위해 죽기도 힘든데 죄인을 위해 죽은 예수님. 하나님은 죄를 미워하시지만 우리를 더 사랑하셔서 그러신 게 아닐까? 나도 다른 사람을 볼 때 그 사람의 죄는 미워하되, 그 사람 자체는 더 사랑하도록 애써야겠다.

 아침부터 기차를 타고 '바투 동굴 힌두사원'이라는 곳을 갔다. 우리를 반긴 건 수많은 원숭이와 비둘기 떼였다… 원숭이가 귀여워서 사진을 열심히 찍었다. 원숭이들이 여기저기 널브러져(?) 있었다. 길바닥에도 있고 기둥 위에 올라타 있기도 했다. 그리고 사원에 도착했는데 사원이 특정한 색깔들로 화려하게 지어져 있었다. 파스텔톤 색들이 뒤섞여 있어서 좀 어지러웠다. 힌두교 사람들이 신발을 벗고 사원 안에 있는 조각상 앞에 절을 했다.
 그리고 그 사원을 지나가니 우리의 눈앞에 펼쳐진 건 다름 아닌 272개의 계단이었다. 인간이 일생 짓는 죄의 개수를 상징했다. 죄의 종류가 이렇게 많다니… 힌두교 사람들은 이 계단을 자주 오르면서 죄에 대해 생각하고 회개하나 보다. 심지어 계단을 한 계단 오를 때마다 절을 하는 사람도 한 명 봤다. 종교는 다르지만 확실히 기독교인으로서 반성하게 되었다. 나는 평소에 이 정도로 죄에 대해 많이 생각하지도 않고 회개도 별로 안 한다.
 숙소에 있으면 밤낮으로 길거리에서 이슬람, 힌두교 사람들이 기도하는 소리가 크

게 들린다. 나는 이렇게 간절히 주님께 기도를 하는가? 비록 다른 신을 섬기고 있지만 적어도 한 가지 분명한 사실은 그들의 믿음이 나보다 훨씬 낫다는 것이었다. 그런 생각을 하면서 바투 동굴 내부로 들어갔다. 그랬더니 계단이 또 있었다! 이건 선택적으로 올라갔는데, 운동을 하고 싶었던 나는 냅다 계단으로 달려갔다ㅋㅋㅋ 좀 더 들어가니 또 작은 사원이 있었다.

사실 한 가지 마음에 걸리는 것이 있었는데, 내가 'Jesus'라고 적혀 있는 티셔츠를 입고 갔다는 사실이다. ㅎㅎ 이 티셔츠는 토론대회 나갔을 때 사은품으로 받은 거였는데 입기 좋아서 가져온 것이었다. 근데 이 티셔츠를 입고 힌두교 사원에 왔으니 힌두교 인들의 입장에선 웬 사이비 종교인이 사원에 왔다고 생각할 수도 있었을 것 같다. ㅋㅋㅋ 그래서 뭔가 짜릿하고 이상한 기분이었다. 그리고 마침 옆에 다별 선배가 찬양을 부르길래 나도 따라서 찬양을 불렀다. 비록 이 찬양을 이 사람들이 알아들을 순 없겠지만, 이 사람들도 구원을 받았으면 좋겠다는 생각이 들었다.

• 현서의 묵상과 여행

7인 7색 중 환난은 언제나 찾아오고, 이미 많이 찾아왔었다. 7인 7색뿐만 아닌 앞으로 삶을 살아가면서 환난을 마주했을 때 나의 감정이나 생각을 제한할 수 있는 인내가 필요하다. 그런 인내하는 삶을 살아가며 소망을 이뤄가는 내가 되도록 노력해야겠다.

오늘 아침은 딱히 급할 것 없이 여느 아침 시간처럼 흘러갔다. 어제저녁쯤 근처 편의점에서 아침을 미리 사놓았기에, 한 방에 모여서 다 같이 아침을 먹고 묵상 시간을 가졌다.

오늘은 기차를 통해 '동굴에 있는 사원'으로 가게 되었다. 숙소 쪽에서 30분 정도 떨어져 있는 기차역 쪽으로 출발했다. 어제에 이어서 날씨가 매우 더웠고, 길도 뭔가 애매하게 나 있어서 도로를 그냥 건너기도 하는 등 가는 길이 쉽진 않았다. 기차역에 도착해서는 기차역이 살짝 낡아서 그런지 더 분위기 있어서 기억에 많이 남았다.

그렇게 기차를 통해 이동해서 사원 입구 쪽에 도착했는데, 입구 쪽에는 엄청나게 큰 동상이 세워져 있었다. 쭉 이어진 길에는 상인들이나 길에 원숭이와 비둘기들이 떼를 지어 있었고, 거기에다 사람들도 많아서 굉장히 복잡했었다. 안쪽에는 다른 작은 사원이 있었는데, 신기했던 것은 사원에 들어가기 위해서는 신발을 벗어야 한다는 것이었다. 이번에도 사원 안쪽까지는 들어가지 않았다.

동굴 사원으로 가는 길 쪽에는 긴 계단이 있었는데, 이 계단에 단수가 죄의 개수를 의미하는 272개라서 272계단이라고 부른다. 그렇게 계단을 올라가서 동굴에 들어갔는데, 천장도 엄청 높은 데다 꽤 넓었다. 마치 영화에서처럼 굉장히 어둡고 무거운 분위기의 사원 같은 느낌과는 거리가 멀었지만, 동굴 안쪽에 따로 사원이 있었고 제단

처럼 보이는 것도 실제로 있어서 조금 신비로운 느낌을 주었다. 다 같이 구경을 마친 뒤 다시 기차를 타고 숙소 쪽으로 돌아왔다.

오늘은 정해진 일정이 사원밖에 없어서 나머지 시간은 각자 쉬는 것으로 했다. 이번에 빨래를 한 번 더 도전해 보았는데 다행히 성공할 수 있었다. 오늘은 쿠알라룸푸르에서의 마지막 밤이기에 특별히 근처에 있는 KFC에서 저녁을 먹게 되었다. 현지식 말고 우리가 알던 음식을 먹어볼 기회여서 맛있게 먹었다. 당장 내일 가게 되는 '메단'이라는 곳부터는 말레이시아가 아닌 인도네시아에서 일정을 계속하게 된다. 우리 여정 중에 인도네시아가 가장 치안이 좋지 않은 곳이라고 여행 선생님께서 누누이 말씀해 주셨기에, 긴장한 상태로 말레이시아에서의 마지막 밤을 보냈다.

• 요한이의 묵상과 여행

하나님 안에서 함께하면 환난 중에도 즐거워할 수 있고, 환난은 인내를, 인내는 연단을, 연단은 소망을 이루게 해주기 때문에 우리가 여행하면서 고난을 겪는 것 자체에 '감사'할 수 있어야 한다. 그래서 고난을 통해 많은 것을 얻을 수 있어야 한다.

지하철을 타고 '바투 동굴 힌두교 사원'으로 출발했다. 사원 근처에는 원숭이와 비둘기가 굉장히 많았는데 특히 비둘기는 조금 무서울 정도로 정말 많았다.

바위산 중턱의 높은 곳에 사원이 위치해 있는데 사원까지 가는 길은 272개의 가파른 계단으로 이루어져 있다. 힌두교에서는 272가지의 죄가 있다고 생각해서 계단을 올라가며 죄에 대해 생각하기 위해 그렇게 만들어졌다고 한다.

계단을 오르면 큰 동굴 안에 사원이 있는 모습을 볼 수 있다. 계단에 오르느라 더웠지만 동굴 안은 시원했다. 사원의 입구만 구경한 후 이번에도 너무 더워서 오래 활동하지 못하고 숙소 쪽으로 돌아왔다.

• 하민이의 묵상과 여행

수많은 공동체에 속해 있는 우리가 항상 기억해야 할 것은 '화목'하게 지내는 것이다. 모든 사람이 다 나와 비슷할 수는 없기에, 나와 다른 사람을 이해하고 수용할 수 있는 마음을 갖는 것이 중요하다. 아직 나는 나와 다른 사람들을 이해하는 연습이 더 필요할 것 같다.

아침에 일어나서 아침 식사를 간단히 하고 난 뒤, 숙소에서부터 지하철역까지 도보로 이동했다. 계속 땀이 나고 많이 더워서 가는 데 체력적으로 아주 힘들었다. 또 우리가 가려는 곳이 힌두교 사원이기 때문에, 복장에 제한이 있어 긴바지를 입고 걸어 다니느라 더 힘들었다. 그래서 계속 윤하와 그늘을 찾아서 뛰어다녔다.

역에 도착해서 티켓을 구매하고 열차를 기다렸다. 스마트폰에는 5분 뒤에 열차가 온다고 했지만 30분을 넘게 기다려도 열차는 오지 않았다. 그래서 뭔가 이상함을 느끼고 확인해 보니 반대쪽에서 열차를 기다리고 있었다. 그래서 다시 반대편으로 넘어가 열차에 탑승하고 '바투 동굴 힌두사원'에 도착했다.

사원 입구에는 음료와 간단한 간식을 판매하고 있었고, 원숭이와 비둘기가 정말 많았다. 사원에서는 272개의 계단이 있는데 이 숫자는 죄의 숫자를 의미하고 계단을 다 올라야 죄를 용서받을 수 있다

고 한다. 그렇지만 우리는 모두 기독교인이었기 때문에 많은 것을 경험한다는 것에 의미를 두고 계단을 올랐다. 위에서 조금 휴식을 취하고 계단을 내려가는데 경사가 너무 급해서 조금 무서웠다. 그래서 같이 내려가는 친구들의 팔을 손잡이 삼아 힘들게 내려왔다. 계단 위에서 본 경치와 동굴도 멋있었지만, 이 사원에서 나에게 가장 기억에 남는 것은 수많은 비둘기와 높은 계단뿐인 것 같다.. ㅎㅎ 이곳의 비둘기들도 한국의 비둘기처럼 사람을 피하지 않고 위, 아래, 옆, 뒤 어디를 봐도 비둘기가 있어서 소리를 지르면서 뛰어다녔다. 비둘기를 무서워하는 사람들은 바투 동굴 힌두 사원에 갈 때 미리 꼭 알아두면 좋겠다.

• 윤하의 묵상과 여행

예수님 덕분에 우리가 하나님과 화목할 수 있게 되었지만, 우리는 매일 매일 죄를 지으며 하나님을 잊고 살아간다. 내 하루만 돌아봤을 때도 내 안에 하나님이 계실 때보다 계시지 않을 때가 더 많다.

오늘 하루는 계속해서 하나님이 내 옆에 계시다는 것을 묵상하며, 하나님을 생각하며 지낼 수 있기를 바라고, '이것을 인지하고 있으면 내 마음과 행동도 달라질 것'이라고 생각한다.

오늘은 사원에 가기로 하여 기차를 타고 사원에 갔다. 사원에 도착해 272계단을 올라갔는데 경사도 심하고 더운 날씨에 굉장히 힘들게 올라갔다. 여기는 인간에게 272개의 죄가 있다고 믿어 이 계단을 다 오르면 용서된다고 믿는다.

힘들게 고생을 하고 어제 갔던 점심을 먹었던 곳에 또 누들 집에서 밥을 먹고 쉬었다. 도착해서 세탁소에 가 빨래를 하고 저녁은 KFC에 가서 먹기로 하였다.

KFC에서 다 먹은 후 우리는 거기서 오늘 하루 내가 묵상한 대로 살았는지 나눔을 가졌다. 나눔을 하면서 이곳은 죄의 무게를 가볍게 생각하지 않고 무겁게 생각하며 자신의 신께 간절함이 있는 것을 보며, 우리는 과연 하나님께 얼마나 간절한지 또 나는 죄의 무게를 가볍게 여기고 있지는 않은지 생각해 보았다.

나는 과연 하나님께 항상 간절했을까, 필요할 때만 찾지 않았을까, 또 하나님께서

매번 돌아오면 용서해 주시니 내가 너무 죄를 가볍게 생각하며 짓고 있지는 않을까, 매일 매일 죄를 지으며 살아가는 데 진심으로 회개하고 있을까? 하며 내 자신을 돌아보게 되었다.

아침저녁, 시작과 끝을 묵상해서 그런지 하루를 성찰할 수 있게 되고, 하루가 힘들었어도 하루를 좋게 마무리할 수 있었다.

2024-01-13 (토) / 로마서 6장
인도네시아 메단으로!

• **솔이의 묵상과 여행**

　오늘 말씀에서 그리스도인은 죄에 대해 죽은 사람이라고 한다. 그리고 죄가 많은 옛사람의 모습을 예수님과 함께 십자가에 못 박았기 때문에 '새사람'이 된 것임을 기억하자. 하지만 내가 옛사람으로 16년 정도를 살았는데, 예수님을 작년쯤에 인격적으로 만났기 때문에 새사람이 되고 구원받은 기간은 그보다 짧다. 그래서 가끔 나의 죄 된 본성이 나오는 경우가 있다. 오늘 나의 죄 된 마음을 경계하며 살자.

　오늘은 쿠알라에서 비행기를 1시간 정도 타고 '메단'으로 이동했다. 그리고 메단에 도착해서 인도네시아 비자를 발급받았다. 공항에서 인도네시아 화폐인 루피아로 ATM출금을 하려고 했지만, 여행 쌤의 카드에 문제가 생겨서인지 인출되지 않았다. 일단 말레이시아 돈을 루피아로 환전한 다음 해결 방안을 생각해 보려 했다. 또 다른 문제가 생긴 것이다. 그래서 인도네시아 ATM사용법을 찾아보는 등 차분하게 문제 해결 방법을 찾았다. 이러한 부분에서 내 마인드가 건강해짐을 느꼈다.

　공항에서는 기차를 타고 메단 시내로 이동했다. 그리고 점심을 먹고 쿠알라룸푸르에서 했던 것처럼 팀을 나눠 숙소를 잡았다. 참여해 보고 싶다고 마음속으로 생각하고 있을 때 은지 언니가 알아차리더니 숙소 구할 팀을 짤 때 나를 넣으려고 했다. 결국 나는 숙소를 구하러 갔고, 은지 언니와 여행 쌤이 짐을 지켰다. 나는 은지 언니에게 미안하면서도 고마운 마음이 들었다.

　숙소를 구하기 위해 돌아다니면서 예상치 못한 복병으로 인해 힘들었다. 인도네시

아의 교통은 정말 강한 자만이 살아남을 수 있는 것 같다. 도로에 횡단보도와 신호등이 거의 없었고, 차보다 많은 오토바이들이 쌩쌩 질주를 했다. 그리고 차들도 거침없이 달렸다. 횡단보도도 없어 언제 건너야 할지도 몰라 결국 중간에 손을 번쩍 들고 주변을 살피면서 겨우겨우 건너야 했다. 도로 한 번을 건널 때마다 10년은 폭삭 늙는 기분이었다. 숙소는 나와 다별 선배가 구한 곳으로 갔다. 생각보다 방의 퀄리티가 나쁘지는 않았다.

마무리 모임을 마치고 방에 들어갔을 때 나는 다시금 외로움을 느꼈다. 평소에 눈치를 잘 안 보는 스타일인데, 혼자 10학년이다 보니 자연스레 눈치가 보이는 것 같다. 그래서인지 나는 친구들의 소중함을 느꼈다. 나와 함께해 준 내 친구들에게 미안하고 고마웠다. 그리고 이러한 마음 또한 하나님이 나에게 이웃 사랑이라는 가치를 보여주시기 위함이고, 나중에 외로움을 겪는 사람이 있을 때 공감해 주고, 함께 있어 줄 좋은 경험이 될 수 있다고 생각하니 마음이 조금 홀가분해졌다.

• 태헌이의 묵상과 여행

지금 내가 누리고 있는 이 삶이 그리스도로 인해서 얻은 '새 생명'이므로 감사하며 살아야겠다.

아침 4시에 기상했다. '메단'으로 가는 비행기를 타기 위해서 새벽에 일어나야 했다. 일어나서 씻고, 짐을 싸고 로비로 내려와서 현서, 요한이와 함께 다른 사람들을 기다렸다. 근데 뭔가 이상했다. 우리만 시간에 맞춰서 내려왔을 리가 없어서 잘 생각해 보았는데 우리가 1시간 빠르게 기상해 버렸던 것이다.

원래 6시에 집합이라 5시에 일어나면 되는데 요한이가 알람을 잘못 맞춰서 1시간 더 이른 4시에 기상하게 되었다. 그래서 약속 시간보다 1시간 일찍 나와 버렸다. 나도 이런 실수를 할 수 있기 때문에 불평하지 않았고, 오히려 늦장 부리는 현서가 일찍 준비를 마쳐서 다행이라는 생각마저 하게 되었다. 아무튼 6시에 다시 모여서 택시를 타고 공항으로 출발했다. 아침은 간단히 빵으로 때우고 비행기에서 좀 잤다.

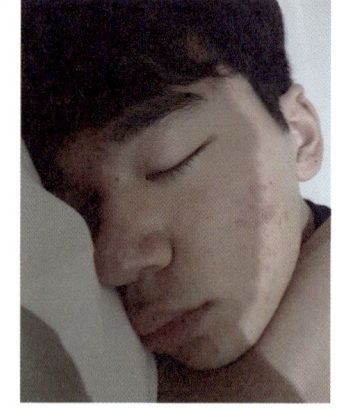

내려서 ATM에서 돈을 뽑으려는데 카드 문제로 오랫동안 돈을 뽑지 못했다. 그렇게 시간을 좀 허비

해 버렸고, 예정보다 늦게 메단으로 도착했다. 도착해서 또 숙소를 찾아야 했다. 이번에도 현서, 하민이와 팀을 이루어서 숙소를 찾으러 다녔다.

숙소를 찾으러 가는 중 교통 때문에 너무 놀랐다. 횡단보도가 하나 없는데 차들이 멈추질 않는 도로는 처음이었다. 이전까지는 그래도 우리가 대도시에 있었기 때문에 이런 일이 없었지만, 메단에 도착하고 나서 정말 인도네시아에 왔다는 것이 실감이 났다. 그 상황이 마치 초등학생 시절에 자주 했었던 길 건너 친구들이라는 게임 같았다. 하지만 게임과 다르게 나는 목숨이 하나밖에 없으므로 매우 신중해야 했다. 어쨌든 고생하면서 숙소를 찾아다녔지만 전혀 찾지 못했다. 앞서 말했던 것처럼 대도시는 아니었기 때문에 근처에 어떤 인프라도 없어서 숙소를 찾지도 못했다. 하지만 다른 팀에서 합리적인 가격에 고급 호텔을 찾아내서 그곳으로 가기로 했다.

그리고 점심을 먹었다. 현지식이지만 깔끔하고, 저렴한 레스토랑에 방문해서 맛있게 먹었다. 숙소에서 좀 쉬고 저녁을 먹기 위해서 밑에 있는 편의점에서 먹을 걸 좀 사서 라면과 함께 먹었고, 메단에서의 하룻밤을 보냈다.

• 은지의 묵상과 여행

하나님은 왜 죄악이 가득하고 연약한 우리를 의의 도구로 사용하려고 하실까? 감사하다. 예수님의 십자가를 통해 우리는 죄로부터 해방되었지만 그럼에도 여전히 난 죄를 짓고 산다. 죄를 짓지 않기 위해 '날 구원하신 예수님'을 기억하고 '의의 도구'로 쓰임 받기 위해 기도하자.

오늘은 여섯째 날이다. 쿠알라룸푸르 국제공항에 가는 택시를 잡았다. 6시에 출발해야 해서 5시 50분까지 숙소로 모이기로 했다. 5시 15분에 잠이 깼지만, 준비를 35분부터 한 탓에 급하게 짐을 챙겼고, 결국 늦었다. 두고 온 물건을 확인해 보니 이어폰, 일기장, 볼펜, 스티커였다. 다른 건 진짜 다 괜찮은데 솔이가 준 유선 이어폰(착용감 되게 좋았었는데....)을 두고 온 게 리스크가 컸다. 이왕 이렇게 된 거 남은 기간 도파민 없이 살아볼까?

그렇게 여차저차 비행기를 타고, 공항 철도를 탄 뒤 '메단'에 도착했다. 그런데 오자마자 문제가 하나 있었다. ATM기에서 현금 인출을 할 수가 없었다. 저번에 쿠알라룸푸르에서 카드 비밀번호가 오류 난 뒤로 카드가 먹통이 돼서 안 됐기 때문에, 다른 카드를 시도해 봤는데도 ATM기가 작동을 안 했다. 이대로 현금 없이 살 순 없는데… 우리는 기차역 한쪽에 자리를 잡고 방법을 강구했다. 달러 있는 사람은 달러를 꺼내서 교환하는 등 어떻게든 방법을 찾아내고 있었다. 그러다 카드 먹통을 풀기로 결심한 여행 쌤께서 한국에 있는 아내 분께 전화를 거셔서 도움을 받아 겨우 카드 먹통을 풀

어냈다. 카드 비밀번호가 쏘아 올린 작은 공이 이렇게까지 커질 줄이야. 이번엔 진짜 해결 방법이 없을 줄 알았는데 어떻게든 집단지성으로 하다 보니 해결 방법을 찾아냈다. 역시 하늘이 무너져도 솟아날 구멍은 있구나, 그 구멍 하나 보고 가는 게 뭔가 그리스도인의 삶과도 같다는 생각이 들었다.

매일 일정이 끝나고 나서는 여행 소감 나눔, 아침 묵상 되돌아보기, 피드백 등을 한다. 이동할 때 최대한 붙어서 다니기, 식사 메뉴를 선택할 때 빨리 고르기, 끼니는 제때 세 끼 모두 다 챙겨 먹기 등 여행 쌤의 피드백을 항상 듣는다. 고쳐야 할 게 많은 것 같지만 확실히 서툴렀던 처음보다는 훨씬 익숙해진 것 같다.

• **현서의 묵상과 여행**

　우리가 죄를 지었을 때, 점점 감각이 무뎌지더라도 죄의 무게가 없어지거나 가벼워지는 것은 절대 아니다. 죄에 대하여 관대해질 것 같을 때마다 하나님께 도움을 요청하는 삶을 살고, 더 나아가서 하나님의 '영생' 안에 거하는 내가 되도록 노력하자.

　오늘은 '인도네시아'로 넘어가는 날이기에 아침 5시쯤에 일어났다. 6시까지 숙소 앞에 모여서 공항으로 향하는 그랩을 잡았다. 40분 정도 달려서 공항에 도착해서 탑승수속을 마치고 비행기를 기다리는 동안 아침 묵상을 했다. 여행 쌤께서 비행기를 타기 전 마지막으로 인도네시아에서는 더욱더 긴장을 풀면 안 된다고 강조하셨다.

　메단까지는 1시간밖에 걸리지 않았다. 공항에서 조금 내려가야 메단이었기에 바로 공항철도를 이용해서 메단 쪽으로 가야 했었다. 표를 구매하려 했지만 선생님의 체크카드가 갑자기 막혀버리는 바람에 약간 어려움이 있었다. 정말 다행히 전에 남아 있던 링깃으로 환전해서 돈을 맞출 수 있었다.

　무사히 기차를 통해 메단 역에서 내린 뒤 네 팀으로 찢어져서 각자 짐을 지키거나 숙소를 찾기 시작했다. 역 바로 앞에 큰 백화점이 있어서 조금 더 나가서 찾으려고 큰 도로가로 갔는데, 도로에는 횡단보도도 없었고, 차도 너무 빨리 지나다녔다. 또한 인프라가 전혀 없었기에 굉장히 당황스러웠다. 이대로는 숙소를 찾기는 너무 위험했기에 다시 짐이 있는 곳으로 돌아가기로 했다. 이때, 여행 쌤께서 출국 전에 하셨던 말씀이 생각나면서 정말 여행 쌤께서 하신 말씀에는 틀린 게 없다는 생각을 하게 되었다. 다 같이 모여서 잠깐 회의를 한 결과, 우선 근처에서 밥을 먹고, 호텔을 알아보고, 그쪽으로 다 같이 움직이자는 방향으로 결정되었다. 와중에 밥은 맛있어서 좋았다.

이후 알아본 숙소 중 그나마 나은 곳으로 출발하였는데, 시설을 보니 생각보다 수준이 높아서 놀랐다. 가격을 알아보고 항상 그랬듯이 약간 깎아달라고 요청했는데 깎은 가격도 조금 비싸긴 했지만, 퀄리티로서는 지금까지 가장 좋은 숙소였다.

그렇게 이것저것 하다 보니 시간이 지나서 벌써 저녁 시간이 되었는데, 로비 쪽에 편의점이 있어서 각자 먹을 라면을 사러 갔다. 이때 새로 알게 된 것은 인도네시아 물가는 예상 밖으로 저렴하다는 것이다. 컵라면 하나에 거의 600~700원 정도밖에 하지 않았기에 엄청 놀랐었다. 가격을 보면서 잘하면 1,000원에 한 끼를 먹을 수도 있겠다는 생각이 들기도 하였다. 계산을 마치고 각자 방에서 먹은 뒤, 다 같이 마무리 모임을 진행하고 쉬었다.

로마서 묵상하며 여행하기- 1월 13일

• 요한이의 묵상과 여행

하나님과 멀어져서 살면 열매를 맺지 못하고 후회할 만한 일만 하다가 죽게 된다. 반대로 하나님을 가까이한다면 그 자체만으로 삶에 큰 의미가 된다. '모든 일을 하나님의 영광을 위해서' 하고 싶다. 오늘 하루 동안 감사했던 일을 생각하고 기도하며 하루를 마무리해야겠다.

말레이시아 쿠알라룸푸르에서 '인도네시아 쿠알라 나무'로 가는 비행기를 타기 위해 새벽 일찍 일어났다. 바퀴벌레가 나오는 정든 숙소를 떠나 비행기를 탔다. 45분이면 도착하는 거리라 잠깐 자고 일어났더니 인도네시아에 도착해 있었다. 공항에서 비자 신청을 마치고 인도네시아의 첫 도시인 '메단'으로 갔다.

인도네시아에 와서 가장 먼저 느낀 점은 교통이 정말 어지럽다는 점이었다. 차들이 보행자에게 절대 양보해 주지 않는데 사람들이 치이지 않는 게 이상할 정도다. 역주행을 하는 모습도 어렵지 않게 볼 수 있다.

메단에서 잘 숙소를 예약하지 못해서 몇 명은 숙소를 찾으러 가고, 나와 윤하는 현금 인출을 위해 ATM기계를 찾아다녔다. 숙소도 찾고 현금도 인출한 뒤에 점심을 먹었다.

나름 고급 현지식당에 갔는데 물가가 말레이시아보다 훨씬 저렴했다. 나시고랭과 생선튀김, 사테 꼬치 등을 먹었는데 전부 맛있었다.

식사를 마치고 숙소로 이동했는데 여행 쌤 말씀으로는 지금까지 7인 7색에서 간 숙소들

중에 가장 좋은 숙소라고 하셨을 만큼 숙소가 좋았다. 화장실도 좋고 침대도 1인 1침대였다. 피곤하고 주변에 식당도 없어서 저녁은 숙소 앞 편의점에서 산 것들과 한국에서 가져온 컵라면으로 때우고, 숙소 침대에서 충분히 쉬다가 잤다.

• 하민이의 묵상과 여행

나는 죄에게 묶여서 사는 것 같다. 내가 정말로 은혜 안에 있고 하나님이 나를 통치하는 분이라는 것을 믿는다면 죄에 얽매여 살지 않을 수 있지만, 이와 같은 사실을 믿으면서도 스스로 의심을 한다. 나의 의심은 내가 불안정한 상황일수록 더 커지고 그것을 사탄이 더 심하게 흔든다는 것을 알고 있다. 오늘 일정이 쉽지 않을 것으로 생각되는데 정말 '사탄이 들어올 틈이 없이 하나님을 의지'할 수 있으면 좋겠다.

오늘은 말레이시아에서 '인도네시아 메단'으로 넘어가는 날이다. 해당 지역이 내가 맡은 지역이라 인도네시아로 넘어가는 길을 찾아야 했다. 말레이시아 숙소에서 5시 50분에 체크아웃을 하고 그랩을 이용해 택시를 잡으려고 했는데, 너무 이른 시간이어서 현금결제를 할 수 없었다. 공항으로 가지 못하는 상황이어서 다들 당황했다. 특히 나는 내가 가이드 하는 첫날인데 생각하지도 못한 변수가 생겨 더 당황스러웠다. 그런데 현서가 갑자기 "그랩 잡혀요."라고 이야기했고, 알고 보니 6시가 넘어서 현금으로 그랩을 잡을 수 있었던 것이었다. 그래서 무사히 공항에 도착하여 비행기를 탈 수 있었다.

메단 공항에 도착해 현금 인출을 하려고 했는데 ATM에서 오류로 인해 현금 인출이 불가능한 상황이었고, 한국에 계신 여행 쌤의 아내 분에게까지 전화해 도움을 요청하였지만 당장 현금 인출을 하지 못했다. 공항 철도표를 예매할 정도의 현금만 가지고 있었기 때문에 우선 표를 예매하고 메단으로 출발했다. 사실 그 전날 공항에서 메단으로 이동하는 교통편을 구하기 어려워서 다별 선배와 함께 여러 가지 방법을 찾아보며 헤맸었는데 생각보다 편안하고 빠

르게 이동할 수 있어서 정말 다행이었다.

    메단에 도착해 팀을 나눠 현금 인출과 숙소 체크인을 했다. 그런데 메단 도심에 있다 보니 숙소 값이 생각보다 너무 비쌌고, 무질서하게 이동하는 자동차와 오토바이로 인해 숙소를 찾으러 다니는 길이 쉽지 않았다. 그렇게 숙소를 구하지 못한 상태에서 우여곡절 끝에 현금 인출을 마치고, 요한이와 윤하가 찾아온 식당에서 늦은 점심을 먹었다.. 모두들 밥을 먹지 못해서 예민한 상태였는데 식사를 하고 모두들 이성적인 판단이 가능해지고, 다 같이 머리를 모아 숙소 이야기를 하고 이후 다별 선배와 솔이가 찾아둔 숙소에 들어가 체크인을 하고 쉼을 가졌다. 게스트하우스가 아닌 호텔이라 숙소 가격이 비싸서 여행 쌤이 직접 가격 협상에 함께하셨다. 이때 여행 쌤이 영어를 알아듣지 못하는 척하시면서 계속해서 가격을 깎으셨는데 이 모습이 정말 웃기고 인상적이었다.

• 윤하의 묵상과 여행

'죄 앞에서 굴하지 말라.'는 내용이 계속해서 생각이 났다. 우리는 죄를 지으며 살아간다. 물론 구원을 얻었지만, 우리는 매일 매일을 자신의 본능대로 살아간다. 나의 본능이 자꾸 하나님이 아닌 죄를 찾으며 살아간다. 더 이상 죄가 아닌 하나님을 찾는 삶을 살고 싶고, 내 본능과 내 생각대로 하지 않으며, 세상의 것을 따라가지 않는 삶을 살고 싶다.

오늘은 새벽에 일어나서 '인도네시아'로 가기 위해 공항으로 이동해야 했다. 그랩으로 택시를 잡고 1시간 동안 공항으로 향했다. 공항에서 체크인을 다 마치고 우리는 탑승하기 전에 묵상을 했다.

비행기를 타고 인도네시아 공항에 도착하게 되어 우리는 돈을 뽑아야 하는 상황이 되었는데 카드에 문제가 생겨 해결하기도 어려운 막막한 상황이 되었다. 하지만 다행히 남은 돈으로 환전을 하여 기차표를 살 수 있었다.

그렇게 우리는 기차를 타고 '메단'에 도착하였다. 우리는 아직 숙소를 예약하지 않았기에 쿠알라 때처럼 직접 숙소를 찾아야 하는 상황이 되었다. 네 팀으로 찢어져 숙소를 찾아보았는데 나랑 요한이는 ATM 기를 찾아 돈을 뽑아오기로 하였다. 생각처럼 잘되지 않았지만 결국 숙소와 현금 모두 찾아 점심을 먹고 이동하였다.

숙소에 도착했는데 생각보다 숙소가 너무나 좋았고, 가격도 열심히 깎아 퀄리티

비해 저렴하게 묵을 수 있었다. 저녁은 다 같이 라면을 먹기로 하였고, 인도네시아 물가는 정말 저렴하여 편의점에서 저렴한 간식들도 샀다. 다 같이 라면을 먹고 묵상을 나눈 뒤 씻고 잠에 들었다.

2024-01-14 (주일) / 로마서 7장

메단에서 제대로 현지식

• **솔이의 묵상과 여행**

율법은 선한 것이다. 그러나 바울이 살던 시대 사람들은 십계명으로 세부적인 사항까지 만들어서 이걸 지켜야 한다는 강박관념에 사로잡혀서 살았다. 그래서 오히려 율법만을 지키며 사는 게 진정한 구원으로 가는 길이라고 착각할지도 모른다. 하지만 율법은 죄를 분별하게 하는 도구일 뿐, 율법을 지키는 근본적인 뿌리는 '내가 예수님으로부터 구원받은 사람'이라는 것을 믿고 기억하는 것에서부터이다. 나도 오늘 하루 동안 외로움이 찾아오거나 무언가를 해야만 한다는 강박이 생기더라도 예수님을 생각하며 살자.

오늘은 묵상을 하고 과거 인도네시아가 네덜란드의 식민지였을 때 세워진 '우체국'을 구경했다. 그리고 밖에는 한창 해가 쨍쨍할 때여서 안에서 쉬다가 이동했다. 그리고 중국, 인도네시아, 말레이시아의 건축 양식이 섞여 있는 집을 구경했다. 이 집은 중국 광둥성에서 수마트라 섬으로 이주해 사업으로 큰돈을 번 중국인 사업가의 집이다. 여러 나라의 건축 양식을 볼 수 있어 흥미로웠다. 너무 더워서 오후에는 각자 방에서 쉬었다. 이때 체력이 많이 충전되었고, 한국에 있는 맑눈광 친구와 영상통화를 했다.

 저녁으로는 인도네시아 찐 현지식을 먹었다. 그동안 우리가 갔던 곳들은 프렌차이즈이거나 어느 정도 규모가 있는 식당이었는데 이번에 우리가 간 식당은 규모도 작고 영어가 통하지 않는 식당이었다. 그리고 주인 아주머니가 밥을 담아주시고 우리가 먹고 싶은 나물이나 고기를 고르면 그걸 담아주시는 인도네시아식 백반이었다. 처음 보는 음식도 많아 여러모로 좀 걱정이 되었지만, 시도를 해 봤는데 생각보다 맛이 나쁘지는 않았다.

 밥을 먹다 보니 식당 벽에 학사모를 쓴 졸업 사진들이 걸려있었다. 이 식당은 주인 부부가 30년 정도 운영해 오며 생계를 이어 나갔는데 자녀들은 자카르타에서 IT 관련 일을 하고 있다고 한다. 여행 쌤이 이분들은 정말 멋진 부모님이라고 하셨는데 이분들이 식당을 운영하시면서 부모의 책임을 다하며 자녀들이 잘 배울 수 있도록 잘 섬겨주신 것 같다.

• **태헌이의 묵상과 여행**

내가 선을 원하기는 하지만 행동으로 선을 실천하지는 못하고 있다. 하지만 이것을 자신의 의지만으로 바꿀 수는 없을 것 같아서 하나님께 이런 모습을 변화시켜 달라고 '기도'하는 것이 필요할 것 같다.

좋은 숙소에서 자서 기분도 좋고 컨디션도 정말 좋았는데, 목에서 목소리가 안 나왔다. 이전부터 말레이시아에서 생긴 인후염 때문에 그랬던 것 같다. 그래서 오늘 일정에서는 내가 많이 나설 수 없다는 것을 표현했고, 친구들에게 조금 의지하기로 했다.

아침으로 빵 먹고 묵상 나눔하고 좀 쉬다가 옛날 건물과 박물관 같은 곳을 본 후에 어제 먹었던 식당으로 이동해서 점심을 먹었다. 그리고 다시 숙소로 돌아와서 낮잠을 좀 잤다.

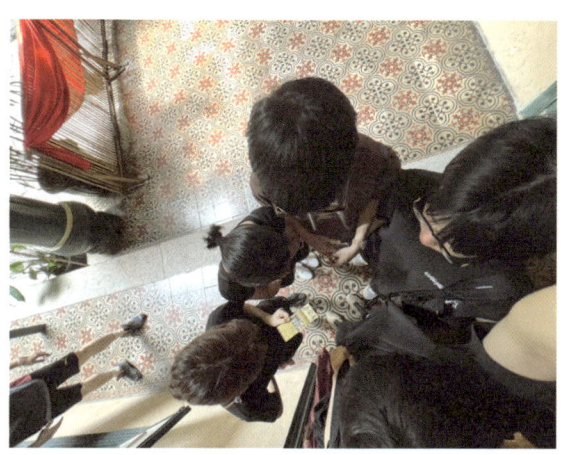

그리고 나서 저녁을 먹으러 갔는데 완전 현지식 식당을 방문했다. 지금까지도 현지식을 먹어왔지만, 이곳은 가격대가 많이

낮은 만큼 많이 비위생적이었다. 맛은 나쁘지 않았지만 위생 상태 때문에 많이 먹기는 힘들었다. 저녁을 먹고 숙소로 돌아와서 조금 더 쉬는 것을 택했다.

• 은지의 묵상과 여행

　로마서 7장에서 계속 반복되는 말이 내가 원하는 것은 선이지만 내 육신은 악을 행한다는 것이다. 계속 죄를 짓기 좋아하는 내 육신 때문에 선을 행하고 싶어도 행할 수 없다는 것이다. 그리고 오히려 주님을 찬양하려 할수록 마귀가 더 방해하는 느낌이 든다. 이것은 어떻게 보면 절망적인 말씀이지만, 오히려 이런 인간의 연약함과 죄성 때문에 더 하나님을 의지하게 되는 것이 아닐까? 나의 연약하고 죄 된 모습을 볼 때마다 '이래서 하나님이 필요하구나!'라고 깨닫고 기도하며 찬양해야겠다. 내 힘으로 할 수 없다는 것을 항상 생각해야 한다.

　오늘 여행을 하면서 나의 연약함에 대해 더 잘 알게 되었다. 다들 예민하고 지친 상태에서 혼자 신나서 다른 사람들의 신경을 건드리거나 부추겼던 적이 있었다. 그래서 반성하게 되었다. 그리고 오늘 아침 묵상 모임에서 여행 쌤이 하셨던 말씀이 기억에 남았다. 현대 기독교인의 가장 큰 문제는 '말씀대로 실천을 하지 않는 것'이다. 우리가 아무리 열심히 묵상해도 실천하지 않으면 소용이 없다. 그래서 그 말을 듣고 오늘 더 특별히 곁에 있는 7인 7색 멤버들을 도우려고 힘썼다. 아침에 묵상 나눔을 할 방 있냐고 해서 우리 방을 얼른 치워서 내줬다.

　그리고 저녁 먹기 전 쉬는 시간에 몇몇 친구들이 내일 사모시르 섬으로 이동하는 버스를 예약하러 갔다. 나는 가지 않았기 때문에 아무것도 안 하는 게 미안해서 저녁 먹을 식당을 알아봐서 단톡방에 후보를 올렸다. 물론 오늘 담당이 내가 아니라 하민이었지만, 버스표 예약하느라 식당도 알아볼 정신이 없을 것 같아서 나름대로 도움이 되려 노력했다. 링크 2개를 찾아서 올렸고, 하민이가 1개가 괜찮다고 해서 그곳으로 곧장 갔는데, 알고 보니 내가 다른 식당으로 착각한 것이었다. 그리고 공교롭게도 두 식당은 서로 바로 맞은편에 있었는데, 친구들이 계속 여기가 아니라는 말을 반복했지만 나는 아무리 생각해도 내가 알아본 곳이 여기가 맞았기에 그냥 그 식당에서 먼저 메뉴를 골라서 먹었다. 생선을 먹었는데 나름 먹을 만했다. 나는 도전정신이 되게 강한 사람인 것 같다. 특히 여행을 오니 나의 그런 성향이 더 강하게 발휘되었다. 그 식당은 되게 위생 상태가 안 좋아 보이는 허름한 현지식당이었지

만 나는 이런 경험이 여행의 묘미라고 생각했다. 물론 착각했던 거랑 친구들이 아니라고 했는데도 계속 맞다고 한 게 미안해서 저녁에 단톡방에 착각하고 다른 식당에 가게 되어서 미안하다고 올렸다. 그런데 피드백 시간에도 다들 "나름 괜찮았다, 좋은 경험이었다."라고 해주었고, 하민이는 자기가 담당이고, 도와달라고 하지도 않았는데 식당을 찾아주며 도움을 줘서 고맙다고 말해줬다. 참 고마웠다.

로마서 묵상하며 여행하기 - 1월 14일 147

• 현서의 묵상과 여행

　예수님께서 우리를 오랫동안 구속하고 있던 죄 속에서 구원하셨듯이, 나 또한 나의 옛 잘못들, 즉 이미 지나간 것들을 지금까지 끌고 와서 지속해서 후회하고 나 자신에게 실망하는 행동이 반복되는 것은 그리 좋은 것이 아니니 버려야겠다고 묵상하였다.

　메단에서의 두 번째 아침이 밝았다. 아침으로 식빵에다가 주스를 먹은 뒤 다 같이 묵상을 진행하였다. 묵상을 마치고 숙소 로비 쪽에 모여서 각자 일정을 진행하게 되었다.

　먼저 우체국 박물관 쪽으로 이동하였는데, 다른 건물들과 확연히 차이가 나 보이는 옛날 양식의 건물이 눈에 띄었다. 이름이 '포스 블록 메단'이었는데, 인도네시아가 네덜란드의 식민지였을 때 지어진 곳이라 많은 의미가 있다고 한다. 겉은 당시의 모습 그대로지만 안은 다르게 개조해서 쓰고 있다고 한다. 창문은 성당처럼 색유리로 조각되어 있었지만 안은 상점이나 전시관이 있어서 뭔가 느낌이 묘했다.

　두 번째로 간 박물관은 '쫑아피 맨션'이라고 하는 200년 전에 있던 저택인데 영국, 중국이랑 네덜란드의 건축 양식이 섞여 있는 집이라고 했다. 대충 보았을 때는 유럽풍의 저택이라고 생각할 수도 있는데 하나하나 뜯어서 보면 뭔가 부자연스러우면서도 묘하게 어울리는 것 같기도 하고 약간 섞여 있는 느낌을 받을 수 있었다. 저택의 규모가 엄청나게 컸는데 200년 전에 이런 집을 가진 사람이 있었다는 게 놀라웠다.

　구경을 마친 후 어제 점심을 먹었던 가게로 다시 가서 먹었는데 몇 가지 메뉴는 한국에서 먹던 것과 비슷해서 익숙한 맛이라 좋았다. 다시 숙소로 돌아와 각자 쉬는 동안 나를 포함해서 요한이, 하민이, 윤하까지 내일 사모시르로 이동하기 위한 버스 터

미널 쪽을 미리 가보기로 하였다. 건물에 도착해서 들어가니 버스 안내 부스가 있었는데 그쪽에서 한 직원 분께서 엄청 친절하게 내일 몇 시까지 다시 와야지 탈 수 있는지, 예약은 어떻게 해야 하는지 설명해 주셔서 딱히 큰 어려움 없이 다시 숙소로 돌아올 수 있었다.

저녁 식사로 골목 안쪽에 있는 현지 식당을 방문하였는데 근처 하수구에서 쥐가 나오기도 하는 등 위생 상태가 좀 안 좋아 보였지만, 그래도 생각보다 밥은 입에 잘 맞았다. 이렇게 모든 일정을 끝내고 숙소로 돌아왔다. 돌아와서 각자 씻고 마무리 모임도 다 마친 뒤 친구들과 같이 웃고 떠들다가 하루를 재밌게 마무리했다.

• 요한이의 묵상과 여행

우리는 하나님의 법을 따르려고 노력하지만, 죄에서 완전히 멀어질 수 없는 몸이기 때문에 평생 죄의 유혹을 받으며 살겠지만, 아무리 죄를 짓더라도 다시 하나님께 돌아가는 걸 멈추면 안 된다. 그러기 위해서는 하나님과 함께하는 사소한 습관이라도 잘 지켜야 한다. 그래서 여행하는 동안 '식전 기도와 자기 전 기도'를 잊지 않고 하겠다.

오늘은 메단 거리를 걸어 다니며 구경했다. 첫 번째로 '포스 블록 메단'이라고 하는 한 건물에 갔다. 역사적으로 의미 있는 건물이었지만 아쉽게도 오픈 시간 전에 와버려서 이 장소에 대한 설명은 제대로 듣지 못했다.

다음으로는 '쫑아피 맨션'에 갔다. 메단에서 자수성가한 중국인의 저택이었는데 인도네시아에 큰 영향을 끼치던 분이었다고 한다. 박물관 형식으로 집의 형태가 보존되어 있었는데 저택이 크고 중국풍과 인도네시아풍이 섞여 있어 이국적이면서 특이한 분위기를 느낄 수 있었다.

오늘은 오전에 일정을 마치고 어제 갔던 식당에 또 가서 식사를 해결했다. 나를 포함해서 몇 명만 다음날 사모시르로 이동할 대중교통을 예약하러 터미널로 갔다. 사모시르로 가려면 고속버스를 타고 파라팟 항구에 간 뒤에 배를 타야 했다.

버스 시간을 알아두고 숙소로 돌아가려는데 터미널 직원 분이 택시도 예약해 주시고, 택시를 기다리는 동안 다른 직원 분들도 모여서 같이 기다려 주셨다. 어떤 분은 간식과 여행용 티슈도 챙겨주려 하셨는데 받지는 않았지만 감사했다. 인도네시아 분들이 운전은 조금 난폭하게 하시지만 정말 친절한 분들이란 걸 다시 한 번 느낄 수 있었다. 그렇게 내일 또 보자고 인사하고 숙소로 돌아왔다.

저녁 식사를 위해 한 현지식당을 찾아서 갔다. 지금까지 간 식당들은 어느 정

도 퀄리티가 있는 곳들이었는데 이번에 간 곳은 정말 동네 사람들만 올 법한 곳이었다. 인도네시아의 현지식은 유리 진열대 안에 다양한 반찬들이 있고 그중에 먹고 싶은 음식을 고르면 밥과 소스와 함께 접시에 담아주시는 형식이다.

식당 내부와 음식들의 비주얼이 상당히 낯설었던 바람에 제대로 식사를 못 한 친구들도 있었다. 나는 밥과 생선튀김을 먹었는데 겉보기엔 낯설긴 하지만 맛은 생각보다 친숙한 맛이었다. 그런데 식당에 모기가 너무 많아서 급하게 먹고 일어날 수밖에 없었다.

그리고 식당 앞에 고양이 두 마리가 있었는데 정말 얌전하고 귀여웠다. 처음 만나는데도 조금 쓰다듬어 주면 배를 깔 정도로 인도네시아 고양이들은 대부분 사람 손을 잘 타는 것 같다. 남은 생선을 조금 챙겨서 고양이에게 주고 숙소로 돌아왔다. 다들 식사를 제대로 못 하는 바람에 숙소 앞 편의점에서 간식을 사 먹었다. 500ml 코카콜라가 한국 돈으로 500원밖에 안 하는 걸 보고 물가가 정말 싸다는걸 다시 한 번 느꼈다.

• 하민이의 묵상과 여행

　내 속에 있는 죄가 내가 되면 안 된다. 무언가에 익숙해지는 것이 위험한 일이기 때문에 경각심을 가지고 살아야 한다. 내가 죄를 짓는 것도 계속 반복되다 보면 익숙해져서 언젠가는 죄를 짓는 것이 나인지, 내 속에 있는 죄인지 구별하는 판단력이 흐려지게 된다. '하나님 자녀의 정체성'을 잊지 않으려면 항상 내가 짓는 '죄에 대한 경각심'을 가지고 살아야 한다.

　오늘은 메단에서 온전히 하루를 보낼 수 있는 날이다. 조사했던 장소가 3~4곳이 있었는데 그중 가장 많은 사람들이 간다는 '포스 블록 메단'과 '쫑아피 맨션'을 선택하였다. 처음 간 곳은 포스 블록 메단이었는데 이곳은 인도네시아의 우편 역사에 대해 알 수 있는 박물관이었다. 건물 안으로 들어갔는데 식당과 카페밖에 없어서 앞에 서 계신 직원 분께 여쭤보았더니 박물관은 오후 2시부터 연다고 하더라.. 그래서 그곳에서 그냥 쉬는 시간을 가지고 쫑아피 맨션으로 갔다. 이곳은 인도네시아, 말레이시아, 중국 등 여러 나라의 건축 양식이 반영된 건물이다. 생각보다 작은 규모라 구경하는 데 어려움은 없었다. 회의실, 침실, 무도회장 등 실제 사용하던 여러 공간들을 볼 수 있었고 1910년 사진과 흑백으로 된 가족사진도 볼 수 있었다. 정말 오래된 건물이었지만 그 안에 있는 가구들과 건물의 전체적인 부분이 2024년인 지금 보아도 이상한 부분 없이 정말 아름답고 좋았다.

점심을 먹고 해를 피하고자 숙소에서 조금 휴식을 취했다. 그 시간 동안 내일 사모시르로 이동하는 교통편을 직접 알아보기 위해 나와 윤하, 요한이, 현서가 함께 택시를 타고 암플라스 터미널로 갔다. 7인 7색에 와서 여행 쌤 없이 처음으로 우리끼리 움직이는 첫 일정(?)이라 왜인지 들뜬 마음으로 사전 답사를 다녀올 수 있었다.

그리고 처음으로 인도네시아 현지식을 저녁으로 먹었다. 쇼케이스에 있는 반찬들을 고르면 식당 주인 분이 그릇에 담아주시는 방식으로 운영됐다. 그런데 식당이 깔끔한 편도 아니고 음식도 위생적으로 보이지 않아서 나는 식사를 잘하지 못했다. 그래도 현지식이라 그런지 확실히 엄청나게 저렴하긴 했다. 그리고 사장님의 짧은 가족 이야기를 들으며 식사를 마무리했다.

• 윤하의 묵상과 여행

난 나의 '우선순위'는 하나님이어야 한다고 고백하지만 사실상 내 행동은 항상 세상의 것을 우선순위로 둔다. 나를 세상의 틀에 맞추려고 하고 세상의 것을 쫓으며 하나님과 멀어지고 있다.

내가 기도할 때 내 마음과 하나님께 드리는 예배가 진심이 되었으면 좋겠다는 고백을 많이 한다. 나의 기도와 고백이 '진심'이 되었으면 좋겠다.

오늘은 메단에 있는 두 곳을 방문하기로 하였는데 첫 번째로 간 곳의 이름은 '포스 블록 메단'이라는 우체국이었다. 지금은 전시관으로 사용되지만, 옛날에는 진짜 우체국이었다고 한다. 아쉽게 오픈 시간이 잘 맞지 않아 제대로 볼 수는 없었지만, 이 우체국은 인도네시아 네덜란드의 식민지였을 때 생겨 정말 오래된 역사를 가진 곳이라고 하였다.

두 번째로 이동한 곳은 '쫑아피 맨션'이라고 하는 중국식 저택으로 이동하였다. 인도네시아에 이런 곳이 있어 신기하였는데 여기에 사셨던 분이 여기 오셔서 성공하신 분이었다. 저택이 전시관으로 사용되는 게 신기하였는데 저택 안이 유럽풍이 나며 정말 이뻤다.

구경한 뒤 어제 점심을 먹었던 곳이 맛있어서 다시 가서 먹기로 하였다. 어제는 더위를 먹어 제대로 먹지 못했었는데 오늘 와서 먹으니 정말 맛있게 먹었다.

점심을 먹은 뒤 나는 내가 맡은 사모시르로 가기 위한 버스표를 알아보기 위해 암플라스 터미널에 가봐야 했다. 현서, 요한, 하민이와 함께 암플라스 터미널로 그랩을 잡아 이동하였다.

터미널에 도착하니 직원 분께서 친절하게 설명해 주시고 다시 돌아오는 택시도 잡

아주셨다. 직원 분들이 다 너무 친절하셔서 정말 감사했다.

다시 돌아와 우리는 저녁을 먹기 위해 현지식당으로 이동하였다. 현지식당에 도착하니 지금까지 갔던 식당과 달리 너무 열악해 당황하였지만, 나는 잘 먹지 못했어도 친구들은 다들 잘 먹는 것 같아서 다행이었다. 저녁을 먹고 다시 숙소로 이동해 마무리 나눔을 한 뒤 친구들과 놀다가 잠이 들었다.

2024-01-15 (월) / 로마서 8장 1~17절

터미널에서 만난 한류의 인기

- **솔이의 묵상과 여행**

　육신의 생각, 이 세상의 좋은 삶보다는 '하나님 나라'를 바라보자. 이번 여행은 어떻게 보면 육신의 생각대로만 살기 최적의 환경이다. 한국에서 살 때보다 돈 걱정을 많이 해야 하고, 무얼 해야 할까, 의식주를 항상 걱정하고, 여러 변수가 생길까봐 걱정할 수밖에 없다. 그러나 오늘 말씀에서는 영의 생각인 하나님 나라를 추구하라고 한다. 하나님 나라를 추구하면 그러한 걱정에 매몰되어 하나님을 잊기보다 하나님을 잊지 않을 수 있고, 세상에서 주어지는 걱정들에 내 모든 마음이 잠식되지 않을 수 있다.

　오늘은 메단에서 '사모시르'로 이동을 했다. 메단 터미널에서 버스를 기다렸는데 직원들이 우리가 한국 사람이라고 하니까 엄청 좋아하셨다. 그 중 한 분은 한국에 간 적도 있어서 한국어를 조금 할 줄 아셨다. 그리고 직원들이 우리랑 사진을 찍고 싶어 해서 단체 사진을 찍었고, 나한테 셀카를 요청하는 분들도 있어서 셀카도 함께 찍었다. 뭔가 연예인이 된 것 같았다. 한류의 영향으로 한국 사람들에게 우호적이었다.

　메단에서 버스를 4시간 정도 타고 이동을 했는데, 버스 안에서 음악이 엄청 크게

나왔다. 특히 인도네시아 노래가 나왔는데, 가사 내용은 알 수 없지만 멜로디가 뭔가 트로트를 연상시키는 느낌이 들었다. 전체적으로 우리나라 옛날 관광버스 감성이 났다.

버스에서는 다양한 사람들이 타고 내렸다. 내 뒷자리에는 어린아이가 탔는데, 그 아이가 내 머리카락이 신기했는지 자꾸 만졌다. 그래서 뒤를 돌아보니 눈망울이 똘망똘망하고 귀여웠다. 그래서 같이 셀카도 찍고 내 허니 스틱을 나눠 주었다.

버스에서 내려서 배를 타고 사모시르 섬으로 갔는데, 배에서 본 자연과 하늘이 너무 아름다워서 이것들을 만드신 하나님께 감사한 마음이 들었다. 그래서 홍이삭의 〈하나님의 세계〉란 찬양을 들었다.

사모시르에서 숙소를 구하고 숙소에 짐을 둔 다음, 저녁으로 피자를 먹으러 갔다. 나는 우유와 치즈를 잘 먹지 못하는데, 선배들이 이를 알고 날 위해 커리를 시켜주었다. 기억해 주고 배려해 줘서 감사했다.

저녁을 먹고 선배들이 탁구를 치고 있었다. 나는 탁구 치는 걸 좀 구경하다가 같이 쳤다. 돌이켜보면 탁구를 치면서 선배들과 어색함을 좀 허문 것 같다. 탁구를 통해 선배들과 조금이나마 가까워진 것 같아서 나 자신에게 좀 뿌듯한 마음이 들었다. 탁구도 예전에 그냥 재미있어서 쳤던 건데 이게 7인 7색에서 선배들과 어색함을 풀 수 있는 계기가 되는 걸 보면, 사람 일은 어떻게 될지 모르고 다양한 경험이 중요하다는 걸 알 수 있었다. 며칠 전에 하나님께 외롭다고 기도를 했었는데, 하나님은 생각보다 다양한 방법으로 나를 도우신다는 것을 느꼈다.

• 태헌이의 묵상과 여행

17절 말씀을 보니 7인 7색을 하면서 하나님께 무언가 구할 생각을 하지 못한 것 같고, 힘든 순간일수록 나를 의지했고, 하나님을 찾지 못했다. 그러므로 반성하고, '하나님을 의지'해야겠다.

아침에 일어나서 조식으로 나시고랭을 먹고 고속버스 터미널로 이동했다. 오늘은 다행히 목 상태가 정말 좋았다. 터미널 직원들이 한국 사람을 정말 좋아하고 친절하셨다. 4시간 정도를 버스 타고 항구에 도착했다. 항구에서 1시간 정도 배를 타고 '사모시르 섬'에 도착했다. 사실 이 섬에 대해서 전혀 몰랐기 때문에 큰 기대를 하지 않았다. 근데 섬에 도착해 보니 호수도 정말 이쁘고, 사람들도 친절했다.

도착해서 가장 먼저 숙소를 구해야 했다. 이번에는 숙소를 구하는 팀이 아니었고, 친구들이 숙소를 구하는 동안 짐을 지켰다. 숙소를 구하고 저녁을 먹기 위해서 피자를 먹었다. 아름다운 섬에서 피자를 먹고 있으니, 마치 하와이에 온 것 같았다. 숙소로 돌아와서 숙소에 구비되어 있는 탁구를 치기로 했다. 처음에는 현서, 요한이랑 조금만 치려고 했지만 치다 보니까 너무 재밌어서 다 같이 치게 되었다.

• 은지의 묵상과 여행

　육신의 생각에만 갇혀있으면 하나님 안에 거할 수 없다. 나의 불평불만과 걱정들을 전부 내려놓자. 그렇게 했을 때 나에게 말씀하시는 '주님의 음성'에 귀 기울일 수 있다.

　메단에서의 마지막 아침이 밝았다. '사모시르 섬'으로 가는 버스를 탔다. 버스에 앉아서 주머니를 확인해 보니 메단 호텔 키 카드가 있었다. 나는 다별 선배와 이걸 보고 어이없는 웃음을 지었다. 세상에. 내가 이렇게 허당이었다니.

　도착해서 배를 타고 사모시르 섬에 도착했다. 우리는 팀을 나누어 숙소를 찾으러 나섰다. 나는 다별 선배랑 둘이 이곳저곳 둘러봤다. 그러던 중 지나가던 사람에게 주변에 값싼 숙소가 없냐고 물어보자, 차를 태워서 데려다주겠다고 했다. 우리는 아무 의심 없이 차를 탔다. 다행히 알고 보니 현지 투어리스트 분이었고 나쁜 사람은 아니었다. 그렇게 5분 정도 가니 한 숙소에 도착했다. 2박에 20만 원 이하로 숙소 값을 흥정해야 하는 상황이었다. 처음엔 안 깎아주다가 우리가 학생들이라고 하니 "I want help you!" 이렇게 연신 말하더니 갑자기 23만 원에서 18만 원으로 깎아줬다. 그리고 쌤 방은 1인실로 따로 내주겠다고 했다. 뭔가 이상했다. 그리고 단톡방에서는 멤버들이 이미 다른 숙소를 잡았다고 한 상태였다. 그래서 말로 계속 우리를 붙잡는 숙소 주인을 뒤로하고, 저녁 먹을 식당으로 향했다. 이상한 사람인 것 같아서 소름이 끼쳤다.

　땀을 뻘뻘 흘리며 겨우 식당에 도착하니 7인 7색 멤버들이 다 기다리고 있었다. 피자 먹으면서 겨우 한숨을 돌리고 있었는데, 뒤를 돌아보니 방금 헤어진 그 숙소 주인이 식당에 온 것이었다! (빠밤!) 다별 선배와 나는 진짜 이상한 사람인 줄 알고 소름이 끼쳤다. 근데 알고 보니 이 식당 주인의 친언니라는 것이었다. 정말 기이한 일이었다. 저녁 나눔을 할 때도 진짜 너무 소름이 돋아서 나눔을 잘 못했다;; 치안이 안 좋은 건 아닌데 차를 타고 가면 위험할 수 있기 때문에 차는 타지 않는 게 좋겠다. 숙소에 오니 마음이 놓였다. 그냥 안전하게 잘 돌아온 것만으로도 감사하자.

숙소 이름은 에비켈 게스트하우스였다. 거기에 있는 가족분들이 되게 잘해주셨다. 그냥 자려고 하다가 무언가 시끄러운 소리가 들려서 방을 나왔더니 멤버들이 탁구장에서 탁구를 치고 있었다. 나는 탁구를 지지리도 못하지만, 다들 한번 해 보라고 하길래 도전해 봤는데.. 실력이 처참했다. ㅎㅎ. 테니스는 매주 꾸준히 배우는데 테니스랑 탁구는 연관성이 많이 없나보다… :(

• 현서의 묵상과 여행

숲을 보지 못하고 나무만 보며, 당장 나에게 일어난 불행한 일이나, 힘든 일들에 불평만 하는 나의 모습을 죽이고 '하나님께서는 당장 나에게 어떤 생각하기를 바라실까?'에 대해 생각하자. 그것이 앞으로 나에게 올 영광이며, 더 바람직하게 사는 것이 아닐까?

인도네시아에 적응할 기간을 주었던 지역인 메단에서 다음 지역인 '사모시르'로 넘어가는 날이 다가왔다. 각자 아침을 먹은 뒤 로비에 모여서 버스 정류장으로 향하는 그랩을 잡았다. 도착해서 표 구매 뒤 버스 시간이 다 되어서 타려고 했을 때, 우리가 한국 사람인 게 신기했는지 한국이 유명했는지 사진을 찍어달라고 하셨다. 갑자기 연예인 같은 대접을 받아서 신기했다.

그렇게 버스에 올라서 사모시르로 가기 전, 배를 타는 곳인 파라팟 쪽으로 출발하였다. 사모시르는 수마트라 섬 안에 있는 호수에 떠 있는 섬이라 배를 타고 따로 들어가야 한다. 이동 중 조금 힘들었던 것은 버스에서 음악을 엄청나게 크게 틀어놓으시는 바람에 가는 내내 정신이 없었던 것이었다. 버스는 4시간 정도 달렸는데 정확히 어디서 내려야 하는지 몰라서 엄청나게 긴장하며 갔었다. 다행히 여행 선생님께서 도움을 주셔서 현지 분께서 어디에서 내리면 되는지 알려주셨다.

파라팟에 도착해서 사모시르로 향하는 배를 탔는데, 가기까지 한 30분 정도 주변 환경이나 앞에 펼쳐진 큰 섬을 보았던 게 굉장히 기억에 남았다. 선착장 쪽에 도착했

을 때 섬 전체가 엄청 조용하고 평화로워서 아주 마음에 들었다.

섬에 내린 뒤 바로 흩어져서 숙소를 찾는데, 숙소들이 조금 비쌌다. 결국 호텔 같은 느낌의 숙소들은 포기하고, 게스트하우스 쪽을 알아보았는데 호텔 바로 근처에 게스트하우스 하나가 있었다. 사장님께서 방도 친절하게 하나씩 설명해 주시고, 숙소 퀄리티도 좋았고, 심지어 금액도 약간 깎아주셔서 솔직히 갈 수밖에 없었다.

그렇게 무사히 체크인한 후 근처에 있는 피자집에서 저녁을 먹었는데, 나를 포함한 모든 친구가 정신없이 먹을 정도로 오랜만에 아는 맛인 음식을 먹게 되었다. 식당에서 저녁 모임까지 마친 후에 숙소로 돌아왔다.

숙소에 돌아와서는 친구들과 같이 로비에서 탁구를 치면서 놀았는데, 숙소 사장님까지도 같이 쳐서서 굉장히 재밌게 놀 수 있었다. 그리고 아직 이르긴 했지만 사장님께 혹시 파당으로 가는 버스가 있냐고 여쭤보았더니, 자기가 아는 사람이 있어서 그 사람에게 부탁해 놓겠다고 하셨다. 섬 안이라 어떻게 밖에 있는 버스를 예약할지 굉장히 난감했는데, 덕분에 해결할 수 있어서 너무 감사했다.

이곳에 오기 전까지는 사모시르를 딱히 기대하지는 않았었는데, 이제는 내일 일정이 기대됐고,, 특히 무조건 수영해야겠다고 생각하였다.

• 요한이의 묵상과 여행

우리는 다 하나님 없이는 죄인이고, 하나님과 함께하면서도 유혹에 빠져서 계속 죄를 짓는 존재이기 때문에 상대가 나에게 죄를 지어도 나는 죄로 갚지 않고 '용서'하려는 연습을 해야 한다. 친구들이 장난을 치거나 사소한 실수를 하면 무심코 되돌려 줄 때가 있는데 그런 상황에서도 친구를 용서하고 사랑하자.

룸서비스로 나시고랭을 시켜 먹고 어제 알아봤던 버스 터미널로 갔다. 터미널 직원 분들이 한국을 엄청 좋아하셨는데 터미널에서도 뉴진스 노래가 나오고 우리랑 같이 단체 사진도 찍으셨다. 메단 같이 외국인이 많이 없는 인도네시아 도시에서는 한국인이라는 사실만으로 연예인 같은 대접을 받는 경우가 꽤 많았다.

5시간 정도 버스를 타고 파라팟 항구에 도착해서 '사모시르'로 가는 작은 배를 탔다. 사모시르는 아주 큰 호수에 떠 있는 섬인데 배 위에서 보는 풍경이 정말 예뻤다.

섬에 도착해서는 숙소를 예약하기 위해 흩어져서 숙소 가격을 알아봤다. 하민이와 숙소를 찾아다녔는데 다른 인도네시아 지역들은 항상 오토바이 소리도 시끄럽게 나고 사람들도 많은 데에 비해 사모시르는 조용하고 자연 풍경도 예뻐서 길을 걸어 다니는 것만으로 힐링이 됐다. 숙소 주인 분들도 다들 친절하셨는데 그중 가장 싸고, 조건이 좋은 숙소를 찾아서 체크인 했다.

섬 안에는 고양이나 강아지, 도마뱀, 닭들이 유난히 많았는데 여기 고양이들도 대부분 사람을 피하지 않아서 많이 만졌다. 오히려 개들이 사람에게 별로 관심이 없는 것 같았다. 숙소 근처에는 편의점, 식당, 수영할 곳이 다 있어서 이동 수단 없이 걸어서 필요한 곳에 갈 수 있었다.

　버스를 타고 오는 동안 점심 식사를 못 하는 바람에 저녁은 든든하게 먹었다. 피자랑 빵, 감자튀김 등을 시켜서 맛있게 먹고, 밤에는 숙소에 있는 탁구대에서 탁구를 쳤다. 여행 쌤이랑 숙소 사장님도 같이 치셨는데 오랜만에 다 같이 치니 재밌었다.

• **하민이의 묵상과 여행**

내가 결정하고 선택하는 것은 모두 내 육신이 이끌리는 대로 살아가고 있다. 나의 주인이 하나님이심을 인정하고 선포하면 나의 욕구대로 사는 것이 아니라 하나님 뜻대로 사는 하나님의 자녀가 될 것이다. 오늘 하루뿐만 아니라 앞으로 살아갈 때도 내 마음의 소리보단 내 속에 계신 '복음의 소리'를 듣기 위하여 말씀을 읽고, 기도를 일상화해야겠다.

호텔에서 간단하게 룸서비스를 시켜서 아침 식사를 하고, 어제 사전 답사했던 암플러스 터미널로 이동했다. 이곳은 '사모시르 섬'으로 들어가는 배를 타는 선착장까지 데려다주는 버스터미널이다. 터미널에 도착하자마자 어제 봤던 직원 분이 나를 알아보고 바로 버스 대기실로 안내해 주셨다. 친구들과 앉아서 버스를 기다리는데 한 여자 직원 분이 우리에게 다가와 한국말로 말을 건네셨다. 이야기를 들어보니 한국으로 유학을 오셨었다고 한다. 그리고 우리가 본인에게 한국어로 몇 가지 질문을 해달라고 부탁하셨다. 그런데 마침 버스가 도착해서 이동을 해야 하는 상황이었고, 아쉽게도 우리는 버스를 타러 이동했다.

짐을 싣고 버스를 타려 하는데 다른 직원 분들이 함께 사진을 찍고 싶다고 하셔서 버스 앞에서 다 같이 단체 사진을 찍었다. 7인 7색에 와서 처음 경험해 보는 일이라 낯설고 신기했다. 버스에 앉아 출발하기를 기다리는데 한국 유학을 오셨다는 그 직원 분이 버스로 들어와 다시 또 우리에게 인터뷰해 줄 수 있냐며 부탁했다. 그분의 부탁은 "이름이 뭐예요, 어디에서 왔어요, 이 터미널에 대해 어떻게 생각하나요?" 등 여러 질문을 한국어로 해달라

는 것이었다. 그런데 우리가 질문을 잘못 알아듣는 바람에 서로 본인의 이름을 이야기하고 우리가 이 터미널을 어떻게 생각하는지 대답하는 동문서답이 되고 말았다..;; 그렇게 버스가 출발할 때가 되어 헤어지고, 그 이후에 태헌이와 이야기하면서 우리가 그분의 질문을 잘못 이해했다는 것을 깨달았다. 그래서 그분께 제대로 도움을 주지 못한 것 같아 계속 생각나고, 아쉽고, 죄송한 마음이 들었다.

약 5시간가량 버스를 타고 선착장으로 이동하는데 버스에서 노래를 엄청 크게 틀어주셨다. 잠을 자는데 너무 시끄러워서 계속 뒤척였다. 그 뒤로 배를 타고 사모시르 섬에 도착해 나뉘어서 숙소를 구하는데 현서, 윤하, 솔 그리고 나와 요한이가 두 팀으로 나뉘어 돌아다녔다. 그런데 우리가 체크인한 숙소가 나와 요한이가 들렀던 숙소 바로 옆이었고, 그 숙소의 주인 분이 너무나도 친절하게 우리에게 설명해 주셨는데 그곳에 가지 않고 바로 옆에 있는 숙소로 가게 되어, 요한이랑 그분을 마주칠까 눈치를 보면서 저녁 식사를 하러 갔다. 저녁 식사 이후에는 숙소 주인 분과 함께 탁구를 쳤다. 숙소 주인 분들이 너무나 따뜻하신 분들이라 함께 많은 이야기를 나눠서 친해질 수 있었다. 7인 7색 여행 중 기억에 남는 몇 가지를 꼽으라고 한다면 사모시르 숙소의 주인 분들이 될 것 같다.

• 윤하의 묵상과 여행

　육신의 생각은 죄이고 영의 생각은 '평안'이다. 내 몸의 뜻대로 살아가지 않고 하나님 뜻대로 살아가는 내가 되고 싶다.

　아침에 일어나서 룸서비스로 든든하게 아침을 먹은 뒤 '사모시르'로 갈 준비를 하였다. 어제 친구들과 알아본 버스터미널로 버스를 타러 이동하였다. 버스 터미널이 많이 크지는 않았지만, 직원 분들이 너무나 우리에게 친절하게 대해주시고 좋아해 주셔서 신기하기도 하고 감사하기도 하였는데, 거기 직원 분들이 우리가 버스에 탑승하기 전에 다 같이 사진을 찍자고 하셨다. 이런 대우를 처음 받아봐서 당황하기도 하였지만 동시에 신기하였다.

　버스에 탑승해서 이동하는 동안 불편해서 잠들지 못해 힘들었지만 그래도 안전하게 도착해서 감사하였다. 사모시르로 이동하기 위해서는 파라팟 선착장으로 간 뒤 거기서 배를 타고 사모시르로 이동해야 한다. 우리는 버스를 타고 파라팟 선착장에 도착해 40분 동안 배를 타고 이동하여 사모시르에 도착하였다.

　마찬가지로 돌아다니며 숙소를 찾아야 하는 상황이어서 팀을 나누어 숙소를 찾아보기로 하였다. 내가 예상했던 사모시르는 이렇게 좋은 곳이 아니었는데 날씨도 너무 좋고 휴양지처럼 정말 이뻤다.

　나와 현서, 솔이가 숙소를 찾아보던 중 주인 분이 너무나 친절하고 좋으신 숙소를 찾아 2박 3일 동안 묵기로 결정했다. 주인 분이 정말 친절하셔서 같이 얘기 나눌 수 있어서 좋았고, 배려해 주시는 모습이

너무 감사했다. 숙소를 결정한 뒤 짐을 내려놓고 근처에 맛있는 피자집이 있다고 해서 점심을 먹지 못했기 때문에 배고픈 친구들을 위해 피자집으로 바로 이동하였다. 피자집에서 저녁과 나눔을 마친 후 우리는 돌아와 숙소의 1층에 탁구장이 있어서 탁구도 치고, 여유롭고 안전하게 마무리해서 감사한 하루였다.

2024-01-16 (화) / 로마서 8장 18~39절

사모시르에서 누리는 자연

- **솔이의 묵상과 여행**

하나님을 바라보는 과정에서는 인내가 필요하고 그 과정 가운데 어려움과 죄의 유혹이 있을 수 있다. 그런데 그때 하나님이 우리의 연약함을 도우시기 때문에 때로는 나에게 너무 무겁게 느껴지는 여러 일들도 해나갈 수 있다는 생각에 든든한 위로가 되었다. 이 모든 시험을 혼자서 감당하는 것이 아니라 하나님과 함께 이겨낸다는 생각이 들었다.

7인 7색이 죄의 시험을 경험하기 좋은 환경인데, 나의 죄로 인해 이웃이 상처받지 않도록 '말'을 조심해야겠다.

오늘은 수영을 했다. 사모시르 섬에 있는 호수에서 수영을 했는데 우리가 수영한 곳에서 물고기들이 많이 보였다. 그래서 뜰채를 사 와서 물고기를 잡는 선배들도 있었다. 나는 다이빙을 몇 번 했다. 처음엔 좀 무서웠지만 하다 보니 코에 물 들어가서 코가 좀 맵긴 해도 은근히 스릴있는 느낌이 좋았다.

그리고 나는 은지 선배에게 수영을 가르쳐 주었다. 발리에서 스쿠버다이빙을 해야 하는데 은지 선배가 물을 무서워해서 그걸 극복하게 도와주고 싶었다. 물론 전문적으로 가르쳐줬다기보다는 기본적인 호흡과 발차기, 물에 대한 두려움 없애기 등등 간단하게 알려주었다. 저녁 나눔 때 은지 선배가 물에 대한 두려움이 많이 완화되었다고 말해서 뿌듯했고, 내가 배운 걸로 무언가를 알려줄 수 있는 게 좋았다. 내가 배운 다양한 것들이 결국엔 다 쓰이게 되는 것 같다.

수영을 마치고는 점심을 먹고 쉬다가 산책을 했다. 그리고 우리가 묵은 민박집이 식당과 숙소를 함께 운영하기 때문에 숙소로 돌아와서 저녁을 먹었다. 저녁으로는 피자를 먹었는데 내가 평소에 유독 흰 우유와 치즈를 잘 못 먹는다. 그것들을 먹으면 헛구역질이 난다. 왜 이런지는 나도 모르겠다. 그런데 선배들이 이를 알고 나를 위해 치즈가 없는 피자 (마늘 토핑이 있었다.)를 주인 분께 부탁해서 너무 감사했다. 선배들도 각자 이 여행 가운데에서 피곤하고 여러 어려움이 있을 텐데도 기억해 주고 배려해 준 게 고마웠다. 그래서 나도 이 팀을 위해 섬기자는 마음을 갖게 되었고, 한국으로 돌아가서도 내가 바쁘다는 이유로 나만 보기보다는 주변에 필요를 보고 돕는 마음가짐을 가져야겠다고 느꼈다.

밥을 먹고는 나눔 후 각자 자유 시간을 가졌다. 나는 어제처럼 계속 탁구를 쳤다. 다른 선배들과도 많이 치고, 다별 선배와 은지 언니와도 탁구를 쳤다. 은지 언니는 탁구가 처음이라 다별 선배가 가르쳐 주었다. 거의 자유 시간 내내 탁구만 쳤는데 이쯤 되면 배낭여행 온 게 아니라 탁구 치러 인도네시아로 전지훈련(?) 온 것 같다. 한국에서는 운동을 오래 하지는 않는 편이었는데, 쉴 때 운동을 하다 보니 주변 사람들과도 더 가까워지고, 몸도 건강해져 활력이 생기는 것 같다. 나도 한국에 가서 쉴 때 꾸준히 운동을 해야겠다고 생각했다.

• 태헌이의 묵상과 여행

공동체 구성원 모두가 협력하기가 어렵지만 하나님을 사랑하는 사람들은 협력할 줄 알아야 하며, 협력해서 '선'을 이루어야 한다. 그러므로 오늘 하루 동안 협력하여 선을 이루도록 돕겠다.

아침에 일어나서 아침으로 컵라면을 먹었다. 먹고 나서 수영하러 호수에 갔다. 말레이 제도의 날씨가 더웠기 때문에 수영하는 날을 계속 기다려 왔다. 호수가 정말 맑고 깨끗해서 더더욱 들어가고 싶었다. 들어갔는데 물이 굉장히 깊었다. 이럴 때마다 어렸을 때 수영을 배워두길 잘했다고 생각하곤 한다. 수영도 하고, 다이빙도 하고, (멸치보다 작긴 했지만) 물고기도 잡았다. 물론 요한이가 잡았다.

수영을 마치고 나랑 현서, 하민, 윤하는 점심을 사러 식당으로 이동했다. 토스트, 나시고랭, 치킨 등을 사서 숙소로 복귀했다. 점심을 먹고 좀 쉬는데 수영할 때 무리했는지 몇몇 친구들이 컨디션이 안 좋았다. 나도 아프진 않았지만, 몸이 나른했다. 아무튼 그래서 민속촌

에 가려는 계획을 취소했고, 간단하게 동네를 산책하면서 아이스크림을 먹고 돌아왔다. 돌아와서 숙소 주인 분이 해주시는 피자를 먹었다. 대화를 해 보니 이탈리아에서 사셨다고 하셨다. 그래서 피자가 정말 맛있었다. 피자를 먹으면서 앞으로의 여행도 오늘처럼만 진행되었으면 좋겠다는 생각을 하였다. 날씨도 좋았고, 활동도 좋았고, 음식도 좋았기 때문에 그랬다.

 맛있게 피자를 먹은 뒤 또 탁구를 쳤다. 숙소 주인 분, 여행 쌤도 함께 쳤고, 복식으로 경기도 했다. 사실 탁구를 잘 못 쳐서 걱정했었는데 다행히 현서가 훨씬 못 쳐서 걱정을 좀 덜었던 것 같다.

• 은지의 묵상과 여행

'하나님의 사랑은 그 무엇으로도 끊을 수 없다.' 사랑으로 넉넉히 여기시는 분. 조건 없는 사랑. 성령님이 우리를 위하여 간구하신다. 나도 7인 7색 멤버들이 건강하고 다치지 않도록 항상 기도하고, 도울 수 있는 게 있으면 적극적으로 잘해야겠다. 오늘부터 구체적으로 말씀을 삶에서 더 실천해 보겠다.

오늘은 섬에서 수영을 했다. 너무 재밌어서 난생처음으로 물에 대한 공포를 극복할 수 있었다. 물론 구명조끼를 입은 채로 했지만, 배영까지 한 건 나로선 엄청난 발전이었다. 호수에 누워서 하늘을 봤다. 완벽하진 않지만 완벽한 느낌. 처음으로 만족한 기분을 느꼈다. 나는 항상 몸에 힘을 줘서 물에 뜨지 못했다. 몸의 긴장을 좀처럼 잘 풀지 못했다. 물 뿐만 아니라 공동체 안에서도. 그런데 이번에 수영을 하면서 처음으로, 편안하다는, 이대로 괜찮다는 기분을 느꼈다. 물이 침대로 변했고 난 그저 몸을 맡기면 될 뿐이었다. 나는 영어도 못 하고, 물건도 자주 깜빡하며, 때로는 식당을 잘못 가기도 하고, 호텔 방 카드키를 그대로 들고 오기도 하고, 낯선 사람 차를 타서 멀리 가버리는 바람에 30분 동안 다시 걸어오기도 하고, 수영을 몇 개월 배웠음에도 장비 없이 물에 뜨지 못하며, 탁구도 멤버들 중 제일 못하고, 특별히 잘하는 악기도 딱히 없다. 나는 항상 공동체의 소수였고, 많이 겉돌기도 하고, 좋은 사람

이 되려 매번 노력했으나, 잘하고 싶어서 애썼으나 뜻대로 되지 않을 때가 참 많았다.

하지만 여행을 하면서 내가 느낀 것은 그런데도 하나님은 나를 사랑하신다는 거다. 내가 잘나서, 못나서 날 사랑하시는 게 아니라 나를 있는 그대로 사랑하신다는 거다. 비록 수영은 못하나 어떻게든 해 보려 애썼던 마음, 팀에 도움이 되려 식당을 애써 찾아보고, 먼 길까지 숙소를 찾아 떠났던 것 등 하나님은 그냥 내 모습 그대로를 보시고 결과가 아닌 내가 좋은 사람이 되려 노력했던 마음과 과정을 보실 것 같다. 새삼 참 감사했다. 세상은 나를 등급으로 보고, 친한 사람과 가족조차 날 평가하는데, 하나님은 내 마음을 보신다. 이 조건 없는 사랑을 수영하는 그 짧은 순간에 느꼈다. 완벽하지 않지만 완벽하다. 난 완벽하지 않지만 그럼에도 나를 사랑하는 주님 덕분에 오늘 하루가 완벽하다. 그리고 나도 주님처럼 다른 사람을 함부로 판단하기보다 그 사람의 내면과 마음, 그 자체를 보고 싶다.

그렇게 수영을 마치고 저녁에 숙소에서 피자를 먹었다. 화덕피자라 너무 맛있었다. 이처럼 완벽한 하루가 또 있을까?

• **현서의 묵상과 여행**

우리는 살아가다 예수님을 잊고 살 때가 많고, 가끔은 예수님을 이용할 때도 있다. 그러나 예수님께서는 항상 우리를 버리지 않으셨고, 심지어 '그 무엇도 우리를 예수님의 사랑에서 끊을 수 없다.'고 하셨다. 이렇게 예수님께서는 우리만 항상 바라보시는데, 우리도 무언가 바뀌어야 하지 않을까?

아침에 일어났다. 수영이 하고 싶었다. 일어나서 다 같이 일정에 대해 이야기하던 중, 오후쯤에 비가 올 수도 있다는 예보가 있어서, 수영을 먼저하고 다른 일정을 나중에 하는 방향으로 정해졌다.

다 같이 호수 쪽으로 이동했는데 호수가 엄청 깊다고 들어서, 근처 호텔 직원 분께 구명조끼를 빌릴 수 있는지 여쭤보았는데, 무료로 빌려주셔서 놀랐다. 다른 호텔 근처 호숫가라 그런지 다이빙대나 계단 같은 시설들이 굉장히 잘 되어 있어서 놀기 편했다. 한국은 겨울이라 오랜만에 물에서 놀 수 있어서 굉장히 재미있게 놀았다. 다이빙대에서 뛰어내리기도 하고, 10m 정도 거리에 모터보트가 있어서 그쪽으로 가서 올라가 보기도 하는 등 진짜 별거 다하면서 놀았다.

어느 정도 놀고 난 뒤 점심시간이 되어서 4명 정도 모아서 식당에서 음식을 포장해 오기로 했다. 나랑 하민이, 윤하, 태헌이가 같이 갔는데, 저렴한데 메뉴도 꽤 괜찮아

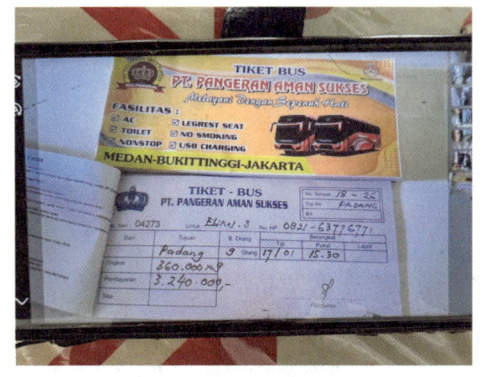

보이는 식당이 있길래 그쪽에서 주문을 하였다. 가게 안에 있는 고양이와 놀기도 하였고, 친구들과 이런저런 이야기를 하기도 하였다. 음식을 다 받은 후에는 숙소로 돌아와서 다 같이 먹었는데, 매일 먹는 나시고렝이었지만 양이 꽤 많고, 종류도 많았기에 맛있게 잘 먹었다.

수영이 은근히 체력을 많이 빼서, 오후까지 조금 길게 쉬기로 하였다. 원래는 섬 안에 있는 민속촌을 가기로 했지만, 걸어서 1시간 정도라 너무 멀어서 그냥 근처를 잠깐 산책하기로 하였다. 한 30분쯤 산책을 하였는데, 여행 쌤께서 아이스크림도 사주셔서 조그만 것에서 행복을 얻을 수 있었다.

숙소에 돌아와서는 저녁 시간쯤 되어서 숙소 사장님께서 게스트하우스에서 피자도 같이 파셨기에 이곳에서 먹기로 하였다. 거기다 이탈리아 분이셨기에 꼭 한번 먹어보고 싶었다. 만드시는 과정이 궁금해서 구경해 보았는데 엄청 신기한 광경이었다. 만드신 피자는 그에 걸맞은 맛이었다.

저녁을 먹고 난 후에는 친구들과 같이 탁구를 쳤는데 숙소 사장님도 같이 치셨다. 역시 오늘 밤까지도 재밌게 놀았고, 사장님께서 내일 파당 가는 버스를 타기 위해 언제까지 모여야 하는지 다시 말씀해 주셨다. 오늘 오후쯤에 사장님의 제안으로 파당 숙소 예약까지 미리 할 수 있었고, 내일 다른 일정 없이 잘 가는 일만 남았다. 버스를 오래 타야 했기에 살짝 걱정되었지만 그래도 일단 코앞까지 다가왔으니 별다른 생각은 하지 않고 그냥 가야겠다.

• 요한이의 묵상과 여행

나는 매일 하나님과 멀어지는 행동을 하지만 '하나님의 사랑은 그 어떤 것으로도 끊을 수 없다.'는 말씀을 보고 안심이 되었다. 하나님께 사랑을 받는 만큼 7인 7색 멤버들을 사랑하기 힘든 순간이 오더라도 사랑하는 하루가 되도록 노력하겠다.

일어나서 어제저녁 편의점에서 사 둔 컵라면을 먹고 수영을 하러 출발했다. 인도네시아의 컵라면들은 대체로 한국인 입맛에 싱거운 편인 것 같다. 다행히 대부분 편의점에서 한국이나 일본 컵라면도 판다.

물고기를 잡아보려고 뜰채도 하나 사서 호숫가에 도착했다. 물이 맑고 수심도 꽤 깊어서 놀기 좋았다. 주황색 물고기가 엄청 많았는데 눈치가 너무 빨라서 한 마리도 못 잡았다. 그래서 그냥 수영하면서 놀았는데 물살은 없지만 안쪽으로 들어갈수록 물이 점점 깊어져서 수영을 못하면 구명조끼를 꼭 입어야 할 정도였다. 저 멀리에는 보트 타는 사람들도 보였다.

한참 재밌게 놀다 보니 춥고 배고파져서 대충 몸을 말리고 숙소로 돌아와서 씻고 점심을 먹었다. 근처 식당에서 토스트랑 나시고랭 등을 사 왔는데 음식이 나오는 데는 오래 걸렸지만 맛있었다.

그런데 너무 열심히 놀았는지 갑자기 열이 심하게 나서 해열제를 먹고 조금 잤다. 자고 나니 몸이 괜찮아진 것 같아서 사모시르 길거리를 돌며 산책도 하고 딸기 아이

스크림도 먹었다.

 산책을 끝내고 돌아오니 딱 저녁 먹을 시간이었다. 숙소 주인 분께서 숙소 1층에서 피자가게도 하셔서 피자 6판을 주문했는데 가격에 비해서 양도 많고 맛있어서 배불리 잘 먹었다.

 다 먹고 나서 오늘도 몇 시간 동안 탁구를 쳤다. 아침에 산 뜰채로 전부터 잡아보고 싶었던 게

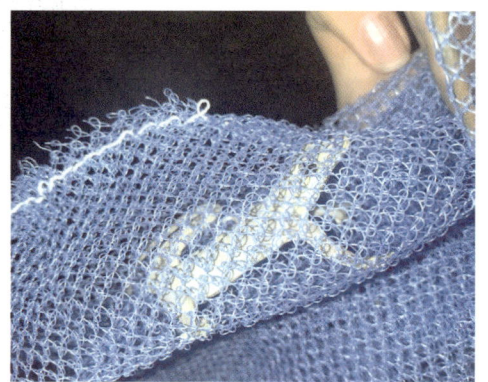

코 도마뱀도 잡았다. 숙소 사장님이 그걸 왜 잡냐고 물어보셔서 한국에는 게코 도마뱀이 안 산다고 했더니 신기해하셨다. 여기서는 이 도마뱀을 식용으로 쓰기도 한다고 한다. 도마뱀을 다시 놔주고 자려는데 탁구 치느라 무리했는지 다시 열이 나서 약을 먹고 잠이 들었다.

• **하민이의 묵상과 여행**

　하나님의 때와 사람이 생각한 때는 다르다는 것을 많이 들었었다. 하나님께서는 가장 좋은 것을 가장 알맞을 때 준비해 주신다. 내가 보기에는 조금 느리고 답답해 보일지 몰라도 하나님은 나를 가장 잘 아시고 나의 필요를 가장 잘 아시는 분이시라는 것을 항상 기억하며, 하나님께서 나에게 어떤 것을 주실지 기대하고 그것을 감사하게 받아들일 수 있도록 살아가자. 오늘 하루를 보내며 많은 일을 겪을 때도 하나님께서 그 일들을 통해 나에게 주실 것을 '기대'하자.

　1. 날씨가 좋아서 감사
　2. 여행 중간에 충분한 쉼을 가질 수 있음에 감사
　3. 맛있는 밥을 먹을 수 있음에 감사
　4. 마음에 평안함을 주심에 감사
　5. 친구들과 또 하나의 좋은 추억이 생겨서 감사

　오늘 오전에는 '토바 호수'로 가서 수영을 하기로 했다. 다이빙도 하고 물고기도 잡으면서 오전 내내 수영을 하고 태헌이, 현서, 윤하와 점심을 포장하러 갔다. 어제 저녁 식사를 했던 식당 근처에 있는 식당에서 음식을 주문하고 기다렸다. 내가 조사했던 메단은 식당을 찾는 게 어려웠는데 사모시르 섬은 작은 섬이다 보니 식당이 한곳에 모여 있어 찾기가 수월했다. 음식이 나오는 데까지 정말 오래 걸렸지만 그래도 애들이랑 이야기하면서 기다리는 시간이 재미있었다.

　음식을 포장해서 숙소 1층 야외 공간에서 식사를 했다. 그리고 충분히 휴식을 취한 뒤 동네 산책을 했다. 보이는 길을 따라 계속해서 걸었다. 그러던 중 지나가는 길에 마트가 있어 아이스크림을 하나씩 먹으면서 산책했다. 정말 소소하지만 확실한 행복이었다. 사모시르에는 강아지와 고양이와 닭이 정말 많다. 닭이 길에서 자유롭게 돌아다니는데 너무 무서웠다.

  산책을 마치고 돌아와 숙소 식당에 있는 탁구대에서 같이 탁구를 치고, 저녁 식사로는 숙소 주인 분이 만들어 주신 피자를 먹고 남은 하루를 숙소에서 보냈다. 새벽 내내 비가 많이 왔는데 빗소리가 너무 크게 들려서 자는 도중에 잠이 깨고, 새벽부터 닭들이 울어대서 잠을 잘 자지 못했다.

• 윤하의 묵상과 여행

살아가며 예상치 못한 고난으로 인해 우리가 가끔 앞이 보이지 않아 깜깜해 무너지지만, '하나님이 계시면 그 고난은 충분히 이길 수 있다.'는 것을 믿으며 살아가야 한다.

아침에 일어나 아침을 먹기 위해 주인 분이 물을 끓여주셔서 라면을 먹었다. 아침을 먹고 친구들이 수영을 하고 싶어 해서 수영할 준비를 하였다. 생각보다 물도 차갑지 않았고 깨끗해서 재밌게 수영할 수 있었다. 1~2시간 수영을 한 뒤 점심을 먹을 시간이 되어 친구들이 배가 고플까 봐 나, 하민이, 현서, 태헌이까지 넷이 미리 찾아둔 식당에서 테이크아웃을 하기로 했다. 식당에 도착해서 주문했는데 생각보다 조리 시간이 오래 걸려서 30분 동안 고양이랑 같이 놀면서 기다렸다.

점심을 싸서 숙소에 도착해 다 같이 맛있게 먹고 난 뒤 친구들이 좀 피곤해하는 거 같아서 점심을 먹은 뒤 조금 쉬고 다음 민속촌으로 이동하기로 하였다. 쉬는 동안 친구들이 컨디션이 많이 안 좋아져서 조금 더 쉬고 산책을 하기로 하였다.

날씨도 너무 좋고 조용해서 산책하기 너무 좋았고, 여행 쌤이 아이스크림을 사주셔서 하나씩 물고 돌아다니니 너무 여유롭고 좋았다.

숙소에 다시 도착하여 숙소 1층에 주인 분이 운영하시는 피자집에서 직접 만들어 주시는 피자를 먹었는데 너무 맛있어서 다 같이 맛있게 먹을 수 있었다. 저녁을 먹고 나눔을 한 뒤 요한이랑 같이 도마뱀도 잡고, 친구들이랑 탁구를 치며 남은 저녁 시간을 보냈다.

사모시르는 이렇게 마무리를 하였는데 사실 여기 오기 전에 걱정이 정말 많았다. 사모시르를 인터넷에서 조사하던 중 너무

정보가 없다는 것을 알고 막막하였고, 사모시르 안에서는 할 게 잘 보이지도 않아서 무엇을 할지 걱정도 많았는데, 막상 오니 모두가 너무 좋아해 주고 잘 지내주어서 친구들에게 정말 고마웠다.

2024-01-17 (수) / 로마서 9장 1~18절

상상초월! 20시간 나이트 버스

• 솔이의 묵상과 여행

하나님의 계획을 이뤄나가는 과정이 무엇인지 정확하게는 알 수 없지만, 하나님은 우리가 때로는 이해할 수 없는 방법으로도 계획을 실현하신다. 오늘 나도 비효율적인 상황들을 마주할 수 있지만, 그 상황 가운데에서 '일하시는 하나님'을 기억하자.

출국까지 열흘 남았다. 오늘은 정들었던 섬인 사모시르를 떠나 나이트 버스를 타고 '파당'으로 이동한다. 나이트 버스를 타기 전, 사모시르 민박 가족들과 작별 인사를 했다. 헤어지기 전 여러 이야기를 나눌 때 사모시르 민박 주인 분 아내 분이 한국 드라마를 좋아하신다고 하셨고, 좋아하는 한국 배우는 이민호라고 하셨다. 이민호가 너무 잘생겼다고. 한국 드라마 중에서 이민호의 출연작인 〈더 킹 : 영원의 군주〉를 보셨다고 한다.

우리는 사모시르를 나와서 나이트 버스 기다리는 곳까지 갔다. 민박 주인 분이 같이 동행해 주셔서 든든했다. 밥을 다 먹었을 때 나이트 버스가 오기까지 4시간 정도 남아서 나랑 다별 선배, 은지 언니는 주인 분과 같이 동네를 돌아다니기로 했다. 우리 일행은 식당에서 좀 걸어가다가 약간 읍내 느낌이 있는 곳으로 갔다. 주인 분이 두리안과 코코넛을 사 주셨다. 코코넛워터는 말 그대로 코코넛 안에 있는 물을 먹는 것이다. 코코넛의 일부를 잘라 그 안에 있는 물에 빨대를 꽂아 마셨다. 맛은 생각보다 밍

밍했지만 갈증이 좀 해소되었다. 그리고 어렸을 때 TV에서 본 <정글의 법칙>에서 코코넛워터를 마시는 걸 봤었기 때문에 코코넛워터가 궁금했었는데 마셔보아서 좋았다. 두리안도 먹었는데 나는 3개나 먹었다. 첫 번째와 두 번째 두리안은 맛이 없었는데, 세 번째 두리안은 반대로 달고 맛있었다. 두리안은 약간 복불복이 심한 것 같다. 그런데 맛과 별개로 두리안 냄새 때문에 좀 힘들어서 먹을 때 숨을 참고 먹었다. 그래도 한국에서는 먹어볼 수 없는 과일이니 이왕 온 김에 먹자고 생각했다.

다시 식당으로 돌아와서 파당으로 가는 나이트 버스를 탔다. 쉽지 않은 여정을 시작하기 전에 마음의 준비를 단단히 하고 버스를 탔다. 중간에 휴게소에서 내렸는데 휴게소 화장실이 더럽고 똥파리가 꼬여 있는 재래식이었다. 사실 버스 안에도 화장실이 있기는 했지만 사실상 사용하기 어려웠다. 왜냐하면 가던 중간에 변기에서 배설물..들이 역류했고, 역류하기 전에 한 번 써본 결과, 변기에 물이 안 내려갔기 때문이다. 그래서인지 나는 자리가 중간쯤이라 괜찮았지만 화장실 바로 앞자리에 앉으신 여행 쌤은 냄새..로 인해 힘드셨다고 한다. 그래서 나는 20시간 동안 공복으로 있기로 결심했다. 그리고 버스에서 자려고 하면 노래가 나왔으며, 바 선생(바퀴벌레)도 만났다. 오늘은 버스에서 잠이 들었다.

• 태헌이의 묵상과 여행

우리가 뜻대로 우리의 마음을 다스릴 수 있는 것이 아니라 하나님께서 허락하신 대로 움직인다는 것을 깨달았다. 그러므로 오늘 하루 동안 불평스러운 순간이 올 때도 '하나님께 기도'하며 마음을 잘 다스려야겠다.

아침을 먹으러 어제 점심을 샀던 식당으로 갔다. 나는 식당에 가서 팬케이크를 주문했다. 팬케이크에 레몬을 함께 주길래 뿌려 먹어봤는데 뿌리지 말 걸 그랬다. 아무튼 아침을 먹은 뒤 짐을 챙겨서 12시에 모여 1시에 육지로 가는 배를 타고 사모시르섬을 떠났다. 얼마 안 있었지만 이 섬에 벌써 정이 든 것 같았다. 사람들, 날씨, 음식 등 너무 좋은 기억이 많은 곳이다. 나중에 꼭 또 이 섬에 오리라는 다짐을 하고는 육지로 향했다.

육지에 도착해서 작은 밴을 타고 정류소까지 이동했다. 그리고 거기서 2시쯤 현지식 밥을 먹은 뒤 4시까지 버스를 기다렸다. 우리는 나이트 버스를 타고 '파당'으로 이동하기로 했다. 예산을 고려해 봤을 때 이게 합리적일 것 같다.

버스를 타고 대략 16시간 정도 이동해야 했다. 하지만 예상보다도 버스가 불편했다. 시끄러웠고, 냄새나고, 의자도 불편했다. 무엇보다 가장 심했던 건 버스에서 10분마다 바퀴벌레가 나왔다는 것이다. 이런 환경에서 잠을 자고 14시간을 이동해야 했

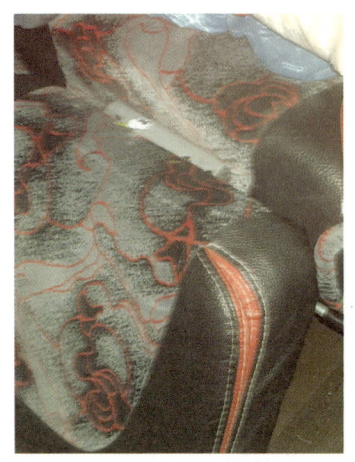다. 솔직히 이 상황에서 감사하기 힘들었다. 하지만 아침에 불평하지 말자는 묵상을 해서인지 마음을 다시 잡을 수 있었다. 힘들 때일수록 하나님께 의지했다. 그래서 굉장히 힘든 순간이었지만 잘 버틸 수 있었다고 생각한다.

• 은지의 묵상과 여행

　바울은 형제들을 위해서라면 자신이 저주받고 그리스도에게서 끊어져도 괜찮다고 했다. 그만큼 다른 사람이 주님께 돌아오길 바라고 복음에 목숨을 걸고 전했던 것이다. 바울은 원래 예수님을 핍박하던 사람이었지만, 하나님의 은혜를 깨닫고 회심해서 이 정도로 다른 사람을 위할 줄 아는 참된 일꾼이 되었다. 그래서 우리 모두 죄인이지만 충분히 회심할 가능성이 크다. 그러므로 나를 포함한 사람들을 볼 때 부족한 모습을 보더라도 '다시 회복하고 돌이킬 가능성'을 바라봐야겠다. 절망하기보다 희망을 바라봐야겠다.

　한국에 가서도 계속 생각날 것 같은 사모시르 섬과 에비켈 게스트하우스를 떠날 시간이 되었다. 에비켈 가족이 너무 잘해주셔서 감사했다. 카룰리나라는 아주머니께서 나중에 결혼해서 다시 오라고 말해 주셨다. "결혼이요? 하고는 싶은데 그게 제 맘대로 되는 게 아니라서요… 하하…" 아무튼 나중에 다시 오고 싶을 정도로 여운이 깊게 남았다. 그 후 에비켈 아저씨(사모시르 숙소 주인 분)가 '파당'으로 가는 걸 도와주셨다. 그리고 두리안과 코코넛까지 사주셨다. 태어나서 두리안은 처음 먹어봤는데, 첫맛은 너무 느끼해서 별로였지만, 먹다 보니 조금 적응해서 먹을 만했다.
　그 후 아저씨와 작별 인사를 하고 파당으로 가는 16시간짜리 버스를 탔다. 탈 때까지만 해도 미처 몰랐다. 이 버스가 무슨 버스인지. 시작부터 버스가 계속 삐그덕 삐그덕 소리를 냈다… 멀미를 평소에 잘 안 하는데 진짜 힘들어서 멀미약을 얼른 먹었다.

그리고 더 최악이었던 건 바퀴벌레가 버스 안에 너무 많았다;;; 특히 여행 쌤은 맨 뒷자리 앉으셔서 가장 바퀴벌레가 많은 곳에 있으셨다. 나는 내 몸을 기어 다니는 느낌은 딱히 못 느꼈지만, 그냥 천장과 바닥을 기어 다니는 바퀴벌레를 보는 것만으로도 소름이 끼치는 건 어쩔 수 없었다. 그리고 문제가 하나 더 있었다. 버스 화장실이 고장 났다. 운전기사님이 버스를 세워서 화장실을 고쳤다. 화장실을 갈 수 없으니, 버스를 세웠을 때 근처 보이는 가정집 같은데 가서 양해를 구하고 화장실을 이용했다. 야외 화장실이라 위생 상태가 너무 안 좋았지만 어쩔 수 없이 갔다 왔다…. 그리고 결국 우리는 20시간 만에 파당에 도착했다… 모두가 영혼이 털린 모습이었다. 심지어 다별 선배와 솔이는 버스 타기 전 먹은 두리안이 자꾸 올라와서 너무 힘들어해서 안타까웠다.

그리고 나는 버스에서 내리는데 그만 계단에서 미끄러져서 손을 다쳐버렸다. 딱히 안 아파서 별로 안 다쳤나보다 하고 손바닥을 봤는데 오른쪽 손가락 마디에서 피가 철철 나고 있었다;; 급하게 밴드로 응급 처치를 하고 숙소로 갔다.

• **현서의 묵상과 여행**

우리는 곤란한 상황이 생겼을 때, 나의 입장만 생각하는 이기적인 마음이 있다. 인간은 죄인이기에 당연하지만 나뿐만 아니라 다른 이의 입장도 헤아리는 마음이 꼭 필요하다. 따라서 오늘 하루 동안 다른 사람의 입장을 생각해 보고, 먼저 다가가 '섬기는 삶'을 살아보겠다.

꿈같던 사모시르의 생활이 끝나고 다음 지역인 '파당'으로 이동하는 날이다. 어제 숙소 사장님과 12시까지 로비에 모여서 같이 출발하기로 했기에 어제 점심을 먹었던 곳에서 아침을 먹고 각자 짐을 쌌다.

한 11시 30분쯤 다 같이 로비로 모였고, 사장님과 같이 배 타는 곳으로 이동했다. 파라밧 선착장까지 처음 왔을 때와 똑같이 왔다. 도착해서는 작은 밴을 타고 갔는데 타고 간다기보다는 실려 간다는 느낌이 강했지만 그래도 현지 이동 수단은 이렇구나 싶었다. 버스 정류장은 식당이 붙어있어서 그쪽에서 밥을 먹고 버스가 도착할 때까지 기다렸다. 2시간 정도 기다리니 도착했는데, 이때부터 나와

다른 친구들은 이미 반 정도 지친 상태였다고 생각했다. 그렇게 짐을 버스에 싣고 여

기까지 데려다주시고, 기다리는 시간 동안 몇몇 친구들을 주변 구경까지 시켜주신 사장님께 정말 감사했다고 말씀드렸다. 막상 탑승했더니 생각보다 버스는 나쁘지 않았다고 생각했다. 파라밧에서 파당까지 육로로는 거리가 상당했지만, 다른 마땅한 방법이 없었다. 7인 7색 조사 때

부터 고민이었지만 인터넷에 마땅한 자료가 있는 것도 아니었다. 거기다 기본으로 16시간 정도 걸리는 거리라 걱정이 되었다. 이때까지만 해도 이 버스에서의 하루가 7인 7색 여정 중에서 가장 최악이 될 줄은 몰랐다.

  우리는 모두 점심의 여파였는지 다 같이 거의 타자마자 뻗어버렸다. 얼마 안 가서 버스가 저녁 먹는 곳에 내려주었는데, 오늘은 이곳 말고는 다른 곳에 서지 않을 것 같았지만 모두 상태가 좋아 보이지 않아서 근처 상점에서 빵과 음료수를 사서 각자 나누어주었다. 그리고 이때 이 버스에 바퀴벌레가 돌아다닌다는 끔찍한 사실을 듣게 되었다. 얼마 안 가서 바로 뒤에 있는 바구니에 세 마리 정도 있는 걸 발견했다. 너무 없애버리고 싶었지만 그럴 용기가 없었기에 바라만 보면서 답답해했다. 버스의 퀄리티가 좋았길 바랐지만 최악 중의 최악이었다. 그럼에도 너무 피곤했기에 도착할 때까지 거의 자기만 했지만 길도 너무 안 좋았기에 계속 깰 수밖에 없었다. 그 때문에 자다가 깨면 혹시 주변에 바퀴벌레가 있는지 보고, 다시 자는 것이 반복되는 이상한 사이클이 만들어졌다. 결국 모든 것을 놓고 아무것도 하지 않고 있다 보니 어찌저찌 오늘 하루가 마무리되었다.

• 요한이의 묵상과 여행

　안 좋은 컨디션 때문에 묵상에 제대로 집중을 하지 못했다. 아무리 어려운 상황이더라도 나름의 방법으로 하나님을 붙잡고 힘을 얻기 위해 노력해야겠다. 나와 다른 멤버들의 건강과 안전을 위해 기도했다.

　숙소에서 자는데 밤늦게는 고양이끼리 싸우는 소리와 개 짖는 소리, 이른 새벽에는 닭들이 우는 소리 때문에 제대로 잠을 못 잤다. 그래서 그런지 일어났는데도 계속 열이 나고 컨디션이 안 좋았다. 아침을 먹으러 아침 식사 메뉴를 파는 근처 식당으로 가서 레몬 슈가 팬케이크를 시켰다. 맛있었지만 속이 안 좋아서 많이 먹으면 탈이 날까봐 조금만 먹고 다시 숙소로 돌아와 짐을 쌌다.

　섬에 들어올 때랑 같은 배를 타고 파라팟 항구로 돌아왔다. 안개 깔린 호수에서 배를 타고 시원하게 있으니 기분이 좋아졌다. 항구에서 좁은 차를 타고 다음 도시인 '파당' 행 나이트 버스를 타러 정류장으로 이동했다. 그 앞에 있던 현지 식당에서 식사를 했는데 나는 석쇠에 구운 생선구이와 밥을 먹었다. 인도네시아의 현지식은 대부분 생선 아니면 닭으로 만드는 것 같다. 기대하지 않았지만 생각보다 맛있게 먹었다.

　식사 후에 식당에서 버스를 기다리는데 버스가 지연되는 바람에 몇 시간을 기다렸다. 먹을 때까지만 해도 괜찮았는데 기다리는 동안 다시 열이 나고 속이 너무 안 좋아서 힘들었다.

　그렇게 버스에 타자마자 바로 몇 시간 동안 잠들었다. 버스 좌석 자체는 담요나 쿠션도 있고, 의자도 넓은 편이었는데 큰 문제가 있었다. 버스 여기저기에 바퀴벌레가

너무 많다는 거였다. 자고 있을 때는 몰랐지만 깨어나고 보니 바퀴벌레가 옆에 창문이나 의자 틈, 커튼 등을 기어 다니고 있었다. 수가 너무 많아서 아무리 죽여도 어디선가 계속 나타났다. 덕분에 맘 편히 쉴 수가 없었는데 나중에는 체념해서 바퀴벌레가 다리에 올라와도 별로 신경 쓰지 않게 됐다.

문제가 바퀴벌레 하나만은 아니었다. 버스 맨 뒤에 화장실이 하나 있었는데 이 화장실이 운행 도중에 계속 막혀서 몇 번씩이나 버스를 멈추고 화장실 정비를 했다. 수시로 멈춰서 20~30분씩 화장실을 고친 덕분에 원래는 16시간 정도 걸릴 거리를 가는데 20시간이 넘게 걸렸다. 버스가 멈춰있는 동안은 바퀴벌레도 더 많이 나와서 여행 쌤은 어려움을 이겨내시려고 찬양을 부르셨다.

20시간 동안 흔들리는 버스 안에서 식사도 제대로 못 하고 잠도 제대로 못 자다 보니 안 그래도 좋지 않았던 컨디션이 더 안 좋아졌다. 그때만큼은 여행을 포기하고 집에 가고 싶은 마음이 들 정도였다. 나뿐만 아니라 선생님과 다른 친구들도 육체적으로, 정신적으로 컨디션이 안 좋아진 것 같았다.

처음에 파당으로 가는 교통수단을 예약할 때 공용 나이트 버스 혹은 우리 9명만을 위한 승합차라는 두 가지 선택지가 있었다. 돈을 아끼기 위해서 저렴한 공용 나이트 버스를 선택했었지만, 이번처럼 차를 길게 타고 가야 할 때는 최대한 좋은 옵션을 선택해야겠다는 교훈을 얻었다.

• **하민이의 묵상과 여행**

　남들이 하기 싫은 일은 나도 하기 싫고 피하고 싶어지기 마련인데 가끔은 그게 내가 더 어리니까, 내가 더 나이가 많으니까 등의 이유로 합리화하며 피하려고 했던 것 같다. 앞으로는 변명하지 말고 어떤 일이든지 내가 힘쓸 수 있는 일이라면 '먼저' 나서야겠다.

　아침에 일어나 전날 점심을 먹었던 식당에 가서 식사를 했다. 식사를 마치고 나오는데 어제부터 같이 놀았던 고양이 두 마리가 그새 정들어 헤어지기 아쉬웠다. 밥을 먹고 숙소로 돌아와 떠날 준비를 하고 나가려는데 비가 갑자기 많이 와서 그칠 때까지 기다렸다가 숙소 주인 분의 안내에 따라 '파당'으로 이동하는 버스를 타러 갔다. 그곳에서 점심을 먹었는데 메단 이후로 두 번째로 먹는 현지식이었다. 나와 윤하는 현지식이 적응되지 않아 한국에서 싸 온 장조림과 엄마가 해준 김무침(?)을 꺼내서 밥과 함께 먹었다. 김과 밥을 먹는 순간 집에서 항상 먹던 맛이 나서 엄마가 생각나는 맛이었

다.

 버스가 오기까지 기다렸다가 버스를 타고 파당으로 이동했다. 파당까지 가는 데는 약 16시간이 걸린다고 하셨다. 차에서 16시간은 한 번도 경험해 보지 못한 시간이라서 어떨지 가늠조차 되지 않았는데 아니나 다를까 너무 힘들었다. 버스는 좁고, 계속 바퀴벌레가 나오고, 가는 중간 중간 자꾸 멈춰서 잠이 깨고, 허리도 아프고, 꼬리뼈도 아프고, 너무 힘들고 불편했다. 그리고 사모시르 가는 버스와 같이 또 음악이 나와서 너무 시끄러웠다. 버스 안 상황도 좋지도 않고 컨디션도 안 좋아서 오늘 점심을 먹은 이후부터 아무것도 먹지 못했다. 원래 예정 시간은 16시간이었으나 중간에 생긴 여러 변수로 인해 약 20시간 동안 버스를 탔다.

- **윤하의 묵상과 여행**

하나님께서는 이 세상에 있는 모든 것을 주관하시는 분이시다. 정말 사소하게 우리가 내일 어떤 일이 일어날지 또는 내가 미래에 어떤 상황에 놓일지 다 알고 계시며 계획하시는 분이시다. 아직은 하나님의 계획을 알지 못해도 결국 하나님께서는 우리를 쓰시고 우리를 통해서 하나님의 살아계심을 증명하신다. 사실 믿기 힘든 순간들이 너무나 많고 가끔 하나님이 이해가 되지 않는 순간들이 너무나도 많지만, 하나님께서 우리에게 '가장 좋은 것'을 주실 것을 믿으며 살아가다 보면, 언젠가는 정답을 알려주실 것이라고 믿는다.

어제 점심 먹었던 곳이 맛있어서 아침을 먹으러 그곳으로 향했다. 아침을 먹으며 묵상을 나눈 뒤 숙소에 돌아와 떠날 준비를 하기 위해 짐을 쌌다. 주인 분이 너무 따뜻하고 좋으셔서 헤어지는 게 정말 아쉬웠다. 주인 분이 이동하는 버스를 탈 때까지 같이 계셔주셨다. 현지식으로 점심을 먹은 뒤 4시까지 버스를 기다려야 해서 자거나 쉬면서 버스를 기다렸다.

버스가 도착해 숙소 주인 분과 인사하고 버스에 탑승하였다. 겉으로는 좋아 보였는데 버스에서 바퀴벌레와 의자가 너무 불편하였다. 그렇게 불편하게 16시간을 이동해야 할 생각을 하니 너무 깜깜하였다.

살아가면서 바퀴벌레를 처음 보고 이런 열악한 상황에 놓인 게 처음이라 황당하고 힘들었다. 의자 옆에서 바퀴벌레가 지나다니

로마서 묵상하며 여행하기 - 1월 17일

고 의자는 16시간을 버티기에 너무 불편한 의자였지만, 점점 애들 모두 해탈해서 바퀴벌레가 지나가든 말든 잠이 들게 되었다.

2024-01-18 (목) / 로마서 9장 19~33절

파당, 나이트 버스의 후유증

• 솔이의 묵상과 여행

하나님은 오늘 말씀을 통해 유대인과 이방인 모두를 귀하게 만드셨다. 그러나 우리는 때때로 세상의 논리대로 외모, 성적, 부모의 재력 등 다양한 요소로 인해 남과 비교하며 '쟤는 저렇게 대단한데 나는 왜 이렇게 태어났지?'라는 생각을 갖게 된다. 나도 예전에는 이러한 생각을 가지고 하나님께 불평을 했었다. 하지만 '하나님 나라의 원칙'은 나의 외적 조건으로 인해 귀함과 귀하지 않음이 결정되지 않는다. 비록 K-고딩으로서 하나님의 자녀라는 사실을 기억하며 살기는 쉽지 않겠지만, 그래도 잊지 말자.

오늘은 나이트 버스에서 하루를 시작했다. 아침에 기사님이 담배를 피우셔서 머리가 아프고 기관지가 힘들었다. 그래도 버티다 보니 '파당'에 도착했다. 물론 예상 이동 시간은 16시간이었지만 화장실 문제 등 여러 이유로 인해 20시간 만에 파당에 도착했다. 도착하고 나서는 바로 숙소에 체크인한 다음 씻고 휴식을 취했다.

저녁을 먹으러 나갔는데 미리 구글 맵으로 봐둔 곳에 갔다. 그런데 거기서 먹은 오렌지 주스에서 쟤 맛이 났다. 그래서 오렌지 주스 때문에 힘들었다. 오렌지 주스 생각만 해도 토할 것 같고, 머리가 아팠고, 컨디션이 안 좋아졌다.

밥을 먹고 편의점을 거쳐 다시 숙소로 왔다. 숙소에서는 자유 시간을 가지다 같이 저녁 나눔을 했다. 자유 시간에 어떤 언니와 친해졌다. 그 언니는 다별 선배와 동갑이고, 이 숙소 프런트에서 일을 한다. 결정적으로 친해지게 된 계기는 그 언니가 K-POP을 좋아하기 때문이다. 제일 좋아하는 아이돌은 BTS의 지민, 정국과 더보이즈

의 김선우, NCT를 좋아한다고 한다. 처음 보는 사람과 K-POP으로 통했다.

저녁 나눔 시간이 다가왔는데도 그 언니는 나랑 은지 언니와 같이 있었다. 그래서 나눔을 할 때 같이 참여를 한 건 아니지만 함께 있었는데, 그 언니는 히잡을 쓴 것으로 보아 무슬림인 것 같았다. 나눔 시작할 때 우리는 기도를 했고, 나눔 중에 오늘 하루를 말씀대로 살았는지 서로 얘기했는데 그 언니는 옆에서 보고 있었다.

그래서 기도를 할 때 그 언니가 생각이 났다. 물론 나와 다른 사람에게 내가 믿는 종교를 강요할 순 없다. 그래서 누군가에게 강요하는 형식으로 내가 믿는 예수님을 소개하는 것보다는 우리가 기도하고, 함께 나누는 모습을 보면서 내가 믿는 예수님

을 소개하고 싶다는 마음이 들었다. 원래 저녁 묵상 시에 딴생각도 조금 했지만(여행 쌤 죄송합니다^^) 오늘 나눔 만큼은 하나님을 생각하면서 진지하게 임했다.

나눔을 마치고는 각자 쉬고 잘 준비를 했는데 아까 마신 오렌지 주스 때문인지 아니면 나이트 버스의 여파인지는 모르겠지만 속이 메스꺼웠다. 자고 일어나면 좀 괜찮아질 거라는 생각으로 빨리 잠에 들었다.

• **태헌이의 묵상과 여행**

오늘 말씀을 보고 교만하지 않고 '믿음에 의지하는 사람'이 되어야겠다는 묵상을 했다.

오후 12시가 돼서야 겨우 '파당'에 도착했다. 버스가 예상보다 더 연착되어서 거의 20시간가량을 버스에서 보내게 되었다. 밤중에 잠을 잘 자지 못한 친구들도 있는 것 같았는데, 나는 사실 무난하게 잘 보낸 편이었다. 아무튼 버스에서 내려서 그랩을 잡고 미리 알아봐 두었던 숙소로 이동했다.

숙소에 도착해서 환전을 한 뒤, 조금의 흥정을 통해서 숙소 가격을 정했다. 숙소에 도착하니 에어컨 바람과 침대가 너무 반가웠다. 그리고 무엇보다 좋았던 것은 씻을 수 있다는 것이었다. 버스에서 구겨진 상태로 오랜 시간을 보냈기 때문에 씻을 수 있다는 것 자체가 너무 감사했고 행복했다.

2시가 넘어서 늦은 점심을 먹으러 KFC에 갔다. 점심을 맛있게 먹고 나서 요한이 몫을 포장해서 숙소로 돌아왔다. 요한이가 몸이 안 좋아서 같이 가지 못했기 때문이다. 아무튼 점심을 먹은 뒤에 전날하지 못했던 모임과 아침 묵상을 하고 조금 쉬는 시간을 가졌다.

그리고 쉬다가 저녁을 먹으러 갔다. 그런데 파당 조사 담당인 현서가 조사를 잘못해서 19금 펍으로 우리를 데려갔다. 그래서 근처에 있는 현지식 식당에서 밥을 먹었다. 나시고랭과

사테 등 현지 음식을 먹었고, 나쁘지 않았다.

밥을 먹고 숙소로 돌아오는 길에 이상한 사람들을 만났다. 우리에게 계속 자기 오토바이를 탈 것을 권유했고, 어딘가로 데려가길 원했다. 느낌이 너무 이상해서 열심히 무시했고 도망쳐 나왔다.

• 은지의 묵상과 여행

　의를 따르지 아니한 이방인들이 의를 얻고, 의의 법을 의지하였으나 믿음을 의지하지 않은 이스라엘이 율법에 이르지 못했다. 예정론, 율법, 행위에 의존할 것이 아니라 '오직 믿음으로' 의지해야 한다. 내가 내 의로 구원받는 게 아니라 주님 구원의 은혜를 믿어야 한다. 항상 감사하고 구원의 은혜를 잊지 말자.

　파당 숙소에서 Erin이라는 19살(현지 나이) 친구를 사귀었다. 히잡을 쓴 인상이 밝은 친구였다. 처음 봤을 때 눈이 딱 마주쳐서 어! 뭐지? 싶었다. 그래서 "How are you?" 인사말을 건네자 바로 Erin도 나에게 이름이 뭐냐 물었다. 분명 처음 만난 사이인데도 티키타카가 잘되어서 신기했다. 우리 둘 다 영어를 잘 못해서 번역기로 말을 주고받았다. 여기 주인이냐, 형제자매 있냐, 좋아하는 아이돌은 누구냐, 꿈은 뭐냐 등등 많은 얘기를 했다. 그리고 숙소를 들락날락할 때마다 눈이 마주치면 반갑게 인사를 했다.

　다음 날 아침, Erin은 같이 산책하러 가자고 했다. 산책을 싫어하는데도 불구하고 나와 같이 가고 싶다고 했다. 길에는 오토바이와 차가 쌩쌩 달렸지만 그 무엇도 장애물이 되지 않았다. 말하는 대신 손을 잡았다. Erin과 마트에 가서 아이쇼핑을 했다. 말이 전혀 통하지 않았는데도 불구하고, 마음이 통했기 때문에 우린 즐거웠다. 그리고 지난 말

레이시아 숙소에서 이어폰을 잃어버린 나는 Erin에게 같이 이어폰을 사러 가자고 했다. 1,500원밖에 안 하는 이어폰이 뭐라고, 내가 그동안 썼던 그 어떤 이어폰보다 더 소중한 추억이 담긴 비  싼 이어폰이 되었다. 기어다니던 바퀴벌레와 20시간 지옥 버스, 바지에 묻은 정체 모를 기분 나쁜 어떤 것의 흔적… 수면의 정석 베개를 잃어버린 것들이 모두 싸그리 미화되고 잊혀졌다. 나쁜 기억은 좋은 기억으로 덮는 게 가장 좋은 해결책인 것 같다.

참고로 사진에서 보이는 나의 화려한 무늬의 바지들은 쿠알라룸푸르에서 산 바지들이다. 나는 밋밋한 것보단 아예 화려한 걸 좋아해서 그냥 사봤다. 한국에선 이런 바지를 입는 사람이 거의 없다. 근데 이곳에서는 이런 화려한 걸 입어도 별로 이상하게 보지 않으니 신나게 입고 다닐 수 있었다. 나는 패션 감각이 없는 편이지만 왠지 이런 패션 테러 바지를 입고 다니면 이상한 쾌감을 느끼게 된다. 하하하하.

• **현서의 묵상과 여행**

 '나는 왜 이것밖에 못 하지?'라고 생각하기 전에 그것과 별개로 내가 할 수 있는 것은 어떤 것이 있는지 생각하며 더 긍정적으로 생각하는 마인드가 필요하다고 생각한다. 따라서 오늘 하루 나에 대해 불평할 것 같을 때 잠시 멈추고 다시 한 번 생각해 보자.

 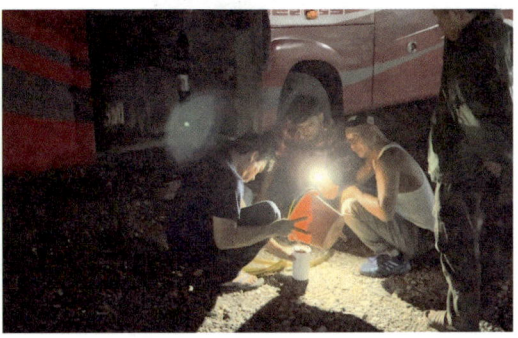

 새벽 3시쯤 버스가 한 번 더 섰다. 나무로 된 휴게소 같은 곳에 멈췄는데, 너무 오래 앉아있기도 해서 움직일 겸 해서 밖에 잠깐 내리기도 했다. 버스는 얼마 안 가 다시 출발했고, 예상대로라면 오늘 아침 6시에 도착해야 했지만, 달리다 보니 시간이 조금씩 넘어가더니 6시를 훨씬 넘어갔다. 원래 사모시르 사장님께서 호텔 예약 뒤 이 버스가 호텔 앞까지 데려다줄 것이라고 하셨었다. 시간이 넘은 것은 둘째 치고 버스는 잘 가겠지 싶었지만, 뭔가 불안해서 다시 기사님 옆에 있는 분께 가서 여쭤보았다. 나는 인도네시아어를 하나도 모르고, 그쪽 분은 영어를 하나도 못 알아들으시는 바람에 번역기를 들고 서로 어떻게든 알아들으려 애를 썼던 것을 지금 생각하면 조금 웃기기도 하다. 대화를 끝마쳤을 때는 계획이 조금 달라져 있었는데, 버스가 호텔까지 데려다주는 것이 아니라, 다른 관계자들이 그랩 같은 택시를 잡을 수 있도록 도와준다는 것이었다. 그렇게 한 12시쯤 한 조그마한 사무실 같은 곳에 도착했는데 그쪽에서 관계자 두 분께서 택시를 잡을 수 있도록 도와주셨다. 그래도

차를 미리 준비해 주셔서 원활하게 이동할 수 있었다.

호텔에 도착해 보니 꽤 양호한 편이었다. 그러나 몇 명은 아프기도 했고, 나를 포함한 모두의 상태가 최악이었다. 여행 쌤께서 이럴 때는 잘 먹고 잘 쉬어야 한다고 하셔서, 근처에 KFC로 가서 각자 먹고 싶은 만큼 먹게 하였다. 그렇게 먹으니 기운이 났다. 파당이 지리적으로 바다 쪽이기에 시간이 된다면 해변이나 박물관 쪽을 가보려 했지만, 파당에서의 일정은 버스 때문에 쉬어가는 방향으로 바꾸었다.

어느 정도 정리하고 쉬기도 하니, 저녁 시간이 거의 다 되었었다. 근처에 'Hot station'이라는 유명한 음식점이 있길래 가보았더니 고급 주점이라 못 들어갔다. 이름부터 좀 그런 느낌이었는데 왜 몰랐을까? 대신 근처 현지 식당에서 밥을 먹고, 내일 아침 때문에 편의점을 찾고 있었는데 현지인 두 분이 오셔서 도와주려 하셨다. 감사했지만 편의점까지 오토바이로 데려다주겠다는 말을 듣고 여
행 선생님께서 바로 강력하게 안 된다고 하셨다. 그렇기에 고맙지만 괜찮다고 했다. 위험할 수도 있는 상황이었는데 무사히 넘기게 되었다. 마침 숙소로 가는 길에 편의점이 있어 내일 비행기를 타기 전에 간단히 먹을 아침을 살 수 있었다. 숙소에 다시 돌아와서 푹 쉬며 파당에서의 하루가 마무리되었다.

• 요한이의 묵상과 여행

아파서 쉬느라 묵상에 참여하지 못했다. 빨리 건강이 회복돼서 다른 친구들에게 내가 짐이 되지 않고 다음 도시에서 일정을 잘 이끌어갈 수 있기를 기도했다.

그렇게 예상 도착시간이 한참 지나고 나서야 목적지인 '파당'에 도착할 수 있었다. 다들 오랫동안 차 안에만 있었더니 눈에 띄게 표정도 어두워지고 말수도 적어졌다.

그렇게 택시를 잡자마자 바로 근처에 있는 숙소로 들어갔다. 버스 안에서 사람들이 하도 담배를 피워 대서 내 몸에서도 담배 냄새가 났다. 그래서 너무 피곤하지만 겨우 씻고 옷만 갈아입고 쓰러지듯 잠에 들었다. 버스 안에 있는 약 20시간 동안 제대로 된 식사를 못 하고 빵이나 과자만 먹어서 이번 점심에는 KFC를 먹기로 했지만 나는 열이 너무 심해서 식사를 못 하고 숙소에서 쉬었다.

친구들이 식사를 마치고 돌아올 때까지도 몸이 계속 안 좋았지만, 다음 도시가 내가 담당하는 도시인 자카르타였기 때문에 계획을 짜고 숙소를 예약하기 위해 어떻게든 친구들이 포장해 와 준 KFC를 먹고 일어났다. 그렇게 에어비앤비에서 숙소를 찾아 예약하고, 자카르타에서의 여행 계획도 어느 정도 완성했다.

다행히 저녁쯤엔 컨디션이 조금 나아져서 저녁 식사는 친구들과 같이 할 수 있었다. 근처에 있던 아무 현지 식당을 찾아서 나시고랭, 미고랭, 사테 등을 시켰다. 가게 사장님의 딸로 보이는 아이가 우리에게 와서 자기가 그린 그림도 자랑하고

같이 앉아있는데 귀여웠다. 음식도 맛있었다.

식사를 마친 후에 다음 날 아침으로 먹을 빵을 사고 숙소로 돌아왔다. 밤에는 다시 열이 오르락내리락하긴 했지만, 다행히 어제랑 비교하면 몸이 많이 좋아졌다.

• **하민이의 묵상과 여행**

눈에 보이는 것은 쉽게 믿고 내가 보지 못하는 것을 믿기까지는 오랜 시간이 걸리는 것 같다. 보이지 않는 하나님을 믿는 것이기 때문에 그 보상(영생)이 더 큰 것 아닐까? 지금 당장 눈에 보이는 것을 믿고 따라가면 그 끝에는 하나님이 함께하지 못하실 것이다. 그러나 이때에도 보상을 바라는 믿음이 아니라 정말 '하나님을 바라보는 믿음'이어야 한다. 아무리 하나님을 경험했다 하더라도 쉽게 잊어버리기 마련이고 잘 믿지 못하는 약한 믿음을 가지고 있는 것 같다. 오늘 묵상을 통해서 보이지 않는 것을 믿어야 영생을 얻을 수 있는 어려운 과제를 주신 하나님께 원망할 것이 아니라, 어려운 길이기에 그 끝에 더 값진 것을 얻을 수 있게 하신 하나님께 감사하는 마음을 가지자. 여행 가운데 어려운 상황이 닥쳐올 때도 감사하자.

20시간의 힘든 여정을 보내고 사모시르 숙소 주인분이 추천해주신 숙소를 찾아갔다. 어제저녁부터 아무것도 먹지 못해서 너무 배가 고팠고 다들 체력적으로 지친 상태였기 때문에 오늘은 거하게 식사하러 가자고 이야기를 했다. 그런데 식사를 하러 간 곳은 KFC였다ㅎㅎ. 아무튼 배부르게 식사를 하고 숙소로 돌아왔는데 비가 많이 왔고 떨어진 체력도 보충할 겸 숙소에서 휴식을 취했다.

그렇게 저녁 먹기 전까지 쉬다가 식당을 찾으러 나갔다. '파당' 담당이었던 현서가

우리를 가장 먼저 데려갔던 곳은 굉장히 고급진 분위기의, 그러나 술집 느낌이 나는 식당이었다. 알고 보니 현서가 조사했던 식당은 펍이었다. 당황한 현서 대신 우리가 다른 식당을 찾아주었고, 근처에 있는 식당으로 들어가 식사를 했다. 그 식당 사장님의 딸이 우리에게 다가와 무언가를 보여주며 자연스럽게 내 옆에 앉았다. 그러고는 자신이 그린 그림을 자랑하기 시작했다. 뭐라고 말하는지 알아듣지는 못했지만 그림을 자랑하는 모습과 칭찬을 해주니 좋아하는 아이의 모습이 너무 귀여웠다.

그곳에서 식사를 마치고 돌아가는 길에 내일 아침을 사려고 편의점을 찾아보았는데 아무리 찾아도 나오지 않았다. 그렇게 방황하고 있는데 옆에 가게에 있던 분들이 도움을 주려고 하셨지만, 대화가 잘 통하지 않아 우리는 그분들께 감사를 표하고 떠났다. 그렇게 계속 길을 가고 있는데 뒤에 오토바이가 왔고, 그 오토바이에는 우리를 도와주려 하셨던 두 분이 타 계셨다. 알고 보니 도움을 주기 위해 우리를 따라 오토바이를 타고 온 것이었다. 사실 그전에도 도움을 거절했던 이유는 늦은 저녁이기도 하고 위험할 것 같다는 여행 쌤의 판단 하에 결정한 것이었는데 우리를 따라 오토바이를 타고 왔다는 걸 알고 나서 조금 무서워졌다. (물론 정말 단순히 우리를 도와주고 싶어서 따라온 것일 수도 있지만..) 그래서 여행 쌤이 단호하게 "우리가 알아서 하겠다. 고맙다."라고 이야기하시고 그분들과 헤어졌다. 그리고 숙소로 돌아오는데 편의점을 찾아서 각자 아침을 사고 숙소로 돌아와서 잠을 잤다.

• 윤하의 묵상과 여행

　나는 욕심이 너무나 많아 항상 나 자신을 깎아내리고 원망하며 하나님께 불평하는데 나는 하나님께 절대로 불평할 자격이 없다. 나를 나대로 만드신 하나님께 '감사'해야 한다. 여행을 하면서 힘든 순간마다 나의 불평을 표현하지 않고 부정적인 생각은 넣어두고 그 부정적인 것들을 하나님께 도와달라고 기도하며 살아가자.

　점심 12시까지 버스를 타고 '파당'으로 이동하였다. 몸도 좋지 않고 너무 힘들어서 내려서 빨리 쉬고 싶은 생각뿐이었다. 원래는 16시간 이동이었는데 버스가 계속 정차하여 20시간으로 늘어나 더 힘들었다.

　파당에 도착하여 택시를 타고 숙소 호텔로 이동하였다. 나포함 친구들 모두 컨디션이 너무 좋지 않아서 빨리 점심을 먹으러 KFC로 갔다. 몸이 많이 지쳐있었는데 뭐라도 먹으니 훨씬 컨디션이 좋아졌다. 그렇게 샤워를 하고 컨디션 회복을 위해 쉬게 되었다.

　푹 쉰 뒤 다 같이 저녁을 먹으러 이동하였는데 원래 가려던 곳이 성인 바였다. 그래서 다른 식당에서 저녁을 먹었다. 자주 먹는 나시고랭이었지만 맛있게 먹을 수 있었다. 마지막 나눔을 마친 뒤 잠이 들었다.

2024-01-19 (금) / 로마서 10장

솔아, 괜찮아?

- **솔이의 묵상과 여행**

  아파서 묵상을 하지 못했다.

  오늘 아침에 일어나자마자 토를 했다. 사실 일어났다기보다는 아침까지 버텼다는 게 맞는 표현 같다. 왜냐면 어제 저녁부터 속이 메스꺼웠고, 새벽부터는 메스꺼운 것을 넘어서 토할 것 같았다. 그리고 열이 나기 시작했다.

  새벽 내내 제대로 자지 못하고 이런 상태로 버티다가 결국 아침에 토를 했다. 사실 아프긴 했지만 토를 할 줄은 몰랐다. 토하고 난 뒤로 정신이 몽롱하고 몸을 가누기도 힘들어서 겨우겨우 주변을 치우고 쉬었다. 주변을 치우는 과정도 선배들이 도와주었다. 결국 묵상에도 참여를 못 하고 계속 쉬다가 겨우겨우 짐을 싸서 공항으로 이동을 했는데, 이동하는 택시 안에서도 계속 컨디션이 좋지 않았다. 결국 택시에서 내리고 나서 속이 울렁거리더니 공항에서 두 번째로 토를 했다.

  두 번째 토를 한 뒤로 정신이 없었고, 그 상태에서 체크인을 하려는데 서 있는 것조차 힘들었다. 너무 힘들어서 이대로라면 7인 7색 여행을 하지 못할 것 같아 중도 포

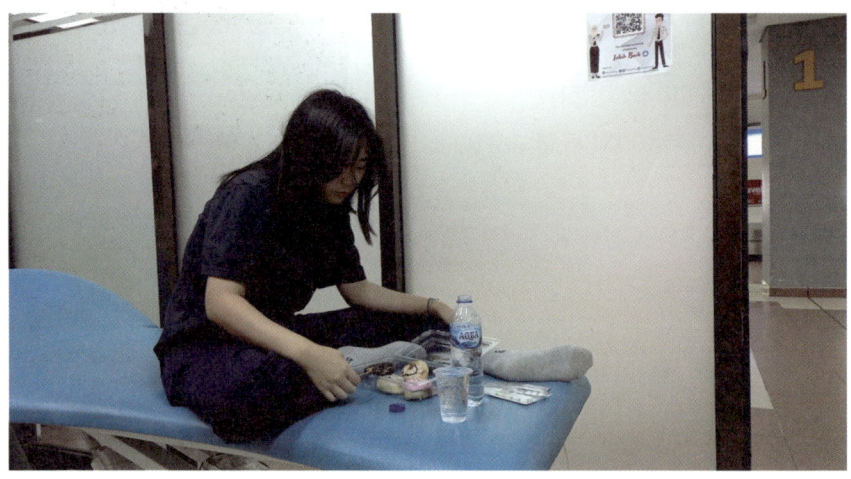

기까지 생각하고 혼자서 자카르타에서 인천 가는 비행기를 알아보기도 했다. 지금은 파당 공항에 있는데 파당에서 '자카르타'까지 이동하는 게 우리의 여행 일정이다. 나는 너무 힘들어서 자카르타에서 한국행 비행기를 타고 싶었다. 직항으로 가면 50만 원 정도로 부담스러운 금액이지만 내 통장에 모아둔 돈이 좀 있으므로 충분히 지불 가능했다. 이런 생각까지 하며 버티다가 결국..쓰러졌다. 사실 나는 쓰러진 게 거의 기억이 나지 않는다. 은지 선배와 여행 쌤에 따르면 내가 옆에 있었는데 짐 카트가 밀리면서 픽 쓰러졌다고 한다. 아마도 순간적으로 의식을 잃었던 것 같다. 어느 정도 의식이 돌아오고 나니 공항 직원이 나를 휠체어에 태워서 의무실 침대에 누워 있었고, 의사와 간호사들이 내 열과 혈압을 재고 있었다. 자꾸만 내 상태를 물어보는데 내가 기력을 모아서 "I have a fever..(열이 나요.)"라고 말했다. 영어가 기억나는 걸 보니 뇌는 다치지 않은 모양이다.

살면서 쓰러진 적이 처음이고, 이런 일을 처음 겪어서 많이 당황스러웠는데 일단 그보다도 몸이 너무 안 좋았다. 정신은 들었지만 열도 많이 나고 배도 아팠다. 여행 쌤과 다별 선배, 은지 언니가 의무실까지 따라온 것 같았다. 사실 더 쉬고 싶었지만 비행기에 탑승해야 해서 의무실에서 약을 먹고 빨리 나왔다. 그렇게 비행기까지 은지 언니가 부축해 주면서 겨우겨우 탑승을 했는데, 족자카르타 지역의 화산 폭발로 인해 비행기가 다음 날 아침 8시로 미뤄졌다고 해서 비행기에서 다시 나왔다. 평소라면 이런 변수에 잘 대처하기 위해 노력을 했을 테지만 지금은 노력은커녕 서 있을 힘도 없었다.

다시 대기하기 위해 공항 안으로 들어왔다. 그런데 원래 공항은 대부분 24시간 오픈이어서 여기도 그런가 싶었는데 저녁 8시까지만 해서 2시간 후면 나가야 했다. 우리는 공항 내부에서 자도 되냐고 했지만, 공항 보안요원들에게 거절당했다. 물론 근처에 숙박시설이 있을 테지만 추가 비용이 발생할 것 같아 빼도 박도 못하고 공항 밖에서(실외) 노숙을 해야 했다. 실외에서 노숙하는 건 말 그대로 쌩 노숙이었다.

결국 우리는 8시까지 만이라도 공항에 있기로 했다. 근데 내가 상태가 안 좋고 아파서 공항 의료진들이 나를 아까 의무실에 다시 데려가서 약을 더 주고 의무실 침대에 누워서 쉬게 했다. 아까는 쉬지 못했는데 이번에는 더 오래 쉬어서 한결 나았다. 그리고 감사했던 점은 의료진들이 내게 휴식이 필요하다고 했고, 공항 내부에서 자려면 보안 팀의 허락을 받으라고 했다. 그리고 선배들이 보안요원들에게 가서 허락을 받았다. 아까는 안 되었는데 지금은 허락해 준 걸 보면 내가 몸이 아픈 것도 허락에 영향을 준 것 같다. 그동안 몸이 아프고 쓰러져서 팀에 피해만 준 것 같은데 본의 아니게(?) 팀에 도움을 주었다.

그리고 나에게 도넛과 물도 갖다 주었다. 그리고 공항 직원들과 의료진들이 나를 걱정해 주고 챙겨주어서 고마웠다. 아직 음식을 먹고 싶지는 않았지만, 정성을 생각해서 도넛을 먹었다. 인도네시아 분들에게 고마움을 느꼈고, 위태로웠던 상황에서 나를 도와준 게 감사했다. 앞으로도 잊지 못할 것 같다.

나는 저녁 나눔에는 참여하지 않고 쉬었다. 얼핏 들은 나눔 내용으로는 한 명씩 돌아가면서 불침번을 서기로 했고, 나는 몸이 안 좋아서 불침번을 서지 않게 되었다. 한국에서 걱정했을 사람들에게도 연락을 하고, 공항 의자에 침낭을 편 다음 잠에 들었다.

• 태헌이의 묵상과 여행

하나님을 마음으로는 믿는다고 하지만 그걸 직접 표현하지 못했다. 더 표현하고, 부끄러워 하지 않도록 노력해야겠다. 내가 기독교인이란 것을 '자랑'스럽게 생각하자.

아침에 일어나서 어제 저녁에 사 온 빵을 먹고, '자카르타'로 가기 위해서 공항으로 출발했다. 공항에 도착해서 체크인을 하는데 솔이가 쓰러졌다. 어제부터 아팠다는 이야기를 들었지만, 이 정도일 줄은 몰랐다. 하지만 비행시간이 다 되어 곧 비행기를 타러 갔다. 비행기를 기다리면서 묵상을 하고, 편의점에서 빵과 주스를 사서 마셨다. 그리고 비행기에 탑승을 했다.

하지만 무슨 이유인지 비행기가 출발하지 않았다. 그리고 잠시 뒤에 모든 승객에게 내리라고 했다. 화산 폭발로 인해서 비행기가 50분 지연됐다고 말했다. 그래서 우선 비행기에 내려서 대기를 하고 있었는데 갑자기 비행기가 내일로 미뤄졌다. 어쩔 수 없이 짐을 다시 찾고, 저녁을 먹은 뒤 공항에서 노숙할 마땅한 장소를 찾았다. 하지만 이 공항은 24시간 오픈이 아니라 오후 8시에 문을 닫는다는 소식을 들었다. 그래서 공항 내부가 아닌 곳에서 노숙할 곳을 알아보고 있었다. 그러던 중 특별 상황인 것을 인정받아서 공항 내부에서 머물 수 있도록 허락을 받았다. 그래

로마서 묵상하며 여행하기- 1월 19일

서 그곳에서 짐을 풀고, 불침번을 정해서 노숙을 하기로 결정했다. 몸이 안 좋은 김 솔과 열심히 돌봤던 은지는 제외하고, 현서, 요한, 하민, 나, 윤하, 다별이 형순으로 1시간씩 불침번을 했다. 잠자리도 불편

하고, 덥고, 습해서 좀처럼 잠이 잘 오지는 않았다. 하지만 그럼에도 어쩔 수 없었고, 내 차례가 되었을 때 일어나서 불침번을 하고 다시 잠들었다.

• 은지의 묵상과 여행

　누구든지 주의 이름을 부르는 자는 복이 있도다. 오늘 말씀에서 발견한 하나님은 공평하신 하나님이며 언제나 의지할 수 있는 하나님이시다. 이제 자카르타로 가는 비행기를 타야 하는데, 솔이가 오늘 아침부터 너무 아파서 큰일이다. 열악하고 힘든 상황일수록 '주님을 더욱 의지'하고 기도하자.

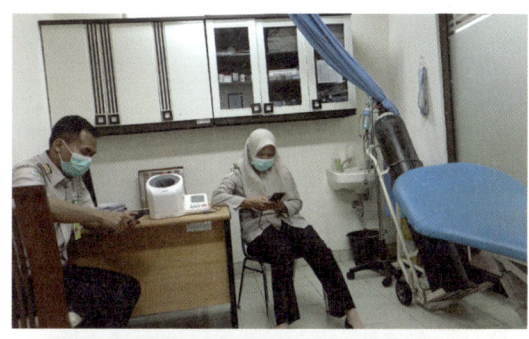

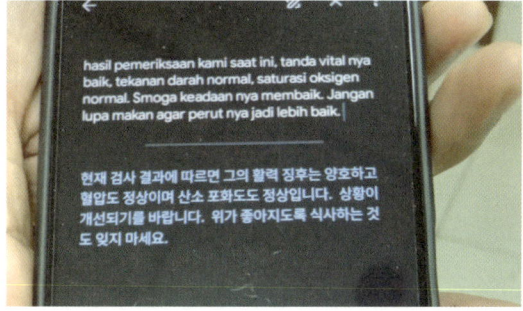

　파당에서의 하루를 마치고 또 하루가 시작됐다. 아침에 일어나자마자 솔이가 토를 했다. 알고 보니 어제 두리안을 먹고 버스를 20시간 동안 타서 체한 것 같았다. 얼른 토를 닦고 솔이가 쉴 수 있게 도왔다. 이제 곧 공항에 가서 비행기 타야 하는데 '어쩌지?'하는 걱정이 들었다. 그리고 아니나 다를까 도착한 공항에서 체크인을 하는데 내 앞에 있던 솔이가 휘청대더니 갑자기 스르륵 쓰러졌다! 앞으로 일정이 많이 남았는데 정말 어떡하지? 눈앞이 캄캄해졌다. 공항 직원들이 와서 솔이를 의무실로 데려갔다. 간단하게 약을 처방해 줬고 휴식을 취하라고 했다. 나는 하루 종일 솔이를 옆에서 돌봐주기로 했다.

　그리고 우리는 머지않아 또 충격적인 소식을 듣게 되었다. 므라피 화산이 폭발해서 비행기 탑승이 지연되었다는 소식이었다. 내일 아침에 다시 오라고 해서 굉장히 착잡했다. 우리는 어떻게 할지 얼른 회의를 했다. 당장 묵을 숙소도 마땅치 않았다. 급하게 알아본 곳도 너무 멀고 비싼 곳밖에 없었다. 결국 노숙을 하는 것으로 결론이 났다. 그런데 공항에서 노숙을 하려고 보니 공항은 문을 닫는다는 것이었다. 솔이

가 아픈데 밖에서 자는 것은 힘들겠다는 생각이 들었다. 그런데 방법이 없었다. 나는 솔이와 함께 의무실에 있었는데, 의무실에 계신 의사 분들께 우리가 노숙을 해야 하는데 공항에서 자게 해주면 안 되겠냐고 물어봤다. 그랬더니 공항 직원한테 부탁해서서 체크인하는 공간의 의자에서 노숙을 할 수 있게 되었다! 의무실에 계신 의사 분들이 우리 때문에 계속 퇴근을 못하고 계셨는데 이렇게 도와주셔서 너무 감사했다. 솔이도 하루 종일 누워서 휴식을 취하니 조금씩 상태가 나아졌다. 다시 돌아보니 비행기가 하루 늦게 출발하지 않았다면 솔이가 더 힘들었을 것 같다는 생각이 들어 하나님께 감사했다.

공항에서 자기 전 나눔을 했던 기억이 선명하다. 힘듦과 어려움 속에 우리가 더 하나가 되는 느낌이 들었다. 나는 솔이를 하루 종일 옆에서 돌봐 주었고, 다른 친구들도 나름대로 각자 위치에서 할 일들을 했다. 힘든 하루를 마치면서 서로서로 칭찬해 주고, 격려하는 모습이 보기 좋았다.

• 현서의 묵상과 여행

하나님께서는 절대 그 누구라도 차별하지 않는다는 것을 앎에도 나는 지속해서 차별하는 삶을 살아왔다. 오늘 하루 동안 그저 생각으로 차별하는 것이라도 나중에는 습관적으로 누군가를 판단할 수도 있고, 그런 선입견 때문에 나도 모르게 행동으로 나올 수도 있다. 때문에 항상 의식하며 줄이기 위해 노력하자.

파당에서의 다사다난했던 하루를 뒤로하고 '자카르타'로 떠날 날이 되었다. 버스에서의 시간이 너무 길었기에 파당에서 하루밖에 지내지 못했던 게 좀 아쉬웠다. 숙소에서 체크아웃을 마치고, 직원 분께서 갑자기 호텔 홍보영상을 부탁하셔서 다 같이 영상을 찍어드렸다. 메단에 이어서 파당에서까지 비슷한 일이 일어나서 한국이 엄청 영향력 있는 나라인가 싶기도 했다.

12시쯤 출발해서 공항에 도착해서 체크인을 하는데 생각보다 사람이 많았다. 자카르타는 인도네시아의 수도이기에 꽤 많은 인프라와 시설의 퀄리티가 높을 것이라고 기대하면서 들뜬 마음을 안고 비행기를 탔다. 얼마 지나지 않아 승무원이 갑자기 잠시 비행기에서 내려야 한다고 하였다. 뭔가 이상한 느낌이었지만 어쩔 수 없이 일단 내려 보았다. 게이트 앞에는 다른 승객들이 모여 있었는데 다별이 형

  이 가서 직원에게 물어보니, 자카르타 인근 섬의 화산이 폭발해서 비행기가 내일이나 뜨게 될 것이라고 전해주었다고 했다. 전혀 예상치 못한 상황이 터져버렸기에 계획이 완전히 틀어져 버렸고, 다들 숙소 문제, 이동 수단 등등의 문제를 해결하기 위해 갑자기 바빠지기 시작했다.

  그래도 다행히 한 1~2시간쯤 지나서 대부분 해결이 되었다. 자카르타 숙소는 잘 이야기가 되었고, 당장 저녁을 먹을 곳과 잘 곳도 공항에서 노숙하기로 결정되었다. CFC라는 음식점에서 저녁을 먹는데, KFC랑 비슷한 이름이었는데 메뉴도 비슷하게 치킨과 감자튀김 같은 것들을 팔았다. 하나 달랐던 점은 밥을 팔았는데 여행 선생님께서 가져오신 군용 볶음고추장을 뿌려 먹었는데 여행 통틀어서 제일 맛있는 음식이 아니었나 싶었다.

  그렇게 저녁도 잘 마무리하고 공항으로 돌아오게 되었다. 원래 이곳 공항이 24시간이 아니라 직원 분께서 노숙하려면 밖으로 나가서 해야 한다고 말씀하셨는데, 은지가 관계자 분께 잘 말씀드려서 공항 안에서 잘 수 있도록 배려해 주셨다. 상대적으로 좋은 잘 곳이 마련되었기에 감사했다. 그러나 이곳도 공공 장소였기에 만일의 상황을 대비하여 돌아가며 불침번을 서기로 했다. 개인적으로 잠이 많기에 가장 첫 번째로 서기로 했다. 불침번을 서기 전까지 각자 씻고 자유 시간을 가졌는데 친구들과 이야기하기도 하고 누워 있기도 하면서 재밌게 보냈다.

• 요한이의 묵상과 여행

　하나님의 말씀을 믿으면 당연히 순종해야 하는데 믿는 것까지는 쉬워도 행동으로 옮기는 건 어려운 것 같다. 자카르타를 여행하는 동안 내가 앞장서서 멤버들을 이끌어야 하는 상황이 되었는데 자카르타에 있는 동안 하나님 안에서 친구들을 잘 이끌고 '헌신'할 수 있도록 해야겠다.

　숙소를 나서려는데 숙소 직원 분들이 단체 사진과 숙소 홍보영상을 요청하셨다. 설레는 마음으로 다음 도시인 '자카르타'로 가는 비행기를 탔는데 무려 화산 폭발로 인해 비행기가 연착됐다.

　2~3시간 정도 연착될 줄 알았는데 다음 날 아침까지 연착되었다고 해서 하루 동안 공항에서 노숙해야 할 상황에 놓였다. 게다가 솔이가 많이 아파서 공항 의무실에 누워 있었다. 숙소도 예약해 둬서 돈을 그대로 날릴까봐 걱정했는데 다행히 숙소 주인 분이 예약을 하루 미뤄주셨다.

　자카르타는 내가 담당한 도시라서 미리 준비도 많이 하고, 긴장한 상태였는데 예상치 못한 큰일이 발생하는 바람에 정신없는 하루를 보내게 되었다. 그렇지만 숙소

예약도 추가금 없이 미뤘고, 노숙했던 공간도 생각보다 편해서 감사한 마음을 잃지 않을 수 있었다.

• 하민이의 묵상과 여행

몸과 마음을 다해 주님을 믿어야 하는 것인데, 내가 살아가는 하루 전부를 주님만 생각해도 모자란데 잠시 묵상하는 10분 동안만 말씀에 집중하고 그 시간에만 그리스도인인 것처럼 행동한다. 이런 내 모습을 '회개'하고 '삶이 예배'가 될 수 있도록 항상 기억하며 살자.

파당에서 '자카르타'로 넘어가기 위해 파당 공항으로 출발했다. 오랫동안 차를 타고 공항에 도착해 체크인을 마치고 비행기까지 무사히 탑승해서 출발하기를 기다리고 있었는데, 안내 방송이 나오더니 다른 승객들이 하나둘 짐을 챙겨서 다시 비행기 밖으로 나가기 시작했다. 인도네시아어로 하는 방송을 알아듣지 못한 우리는 어리둥절해하며 상황 파악을 하고 있었는데 승무원 분이 안내해 주셨고, 목적지 근처에 있는 화산이 폭발해서 비행기가 뜰 수 없다고 말씀해 주셨다. 서둘러 짐을 챙기고 밖으로 나가 제대로 상황 파악을 하기 위해 승무원들과 이야기해 보았는데 비행기는 언제 뜰지 알 수 없는 상황이라고 하셨다. 그렇게 기한 없이 대기하고 있는데 결국 비행기가 결항되었다는 안내를 듣고 급하게 회의를 했다. 다음날 비행기가 뜨기까지 공항에서 잠을 자자고 결정했고, 우선 저녁 식사를 마친 뒤 다시 공항으로 들어가려는데 공항 직원들의 저지가 있었다. 또 무슨 일인가하여 들어보니 공항이 8시에 닫는다고 했고, 우리가 공항에 다시 들어가려고 했던 시간은 공항 마감 약 1시간 전이었다. 그래도

공항에 들어가 있을 수 있다는 직원의 말에 다시 공항으로 들어갔다. 그런데 또 공항 직원은 우리에게 8시가 되면 공항에서 나가야 한다고 했고, 이전에 대화에서 소통에 오류가 있었다는 걸 깨달았다. 이야기를 듣고 당황한 우리는 가장 먼저 잠을 잘 수 있을 만한 공간을 찾으러 다녔다. 최악의 상황은 공항 밖에서 노숙을 하는 일이 있을 수도 있겠다는 생각까지 염두에 두고 장소를 보러 다녔다. 그런데 솔이가 컨디션이 좋지 않아 공항 직원에게 양해를 구해서 공항에서 잠을 잘 수 있는지 부탁을 드렸고, 그 결과 공항에서 잠을 잘 수 있었다.

개방된 곳에서 잠을 자야 했기 때문에 짐을 지키는 불침번이 필요했고, 11~5시까지 한 시간씩 시간을 정했다. 불침번을 설 때 가장 기억에 남는 것은 내 전 타임이었던 요한이와 잠자리가 불편해 잠들지 못한 윤하가 일부 시간 함께했는데 내가 잠에서 깨지도 못해서 정신이 없는 상황이었는데 요한이가 다짜고짜 "나 배고파"라고 말해서 새벽 1시에 셋이 과자를 먹었던 기억이 있다. 정말 변수가 많은 하루였고 '이게 진짜 7인 7색이구나.'라고 생각했던 첫 날이었다.

비행기 결항, 24시간이 아니었던 공항 등 여러 가지 변수가 있어 막막한 하루였지만 사람의 생각으로는 불가능할 것 같다고 생각되는 일도 하나님은 다 하신다는 생각이 들었고, 많은 것을 느낀 감사한 하루였다.

• 윤하의 묵상과 여행

　사람 관계에서는 행위로써 신뢰를 쌓아가고 행동으로 더 잘 보이려고 노력하지만, 하나님과 관계에서는 내가 무엇을 잘하든 못하든 하나님을 믿기만 하면 '구원'을 받는다.

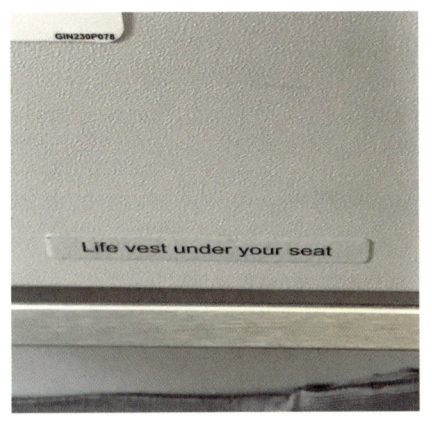

　오늘은 '자카르타'로 이동해야 해서 나갈 준비를 하였다. 호텔 직원 분들이 함께 영상을 찍어달라고 요구하셔서 같이 영상과 사진도 찍고 다 같이 숙소 직원 분들과 인사하고 택시를 타고 공항으로 이동하였다.

　공항에 도착해 우리는 체크인을 하고 비행기에 탑승까지 했는데 승무원 분들이 갑자기 다 나가라고 하셨다. 알고 보니 화산이 폭발해 자카르타로 이동할 수 없다고 하였다. 어쩔 수 없이 우리는 내일 다시 비행기를 타야 했고, 친구들과 고민 끝에 공항에서 자기로 결정하였다.

　식사를 하기 위해서 공항에 있는 음식점으로 이동하였고 애들이 많이 지쳐있어서 많이 시켜서 먹었다. 원래는 8시에 공항에서 나가야 하는데 직원 분들께 부탁을 해 다행히 공항 안에서 잘 수 있게 되었다. 살면서 한 번도 공항에서 자본 적이 없는데 씻지는 못했지만 그래도 열악한 상황이 아닌 공항에서 잘 수 있음에 감사했다.

2024-01-20 (토) / 로마서 11장 1~24절

에어비엔비에서 고기파티!

• **솔이의 묵상과 여행**

이방인들은 역설적으로 이스라엘 백성의 죄로 인해 구원의 은혜를 얻게 되었다. 유대인들은 그들의 조상에게 한 약속으로 인해 은혜를 얻게 되었다. 이러한 하나님의 은혜는 유대인에게나 이방인에게나 동일하게 '행위가 아닌 은혜'로 된 것이다.

오늘 말씀에선 이러한 사실에 자만하기보다는 감사하는 마음을 가지라고 한다. 오늘 삶의 키워드는 '감사'로 하고, 항상 감사하는 마음으로 살아야겠다. 지금 좀 감사하기 어려운 상황인데 그럼에도 감사하자.

비행기를 타고 '자카르타'로 이동해서 숙소에 도착했다. 이번 숙소는 기존 숙소들과는 다르게 에어비앤비를 통해 작은 아파트 한 채를 빌렸다. 아파트는 나쁘지 않았지만, 4~5인용 집에서 9명이 지내니 북적북적 붐비는 느낌도 들었다. 숙소 옆에는 판자촌이 있었는데, 그에 반해 우리 숙소는 수영장이 딸린 아파트여서 빈부격차가 실감이 났다.

숙소를 나와서는 쇼핑몰을 가서 구경도 하고 장을 봤다. (쇼핑몰 이름은 기억이 안 난다.) 쇼핑몰은 고급진 분위기였는데 안에 파리바게뜨가 있었다. 파리바게뜨 가격은 한국이랑 비슷하거나 약간 싼 것 같았지만 현지 물가를 감안했을 땐 비싼 편이었다. 그리고 쇼핑몰 안에서 자꾸 한국 노래들이 나왔다. 그리고 삼성 매장도 있었다. 진짜 한

국 쇼핑몰이라고 해도 믿을 것 같았다. 우리는 밥을 먹고 구경을 하다가 지하 1층으로 가서 장을 봤다.

식품관에서는 한국 음식들을 많이 팔았다. 비비고, 라면, 참치캔 등등.. 한국이랑 똑같았다. 우리는 라면과 햇반, 고기를 구입했다.

숙소로 돌아와서는 저녁을 먹기 전에 수영을 했다. 물론 다 한 건 아니고 나랑 은지 언니, 다별 선배, 여행 쌤은 안 했다. 나는 원래 수영을 하고 싶었지만 24시간 전에는 쓰러졌었기 때문에 컨디션 조절이 필요해서 수영을 하지 않았다. 숙소 안에서는 다별 선배가 축구 아시안컵을 보기 위해 여러 방법을 알아보고 있었다. 한국과 말레이시아가 축구 경기를 했는데 우리가 만약에 지금 말레이시아에 있었다면 적진(?)에서의 외로운 싸움을 했을 것이다 ㅋㅋㅋ 다별 선배가 축구를 보기 위해 노력했지만 인도네시아에서는 쿠팡플레이가 되지 않았고, 현지에서 직접 중계되지도 않아서 결국 네이버 채팅방으로 아시안게임 결과를 확인했다.

그러던 중 수영하던 선배들이 도착을 했고 저녁을 먹었다. 저녁으로는 삼겹살과 밥, 쌈장 등으로 고기 파티를 했다. 다들 오랜만에 한국 음식으로 배부르게 먹었지만, 나는 몸이 안 좋고, 먹었다가 또 토하고 쓰러질까봐 망설여졌다. 그래서 몇 젓가락 먹지 못하고 방에 먼저 들어가서 쉬었다. 더 먹고 싶었지만 속이 울렁거려서 먹지 못해 아쉬웠다.

• 태헌이의 묵상과 여행

힘든 상황일지라도 하나님께서 나를 위해서 누군가를 남겨두셨을 것을 생각하니까 큰 위안이 되었다. 그리고 동시에 내가 누군가를 위해서 그런 사람이 되어야겠다는 생각도 하게 되었다.

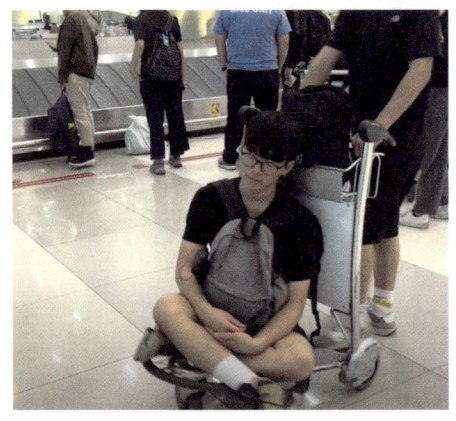

새벽 2시부터 3시까지가 내 불침번 시간이었다. 여행 쌤이 "군대에서는 가장 노련한 사람이 그 시간대에 불침번을 선다."는 말씀을 하셨다. 내가 그때 당시에 가장 컨디션이 좋았기 때문에 이 시간대에 자원했다. 여행 와서 음식도 잘 맞았고, 크게 아프지 않았고, 체력 문제도 없었던 것이 너무 감사했다. 체력 관리도 잘해두었지만 운도 좋았던 것 같다. 여행을 오면 언제 어디서나, 누구나 예상치 못한 순간에 아플 수 있기 때문에 건강하다는 것 자체에 감사하다.

모두가 불침번을 마친 뒤 아침이 되었고, 우리는 다시 체크인을 했다. 이번에는 무사히 비행기를 타고 '자카르타'에 도착했다. 공항에서 택시를 타고 좀 더 이동해서 숙소에 도착했다. 자카르타는 교통체증이 상당히 심하므로 거리가 멀지 않더라도 이동하는 데 꽤 많은 시간이 소요되었다.

숙소는 에어비앤비를 통해서 집을 대여했다. 9명이 쓰기에는 조금 좁긴 했지만 굉장히 시원하고, 벌레도 없고, 쾌적했기 때문에 충분히 만족스러웠다. 한국 아파트와 매우 흡사했다. 또한 숙소에 수영장도 딸려 있었기 때문에 수영도 할 수 있었다. 만약 한국이었다면 이런 숙소를 이 정도 가격으로 구하는 것은 불가능했을 것이다. 이

런 부분이 말레이 제도 여행의 특권 중 하나일 것이다.

　숙소에서 조금 쉬고 점심을 먹으러 쇼핑몰로 이동했다. 점심으로 일식 라멘을 먹었다. 너무 맛있었지만 양이 너무 적어서 점심으로 충분하지 않았다. 또한 지금까지 여행을 하면서 최대한 비용을 아끼기 위해서 노력해 왔기 때문에 거의 배불리 먹은 날이 없었다. 하지만 이렇게 지속할 수 없었기 때문에 오늘 저녁에는 지출이 조금 있더라도 고기 파티하자는 의견이 나왔다. 우리 모두 동의했고 쇼핑몰 지하에 있는 식료품 마트에서 장을 보기로 했다. 고기, 채소, 밥, 라면, 과일, 음료수 등을 충분하게 사서 숙소로 복귀했다.

　숙소에 도착했는데 저녁을 먹기 이른 시간이어서 숙소에 마련된 수영장에서 수영을 좀 즐겼다. 1시간 정도 수영을 하고 고기를 구워 먹었다. 고기를 굽는 중에 정전이 되는 일도 있었고, 전자레인지가 작동하지 않아서 불편했던 것도 있었지만 그런데도 이 순간이 너무 행복했다. 배불리 먹을 수 있다는 것 자체도 좋았지만, 한동안 먹지 못했던 고기를 먹을 수 있었다는 것이 너무 행복했다. 후식으로 여행 쌤이 끓여주신 라면까지 먹은 후에 가위바위보를 통해서 정리 당번을 정하기로 했다. 설거지 당번을 뽑는데 내가 걸렸다. 설거지를 많이 안 해봤고 별로 안 좋아하지만, 오늘 같은 날이면 한 번쯤 해도 괜찮다.

• 은지의 묵상과 여행

찬양 가사가 와 닿았다. "주의 부르심에는 후회하심이 없네. 내가 이곳에 선 것도 모두 주의 뜻이니" 주님께서 나를 부르신 것에 후회가 없다는 말이 정말 큰 위로가 되었다. 그리고 오늘 말씀에서 엘리야의 외침을 보면서 나도 어떻게 해야 할지 모를 때 하나님을 더욱 찾고 싶다는 생각이 들었다. 칠천 명을 예비해 두셨다는 하나님의 큰 계획을 믿자. 내가 지금 가는 이 길이 어디로 향하는 것인지 알 수 없지만, '하나님의 큰 계획과 예비하심'을 믿어야겠다.

공항에서 노숙을 했는데도 불구하고 생각보다 컨디션이 좋았다. 생각보다 공항 의자도 편안했고, 다른 애들이 불침번 해준 덕분에 꿀잠을 잘 수 있었다. 너무 고마웠다. (하루 종일 솔이를 돌보느라 고생했다고 나를 불침번에서 면제해 주었다.)

공항에서 자꾸 "브라디언, 브라디언." 하는 소리가 안내 방송이 들렸다. 자꾸 모든 안내 방송을 시작할 때마다 이 말을 반복해서 너무 웃겼다. 알고 보니 '집중하세요'라는 뜻이었다! ㅋㅋㅋㅋ

비행기를 타고 '자카르타'에 도착했다. 우린 백화점에 왔는데, 벌써 백화점만 4번째였다. (상하이, 싱가포르, 쿠알라룸푸르, 자카르타) 이건 배낭여행이 아니라 백화점 투어다! 그리고 오늘 고기 파티하기 위해 신나게 고기, 라면 쇼핑을 했다. MT 하는 느낌이었다. 고기 파티할 생각에 너무 신나서 쇼핑할 때도 방방 뛰어다녔다ㅋㅋㅋㅋ 오늘 저녁은 고기다!! 평소와 다르게 가격도 안 보고 먹고 싶은 만큼 마구 담았더니 15만 원이 나왔다. ㅋㅋㅋㅋ 다들 되게 행복해 보였다. 공항에서 노숙하고… 하루 종일 걷고… 그동안 고생했던 기억들이 스쳐 지나갔다. 숙소에서 고기 파티하는 게 너무 재밌어서 '함께한다는 게 이런 거구나'라고 느꼈다. 중간에 정전이 되어서 순간 시꺼메졌다. 뭐야! ㅋㅋㅋ 다 같이 웃음을 터트렸다. 그리고 나눔 중간에 다시 불이 켜

졌다. 그냥 모두 함께여서 너무 즐거웠다. 설거지 당번을 정하는데 엄청난 긴장감이 느껴졌다. 다행히(?) 김태헌이 당첨되었다.ㅋㅋㅋㅋㅋ 그리고 내일모레 족자카르타에 가야 해서(나의 담당 도시) 내일 아침에 기차표를 끊으러 기차역에 가야 했다. 그렇게 누구랑 같이 갔다 올지 정하는데, 모두가 내 눈을 피했다!ㅋㅋㅋ 다별 선배, 요한, 윤하 당첨!

숙소가 아파트 가정집 같은 곳이어서 마치 한 가족이 된 것 같은 느낌이었다. 수다 떠는 것도 넘 재밌고 다별 선배가 축구 경기 어떻게든 보고 싶어서 문자중계를 실시간으로 보고 있는 것도 너무 웃겼다!! 오늘은 사모시르, 파당 이후로 세 번째 최고의 하루였다!

• **현서의 묵상과 여행**

나는 모태신앙이기에 어렸을 때부터 하나님을 믿어왔다. 그러나 하나님을 믿지 않는 사람들도 있고, 비교적 늦게 하나님을 믿은 사람들 또한 많다. 이 때문에 교만한 마음을 품을 때가 있었고, 하나님께서 그럴 때마다 나를 여러 번 넘어뜨리신 적이 있었다. 그럼에도 아직까지 교만한 마음을 품을 때가 많았다. 그렇기에 오늘 하루 무언가를 해내거나 좋은 일이 생겼을 때 '가장 먼저 하나님께 감사'하는 삶을 살아보자.

불침번 이후 6시까지 진짜 푹 잤다. 긴 의자에서 누워서 잤지만, 만약 누가 나를 깨우지 않았다면 더 잤을 정도로 깊게 잤다. 공항 게이트가 열린 후 가장 먼저 체크인을 하고, 기다리는 동안 이번에는 제발 비행기가 뜨길 바라며 비행기에 탑승했다. 다행히 이번에는 무사히 '자카르타'에 도착할 수 있었고, 공항에서 바로 요한이가 예약한 숙소 쪽으로 이동했다.

조사 기간에 이 숙소에 대해서 이미 거론이 되었었고, 그때 당시에 보았던 사진으로서의 숙소의 퀄리티는 수준 이상이었다. 지금까지 사진과 진짜 숙소의 모습은 확연히 달랐기에 그렇게 큰 기대를 하지 않고 있었다. 그러나 막상 도착했을 때 이번엔 뭔가 다르다는 것을 느꼈다. 가정집 같이 큰 집에서 다 같이 묵는 형식이었는데, 역대 묵었던 숙소 중 세 손가락에 들어갈 정도의 퀄리티였다.

각자 방 배정 후에 근처에 있는 쇼핑몰에 방문하였다. 식당가에서 그래도 저렴한 식당에서 각

자 음식을 먹었지만, 나를 포함한 남자들이 대부분 배고파서, 여행 쌤께서 지하에 있는 마트에서 고기를 사서 숙소에서 구워 먹는 게 어떻겠냐는 의견을 주셨다. 정말 좋은 의견이라고 생각하고 다 같이 마트에서 장을 보았다. 숙소로 돌아와서는 몇몇 애들과 함께 바로 앞에 있는 수영장에서 같이 놀았다. 야외에 있는 수영장에서 밤에 수영을 한 것은 처음이었는데, 이쪽이 더 재밌었던 것 같다. 이후 고기를 다 같이 구워 먹었고, 그때 망고스틴도 처음 먹어보았는데, 생각보다 괜찮았다. 이후에는 저녁 나눔을 마치고, 씻고 거의 바로 자게 되었다.

하루를 전체적으로 보면 파당에서 겪었던 여러 가지 어려움들에 비해 자카르타에서는 환경도 좋고, 일정에 차질이 없었기에, 그동안의 어려움들을 보상받는 기분이었다. 메단 이후에 가장 좋은 숙소에서 2박 3일 동안 머물 수 있다는 사실 자체가 힐링이었다.

• 요한이의 묵상과 여행

하나님은 우리의 능력이나 과거나 외모 같은 것들을 보지 않으신다. 그런 것들과는 상관없이 우리를 쓰신다. 하지만 사람들은 능력이나 과거나 외모 같은 것들을 중요하게 생각하기 때문에 오늘 하루의 다짐은 '모두를 평등하게' 대해주고 각자를 이해해 보려고 한다.

드디어 성공적으로 '자카르타'에 도착했다. 숙소에 도착했는데 아파트가 너무 고급져서 놀랐다. 내부는 생각보다 좁긴 했지만 아늑하고, 주방도 있고, 정말 좋은 숙소라 안심됐다. 특히 침대가 너무 편했다. 1층 야외에는 좋은 수영장도 있었다.

점심시간을 많이 넘겨 배고픈 상태로 대형 쇼핑몰에 갔다. 다들 컨디션이 내려간 상태였는데 라멘을 먹고 후식으로 버거킹에서 아이스크림까지 먹으니 바로 회복됐다. 쇼핑몰 지하에는 대형마트가 있어서 오늘 저녁은 고기를 사서 구워 먹기로 했다.

삼겹살과 김치, 라면도 사고, 망고스틴과 스타프루트도 샀다. 수영장에서 물놀이를 하고 나서 고기랑 김치를 구워 먹으니 너무 행복했다. 오랜만에 한식을 먹어서 특히 더 맛있었고 개인적으로는 이때가 여행하는 동안 가장 행복한 순간이었다. 후식

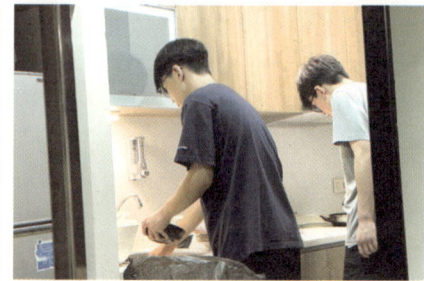

으로는 과일을 먹었는데 망고스틴은 맛있었지만 기대하고 산 스타프루트는 떫고 맛없어서 실망이었다.

바로 전까지만 해도 열악하고 힘든 상황이었던 만큼 내가 계획한 자카르타에서만큼은 최대한 쾌적하고 편하게 여행시켜 주고 싶었다. 오늘 하루를 즐겁고 호화롭게 보내면서 그 바람이 어느 정도 이루어진 것 같아 정말 다행이다.

• **하민이의 묵상과 여행**

태어나보니 기독교인 집안이었고 덕분에 어렸을 때부터 교회에 다니고 믿음을 키워갈 수 있었다. 만약 내가 모태신앙이 아니었다면 지금처럼 하나님을 믿을 수 있을까? 내가 태어나기 전부터 나를 선택하셔서 지금까지 걸어왔던 모든 길을 은혜 속에 거하게 하신 주님께 감사하고, 나를 사용하실 때를 기대하고 주님이 나를 사용하실 때까지 잘 '연단'되고 '훈련'됐으면 좋겠다.

5시에 공항 기상, 다시 체크인을 마치고 빵으로 간단하게 아침 식사를 한 뒤 비행기를 타고 '자카르타'로 갔다. 자카르타 공항에 도착해서 애들과 가장 먼저 한 말은 "와 역시 수도라서 공항이 진짜 좋다."라는 감탄이었다. 이전에 들렸던 공항들과는 확연히 다르게 깔끔했고 좋았다.

에어비앤비 숙소로 가서 쉬는 시간을 가지고 근처에 있는 쇼핑몰로 가서 점심 식사를 하고, 마트로 내려가서 쇼핑 시간을 가졌다. 각자 개인이 살 물건을 구경하다 에어비앤비 숙소였기 때문에 직접 요리를 해 먹을 수 있어서 저녁에 먹을 음식도 함께 구매했다. 직접 과일, 고기 등 먹을 것들을 고르고, 다시 숙소로 돌아와서 저녁 먹기 전까지 자유 시간을 가졌다. 친구들과 숙소 앞에 있는 수영장에서 수영을 하고 들어와 직접 저녁을 차렸다. 모든 방과 거실에 불을 켜두고, 에어컨을 작동시켜 놓고, 식사를 하면서 동시에 인덕션으로 조리까지 함께하

고 있었던 탓에 밥을 먹는 와중 숙소 전체의 불이 다운되었고, 순간 암흑이 되었다. 그래서 각자 핸드폰으로 플래시를 켜고 그 빛을 이용해 식사를 하면서 숙소 담당자에게 서둘러 연락해 전력이 복구되기까지 핸드폰 불빛에 의지하며 식사를 했다. 여행 쌤의 섬김으로 직접 구워주신 고기를 맛있게 먹고 식사를 잘 마무리했다. 이후 설거지로 식탁 정리와 설거지 당번을 정했고, 이날 4년간 함께 지내며 태헌이가 설거지하는 모습을 처음 볼 수 있었다.

• 윤하의 묵상과 여행

오늘은 하나님이 '거저 주신 은혜'에 대해 생각해 보았다. 우리는 하나님께 값진 은혜를 받았는데 자꾸만 그것을 잊으며 살아간다. 특히 난 남보다 내가 먼저이고, 사랑하기보다는 미워하고, 이기적이고, 욕심이 많다. 이런 연약한 모습을 하나님 앞에서 내려놓고 결심한대로 사는 내가 되고 싶다.

공항에서 아침을 맞이해 체크인을 하고 바로 비행기에 탑승하러 이동하였다. 드디어 비행기를 타고 파당에서 '자카르타'로 도착하여 짐을 챙기고 택시를 잡아 요한이가 예약한 숙소로 이동하였다.

생각보다 숙소가 너무 좋고 편해서 다행이었고, 씻고 짐을 정리한 뒤 백화점으로 이동하여 조금 늦은 점심을 먹었다. 밥을 먹은 뒤 오락실도 구경하고 저녁 먹을 재료들을 사서 밑에 지하 푸드 코트로 가서 장을 보았다. 장을 본 뒤 숙소로 돌아가 밥 먹기 전까지 애들이랑 숙소 앞에 있는 수영장에서 놀았다. 고생한 뒤 오랜만에 편하게 즐기면서 놀 수 있어서 좋았다.

수영을 하고 씻은 뒤 우리는 삼겹살을 구워 먹기로 하여 친구들과 같이 야채를 씻고, 고기를 구웠다. 갑자기 정전이 되어 당황했지만 금방 불이 들어왔고 다 같이 맛있게 저녁을 먹었다. 그리고 태어나서 처음 먹어보는 망고스틴과 스타프루트를 먹었는데 망고스틴이 정말 맛있었다.

다 같이 파당에서부터 의도치 않게 고생을 많이 해서 걱정이 많이 되었는데, 자카르타에 와서 편하고 좋은 곳에서 푹 쉴 수 있어서 감사했다.

2024-01-21 (주일) / 로마서 11장 25~36절
자카르타에서 또 하나의 추억

- **솔이의 묵상과 여행**

　하나님은 이방인과 이스라엘인 모두를 평등한 백성으로 생각했다. 그리고 각자의 행위, 출신 등이 다름에도 불구하고 하나님이 죄에서 우리를 자유케 해주셨다. 이러한 내용을 읽다 보니 내가 대단한 업적을 이루지 않더라도 '하나님이 나를 사랑한다'는 사실을 느꼈다. 내가 몸이 아파서 평소에는 자연스럽게 하던 행동들을 잘하지 못할 때 무기력함을 느꼈다. 그런데 내가 무기력한 상황에서도 하나님이 나를 사랑하시니 무기력함에 빠져 살지 않고 금방 벗어날 수 있을 것 같다.

　어제 분명히 잠깐 쉬려고 누워 있었는데 눈을 떠보니 다음 날 아침이었다. 너무 피곤해서 깜빡 잠이 들었던 것 같다. 일어나서 아침으로는 라면을 먹었다. 선배들이 아침 준비부터 전날 저녁 설거지까지 다 하셔서 나도 무언가를 하고 싶었다. 그래서 아침을 먹고 설거지를 했다.

　오늘은 '자카르타'에 있는 '이스티크랄 이슬람 사원'과 그 맞은편에 있는 '자카르타 대성당'을 가서 둘러보았다. 이슬람 사원 건너편에 성당이 있는 게 신기했다. 그리고 오늘은 쇼핑몰들을 많이 갔다.

　쇼핑몰을 둘러보던 중 액세서리와 완구를 파는 가게가 있었다. 가게 안에 들어가니 직원들이 한국 사람이냐고 물어보았고, 그렇다고 하자 직원들이 K-POP 팬이라고 좋아하였다. 특히 그중에서는 BTS 슈가의 팬이 있었는데, 나도 BTS를 좋아하기 때문에 서로 아미(BTS 팬덤)여서 대화가 잘 통했다. 심지어 슈가 팬분은 슈가 이야기를

하면서 "He is my boyfriend!" 라고 했다. 그리고 가게 내부에 슈가의 사진이 붙어있었는데, 사진 위에 'My love'라고 쓰여 있었다. 이 정도면 찐 팬이다.

함께 셀카도 찍고, 인스타 아이디도 공유하였다. 같이 셀카를 찍을 땐 무슨 연예인이 된 듯한 기분이었다. 진짜 한국 문화가 인기가 많은 게 느껴졌다. 그리고 같은 문화를 공유하면 초면이어도 심리적 거리감이 줄어들고 편안하게 대화할 수 있는 걸 느꼈고, 문화의 힘을 체감하였다. 전에 해외 여러 나라들을 가보았을 때도 K-POP 팬, 특히 아미가 꼭 있었는데 아미들끼리는 국적이 다르더라도 통하는 게 있다.

다음 쇼핑몰로는 '그랜드 인도네시아 몰'을 갔다. 자카르타에서 제일 큰 쇼핑몰이라고 하는데 우리는 주로 지하 1층 식품관을 둘러보았다. 내일 족자카르타로 이동할 때 기차 안에서 먹을 아침을 사고, 각자 쇼핑을 했다. 그리고 나는 한국에 수입되지 않은 브랜드의 그래놀라와 엘립스 헤어오일, 자몽 맛 멘토스를 샀다.

인도네시아 몰에는 한국 제품들도 많았다. 그리고 콜드브루 커피 모델이 BTS였는데, 그 커피가 엄청 많았다. 여기 사람들은 한국 사람들보다 BTS를 더 좋아하는 것 같다. 아미로서 뿌듯했다. 그리고 송강, 정국 등 한국 연예인이 모델인 경우도 많아서 자랑스러웠다.

• **태헌이의 묵상과 여행**

　여행을 하면서 계획대로 안 되고 힘든 순간이 오더라도 '내가 알지 못하는 하나님의 계획'이 있다는 점을 잊지 말고 살아가야겠다. 그러므로 오늘 하루 동안 계획이 틀어져도 낙담하지 않겠다.

　오전 11시에 늦게 기상했다. 오늘이 일요일이기 때문에 주말과 같은 의미에서 오늘은 충분히 쉬기로 결정했기 때문이다. 거의 10~11시간 동안 숙면을 취했다.

　일어나서 가장 먼저 점심 먹을 준비를 했다. 나와 현서, 하민이, 솔, 여행 쌤은 기차표를 알아보러 가지 않았기 때문에 숙소에서 라면을 끓여 먹었다. 내가 끓였지만 좀 잘 끓였다.

　점심을 먹고 나서 인도네시아에서 가장 크다는 '이슬람 사원'을 방문했다. 이슬람 사원은 남성의 경우에는 괜찮지만, 여성은 온몸이 보이지 않게 덮어야 출입할 수 있다. 그래서 옷을 빌려서 사원 내부에 들어가 볼 계획이었다. 하지만 예약을 하고 이슬람 사원 맞은편에 있던 성당에 다녀오는 사이에 사원 관계자가 우리를 버리고 가버려서 이슬람 사원 내부로 들어갈 수는 없었다. 그래서 어쩔 수 없이 이슬람 내부에 들어가지는 못했다.

　선물을 사기 위해서 택시를 타고 쇼핑몰로 향했다. 하지만 쇼핑몰이 생각보다 작아서 살 게 없었고, 저녁만 먹고 다른 쇼핑몰로 이

동했다. 이동한 쇼핑몰은 인도네시아에서 가장 큰 쇼핑몰이었다. 온갖 명품들이 있었지만, 돈이 없었기 때문에 구경만 했다. 나는 그곳에서 친구들에게 선물할 초콜릿을 사고 귀가했다. 내일 일정은 새벽부터 시작되기 때문에 오늘 일정은 이것으로 마무리했다.

• 은지의 묵상과 여행

　나의 부족함을 채워주시는 하나님. 앞으로 진행이나 상황들에 대해 나의 부족한 부분이 많을 텐데, 하나님의 채워주심을 믿고 나아가자. 또한 서로의 부족함이 모여서 '채워짐'을 경험하자.

　오늘 아침에 냉장고에 있는 큰 사이다 콜라 등을 정리하다 그만 냉장고 선반을 부숴버렸다..!! ㅋㅋㅋㅋ 세상에. (나중에 연락이 와서 2만 5천원 정도를 추가 지불했다.) 어제 고기를 다 먹었는데 너무 배고파서 상추(같이 생긴 것)를 쌈장에 찍어 먹었다. 그것도 너무 맛있었다.

　어제 가기로 한 감비르 기차역에 갔다. 시간을 찾아보는데 새벽 5시 50분 거가 제일 가격이 쌌다. 1인당 4만 8천 원이었고, 좀 괜찮은 시간대는 싹 다 10만 원이 넘어갔다. 그래서 어쩔 수 없이 5시 50분 기차표를 끊기로 결정하고 여행 쌤 카드로 결제를 했다. 근데 카드 결제 기계가 잘 작동을 안 해서 10분 넘게 기다려서 겨우 결제가 되었다. 표 예매하는 게 생각보다 오래 걸리고 번거로워서 피곤했다.

　그렇게 숙소로 돌아온 뒤, 우리는 '이슬람 사원과 성당'을 보러 갔다. 성당이 정말 거대했고, 안에는 예수님상, 마리아상들이 있었다. 기독교와 천주교의 가장 큰 차이점은 성모마리아 신격화다. 종교가 뭐길래 이렇게 다 다른 걸까? 신은 분명 하난데 너무

많다. 인간의 뇌로 신을 이해할 수 있기는 할까? 그리고 또다시 백화점에 갔다. 인형 파는 데도 구경하고 푸드코트도 여기저기 돌아다녔다. 그리고 다시 숙소로 왔다. 숙소가 좀 좁긴 해도 옹기종기 모여 있으니 너무 재밌었다. 다별 선배가 산 간식을 같이 마구 먹었다. 짜긴 해도 맛있었다.

• **현서의 묵상과 여행**

우리는 한 치 앞도 내다보지 못하는 이들이지만 항상 상황을 자기 나름대로 해결하려 하거나 판단하려 한다. 오늘 하루, 지금까지 어려운 일은 항상 있었지만, 그것을 하나님께 바로 내어드린 적은 없다. 답이 없어 보이고 힘들 때 '즉시' 하나님께 도움을 요청해 보자.

'자카르타'에서의 두 번째 날이 밝았다. 역대 가장 좋았던 숙소답게 잠자리가 너무 편해서 제시간에 못 일어날 뻔했다. 아침은 어제 사놓은 게 없어서 라면 몇 개가 남아 있길래 다 같이 끓여 먹는 것으로 해결하였다.

오늘의 일정은 '이슬람 사원'에 방문하는 것이다. 사원의 천장 디자인이 굉장히 특이해서 가보고 싶었던 곳 중에 하나였다. 도착했을 때는 꽤 유명한 사원인지 입구부터 장사하는 사람들이 매우 많았다. 입구 밖에서부터 사원 건물이 보였는데 상상 이상으로 엄청나게 컸다. 이 사원은 그냥 입장하는 것이 아닌 방문 등록을 해야 했는데, 1시간 기준으로 돌아가면서 탐방하는 방식이라 한 30분 정도 기다려야 했었다. 시간이 좀 있었기에 근처에 있는 '성당'에 방문하였는데, 디자인이나 분위기가 모두 새로웠다. 사실 가장 좋았던 것은 내부가 시원하다는 것이었다. 이후 시간이 거의 다 되자 다시 등록했던 곳으로 가보았는데, 사람들이 미리 가고 나서 없다는 것이었다.. 가이드가 분명 3시까지 다시 돌아오면 된다고 말하였고, 2시 50분에 도착했지만 미리 갔다고 하니 어이가 없었다. 1시간을 더 기다릴 순 없었기에, 어쩔 수 없이 다음 장소로 움직였다.

자카르타의 마지막 일정으로 갔던 곳은 두 곳의 쇼핑몰이었다. 첫 번째 쇼핑몰은

적당한 규모의 쇼핑몰이었는데, 그러나 무언가 선물을 사기에는 마땅하지 않아서, 조금 더 큰 쇼핑몰에서 사기로 하였고, 이곳에서는 저녁만 먹기로 하였다. 두 번째로 간 곳은 아시아에서 가장 큰 몰이라고 한다. 겉에서 본 건물의 크기나 그 내부의 규모나 둘 다 굉장히 거대했다. 다 같이 지하에 있는 대형 마트에서 내일 먹을 아침과 사 갈 선물을 고르기로 하였고, 이때 용돈의 3분의 2 정도를 선물 사는 데에 쓰게 되었다. 느낌상으로 마트에서 보낸 일정이 오늘 일정 중 가장 오래 걸렸던 것 같았다.

자카르타에서의 생활을 돌아보면 이곳에서의 일정은 나에게 굉장한 쉼이 되었다.

다른 도시들에 비해 생활하기 편했고, 숙소도 편했고, 전체적인 도시의 시스템이 다른 지역들보다 훨씬 잘 갖추어 있었기 때문이었다. 이제 7인 7색의 막바지에 다다르고 발리에서의 일정도 가까워지고 있으므로 전체적으로 긴장보다는 더 기대되고, 더 편해지기도 하였다.

• 요한이의 묵상과 여행

　하나님의 지혜는 우리가 이해하거나 예상할 수 없어서 우리에게 예상치 못한 어려운 일이 일어날 때도 있지만 그것을 통해서 항상 하시는 일이 있다는 것을 이번 여행에서 특히 많이 느꼈다. 오늘 하루 동안 아마 예상치 못한 크고 작은 일을 또 겪게 될 텐데 그럴 때마다 하나님을 생각하고 그 상황을 통해서 하나님이 주시는 것에 '감사'하겠다.

　나와 윤하, 은지, 다별 선배는 아침 일찍 기차를 예약하고 왔다. 오늘은 주일이라 일부러 일정을 늦게 시작해서 나머지 친구들은 늦잠을 잘 수 있게 해주었다.
　점심시간이 지난 다음에야 숙소를 나서서 인도네시아 최대 규모의 이슬람 사원인 '이스티크랄 사원'에 방문했다. 사진으로 봤을 때 정말 웅장하고 멋져서 개인적으로 가장 기대했던 곳인데 들어가는 과정이 까다로워서 건물 외부만 볼 수 있었던 게 아쉬웠다. 아쉬운 대로 바로 길 건너에 있던 '자카르타 대성당'에 갔다. 그런데 내부가 정말 멋져서 가보길 잘했다는 생각이 들었다.
　저녁을 먹고 나서 기념품을 사기 위해 인도네시아에서 가장 큰 쇼핑몰에 갔다. 인도네시아에서 가장 큰 만큼 정말 정말 넓고 볼거리가 많았다. 웬만한 한국 음료나 과자, 라면들도 다 있었고 특이한 음식들도 보였다. 한국에 가져가서 선물할 기념품들을 실컷 사고 숙소에 돌아가서 분배했다.
　이렇게 자카르타에서의 일정이 끝났다. 오래전부터 계획하고 준비해 왔던 만큼 자카르타 행 비행기를 타러 공항에 간 순간부터는 책임감이 생겼다. 평소와는 달리 앞

장서서 일들을 해결하기도 하고 일들이 잘 안 풀리면 걱정도 더 됐다. 하지만 다 끝나고 돌아보니 자카르타 안에서 좋은 추억들을 많이 만든 것 같아서 참 감사하다.

• 하민이의 묵상과 여행

　내가 무언가를 받고 만족하지 않거나 불평하여도 하나님께서는 후회하지 않으신다. 하나님께서 나에게 주신 선물이 무엇일지 고민하는 자세를 가져야 한다. 그리고 그 선물을 어떻게 하면 하나님 나라를 위해 잘 사용할 수 있을지 생각하고 실천에 옮길 줄 알아야 한다. 그 선물을 나를 위해서가 아니라 나보다 더 필요한 사람을 위해, 다른 사람들을 위해서 사용하고 싶다. '하나님께서 내게 주신 선물'이 무엇인지 고민하고 찾아보는 하루가 되자.

　택시를 타고 '이슬람 사원과 자카르타 성당'에 방문했다. 자카르타 성당에 들어가 둘러보고 이슬람 사원에 들어가기를 원하는 친구들을 성당에서 기다렸다. 이후 또 다른 쇼핑몰에 갔고 그곳에 있는 한 가게에 들어갔는데 우연히도 한국을 아주 좋아하시는 직원 분들이 계셨고, 마침 가게에서 K-POP이 나왔고, 솔이와 직원 분들이 같이 웃으면서 춤을 췄던 게 인상적이고 재미있었다. 이곳은 신기할 정도로 한국을 좋아하고 생각보다도 한국말을 잘하는 사람들이 많았다. 가는 장소마다 꼭 한 명씩은 있었고 그래서 항상 신기했다.

　쇼핑몰 라멘 집에서 저녁 식사를 했는데 한국의 매운맛이 그리워서 매운 라멘을 시켜 먹었는데 너무너무 매워서 눈물이 나는 맛이었고, 친구들과 한 입씩 나눠 먹으며 다들 한 번씩 체험(?)해 봤다. 정말 스트레스가 풀리는 매운맛이었다. 그리고 또?

싶겠지만 다른 쇼핑몰로 이동해 개인 쇼핑 시간을 가졌다.

　이후 숙소로 돌아가기 전에 현금 인출을 하려고 윤하와 ATM으로 가서 처음으로 인출을 도전해 봤다. 뒤에서 현서와 태헌이가 자꾸 훈수를 둬서 윤하와 큰소리치면서 자신 있게 인출 했는데 우리가 받은 건 10,000루피아(한화 1,000원)짜리 지폐 하나였다. 이후 윤하와 무안하게 한 발짝 뒤로 물러나 애들이 다시 인출 하는 것을 구경했다. 그리고 다음 날 일찍 이동해야 했기에 일찍 잠에 들었다.

• 윤하의 묵상과 여행

하나님께서는 날 지금 이곳에 부르시고 날 계속해서 택하신 것에 후회가 없다고 하시는 말씀이 위로되었다. 나는 내 자신을 믿지 못해 자꾸만 죄의 길로 가고 잘못된 판단을 해 지금도 이 순간도 내가 잘못하고 있다고 생각하며 자책을 많이 하는데, 하나님이 그럼에도 나와 함께 하시는 것을 '후회하지 않는다'라고 말씀하시는 것 같아 감사했다.

아침에 일찍 일어나 요한이와 다별 선배, 은지와 함께 기차표를 예매하러 갔다. 기차표를 예매하는 데에 번거로움이 있었지만 다별 선배와 은지가 잘 예매해 주었다.

그동안 친구들은 낮잠을 자고 우리 다시 숙소로 돌아왔을 때 같이 점심을 먹고 택시를 잡아 '이스티크랄 사원'으로 이동하였다. 생각보다 사원이 정말 엄청 커서 놀랐다. 하지만 사원에 들어갈 수 없는 상황이 되어 사원 바로 앞 '자카르타 성당'에 들어갔다. 성당이 정말 예뻤는데 너무 피곤한 나머지 시원한 성당에서 졸며 쪽잠을 잤다.

성당에 나와 어제 갔던 곳과는 다른 백화점으로 이동하여 구경하고 그곳에서 저녁을 먹는데 오랜만에 정말 매운 음식을 먹어서 행복했다. 이 백화점에는 볼 수 있는 것들이 많지 않아서 더 큰 백화점으로 이동하였다. 그곳에서 친구들에게 줄 선물들과 내일 먹을 아침을 사고, 이동하여 숙소에 도착했다.

오늘 하루를 돌아보며 내가 지었던 죄들에 대해 나열해 보고 생각해 보았다. 오늘 하루 안에

서 정말 많은 죄를 지은 나지만 그중에서 판단, 이기심, 욕심이 가장 떠올랐다.

매일 매일 죄를 짓는 연약한 나지만 그럼에도 매일 매일 묵상하고 회개하며 살아가기로 노력하고, 나를 그렇게 하실 하나님을 믿어야겠다고 다짐했다.

2024-01-22 (월) / 로마서 12장

신박한 닭구이와 족자카르타 야시장

• 솔이의 묵상과 여행

그리스도인은 믿음을 실천하며 살아가야 한다. 악까지도 선으로 갚을 만큼 선을 행하는 삶을 살라고 하는데 이는 곧 '이웃을 섬기고 주를 섬기는 삶'이다. 그리고 섬기는 과정에서 각자 주신 은사를 사용하는 것이다. 그 연습으로 우리 안에서 내가 할 수 있는 일은 무엇이 있을까?

오늘은 '족자카르타'로 이동하기 위해 5시 50분에 기차를 탔다. 기차 안에서 묵상하고 아침을 먹었다. 다들 피곤한지 기차 안에서 잠이 들었는데, 나는 바깥 구경이 하고 싶어서 자지 않고 구경하였다. 도심 지역에서는 판자촌들이 많이 보였고, 농촌 지역으로 갈수록 논밭이 보였다. 논밭에서 농부들이 일하다가 새참을 먹기도 하고, 모내기를 하였다. 약간 우리나라의 옛날 농촌 풍경과 비슷해 보였다.

기차를 탄 지 6시간 후 족자카르타에 오고 나서는 짐을 풀고 늦은 점심을 먹었다.

점심으로는 인도네시아식 치킨을 먹었는데, 다리와 날개 등 특정 부위만 튀기는 한국과는 다르게 닭의 머리부터 발끝까지 다 튀겨서 신기했다. 비주얼을 보면 신기하기도 하지만 징그럽다고 여기는 사람도 있어서인지 약간 비주얼 호불호(?)가 갈릴 것 같다. 맛은 약간 짭짤하면서도 맛있었다. 한국 치킨은 양념이 많다면 여기 치킨은 양념은 별로 없는 대신 고기 자체에서 짠맛이 느껴졌다.

점심을 먹고는 숙소에서 쉬었다. 이때 본 노을이 너무 예뻐서 사진으

로 남겨 놓았다. 그다음으로는 '말리오보로 거리'를 갔다. 말리오보로 거리는 족자카르타의 중심 번화가이다. 그래서인지 사람도 많았고 다양한 풍경이 펼쳐졌다. 그중 내 마음을 아프게 하는 풍경도 있었다. 관광객을 상대로 돈을 받고 마차를 태워주는 사람이 있었는데, 이로 인해 말들이 힘들어하는 게 눈에 보였다. 한쪽 다리가 굽어 있어 다친 것으로 보이는 말도 있었고, 마차가 답답한지 고개를 격렬하게 흔들면서 몸부림치는 말도 있었다. 인간의 이익을 위해 동물들이 희생당하는 게 안타까웠다. 그래서 나는 말리오보로 거리에 있는 마차를 타지 않았고, 이러한 동물의 희생이 눈앞에 보여서 마음이 아팠다.

약간의 무거운 마음을 안고 말리오보로 거리를 걸었다. 중간에 기념품 시장이 있어서 안에 들어간 다음, 두 팀으로 나누어 쇼핑을 했다. 나는 친구들에게 줄 선물로 드림캐처를 샀다. 원래는 1개당 한화 2,000원이었으나, 내가 10개를 살 예정이니 할인해달라고 흥정을 해서 1개당 1,400원으로 득템 했다. 내가 이번 여행에서 친구들의 소중함을 깨닫게 되었으니 선물로 줄 것이다. ㅎㅎ

숙소에 도착해 마무리 모임을 하고 일정 관련 회의를 했다. 그러면서 알게 된 문제는 내일 가기로 한 보로부두르 사원의 입장료가 1인당 4만 원에다가 택시비는 왕복 8만 원으로 되게 비싼 것이다. 사실 입장료가 이렇게까지 비쌀 거라곤 예상하지 못했기 때문에 당황했다. 그렇지만 다른 부분에서 잘 아낀다면 보로부두르 사원도 갈 수 있을 것 같다.

• 태헌이의 묵상과 여행

오늘 말씀을 보고 하나님께 받은 능력을 통해서 내 이웃을 섬기는 데 힘써야겠다고 생각하게 되었다. 그러므로 '내가 받은 은사를 우리 공동체를 위해서 써야겠다.'는 묵상을 하였다.

새벽 4시에 기상해서 씻고, 준비를 마쳤다. '족자카르타'로 넘어가기 위해서 새벽 5시쯤 기차역에 도착했다. 다른 시간대에 기차도 있었지만, 이 시간대 기차가 가장 저렴했기 때문에 어쩔 수 없었다. 기차 안에서 어제 사 온 빵으로 아침을 해결했다. 족자카르타에 도착하려면 꽤 시간이 걸리기 때문에 다시 잠을 잤다.

우리는 1시쯤에 족자카르타에 도착했다. 원래 계획은 기차역 주변에서 밥을 먹고 숙소에 가는 것이었으나, 너무 덥고 생각보다 길이 막혀서 숙소로 먼저 출발했다. 숙소가 기본 4인실이었기 때문에 엑스트라 베드를 하나 추가해서 남자방, 여자방으로 사용했다.

로마서 묵상하며 여행하기- 1월 22일 253

　그 후에 점심을 먹으러 출발했다. 점심은 닭 통구이 같은 것이었다. 그래서 닭 머리와 발, 내장 등 모든 것이 나와서 비주얼 상으로는 좀 그랬는데 어쨌든 다른 멀쩡한 부위는 맛있어서 괜찮았다.
　점심을 먹은 뒤 숙소로 돌아와 조금 휴식을 하고, 저녁이 되자 야시장으로 향했다. 길거리에서 공연하는 사람들도 보였고, 말을 타고 다니는 사람들도 있었다. 다른 친구들은 선물 거리를 조금 샀지만 나는 특별히 살 게 없어 보여서 선물을 사지는 않았다. 야시장을 다 둘러본 뒤에는 근처에서 햄버거를 먹었다. 그리고 다시 숙소로 복귀했다. 내일 일정 때문에 논의해야 할 것이 많아서 그리 길게 시간을 보낼 수는 없었다.

• 은지의 묵상과 여행

주님이 원하시는 공동체의 모습은 '비전을 가지고 이웃을 섬기며 사랑하는 것'이다. 7인 7색 공동체가 이런 모습이 될 수 있으면 좋겠다. 나보다 남을 먼저 생각하는 사람이 되자.

새벽 4시에 일어나서 감비르 역에 가서 기차를 타고 나의 담당 도시인 '족자카르타'로 갔다! 아침에 했던 걱정들이 무색하게 결국엔 잘 왔다! 기차가 너무 편안했다. 잠도 자고 조사도 마저 하는데 7시간은 충분한 시간이었다. 벌써 내가 조사한 도시에 오게 되다니! 설렜다.

오늘의 일정은 숙소에 갔다가 점심을 먹고 말리오보로 거리에서 쇼핑을 하는 것이었다. 숙소는 한국에서 엄청 열심히 찾아봤던 가성비 좋은 곳이었다. 다행히 다른 숙소를 찾아볼 필요 없이 2박에 10만 원이라는 아주 저렴한 가격으로 괜찮은 숙소에 묵을 수 있게 되었다. 곧바로 근처 식당 중에 괜찮아 보이는 곳으로 이동했다. 여행 쌤은 식당 주인 분한테 내가 'Boss'라고 소개하시면서 내가 주문을 할 거라고 하셨다… 내가 보스라니… 겨우 마음을 다잡고 이왕 시키는 거 이것저것 맘대로 시켜봤다ㅋㅋㅋ 닭머리가 통째로 나와서 좀 징그럽긴 했지만 맛은 좋았다.

숙소에서 쉬었다가 '말리오보로 거리'로 이동했다. 야시장 같은 데를 꼭 가보고 싶었는데 이곳이 바로 그런 곳이었다. 여기 오기 전부터 쇼핑 리스트에 담아놨던 '족자카르타 티셔츠'를 우리 가족 것까지 총 3장을 샀다. 쇼핑의 재미를 다시금 느끼게 되

었다.

　여차저차 저녁을 먹고 저녁 나눔을 했다. 내일 일정 안내를 하는데, 예산 문제가 마음에 걸렸다. 내일 가기로 한 보로부두르 사원이 1인당 450,000루피아였기 때문이다. (한국 돈으로 약 3만 8천 원) 그렇게 되면 발리에서 쓸 수 있는 예산은 딱 100만 원 정도가 남았다. 원래는 200만 원 정도를 남기는 걸 목표로 하고 있었는데 말이다. 하지만 보로부두르 사원이 너무 유명하고 족자카르타에 오는 이유가 이 사원을 보로오는 것이기 때문에 포기하기엔 너무 리스크가 컸다. 그래서 적극적으로 보로부두르 사원에 대해 설명을 해주었고, 찬성표가 더 많아서 다행히 갈 수 있게 되었다.

　그렇게 오늘 하루를 마무리하고 밤이 돼서야 긴장이 풀렸다. 족자카르타가 나의 담당 도시다 보니 부담이 많이 되었었다. 길을 갈 때 모두가 날 바라보고, 모두가 날 따라오고, 모든 일정, 숙소, 식당 전부 다 내 책임!!!이었다. 다른 애들도 자기가 맡은 도시 다닐 때 이런 기분이었을까?? 내가 리드 당할 땐 전혀 몰랐던 느낌을 비로소 몸소 깨닫게 되었다. 이런 거였음 더더더 열심히 도와줄걸!! 길을 헤매고 남모르는 나만 아는 크고 작은 실수들을 저질렀다. 오늘 하루는 다른 사람을 미워하기보단 나를 미워하기가 더 쉬웠던 하루였다.

• **현서의 묵상과 여행**

태초 전부터 하나님께서 우리를 계획하셨고, 우리 각자에게 다 특별한 '소명'이 주어졌다. 그것을 빨리 찾는 사람도 있지만, 찾지 못하거나 때로는 부정하는 사람도 있다. 그러나 우리는 우리에게 맡겨진 믿음의 분량대로 더도 말고 덜도 말고 딱 하나님께서 주신 것만큼 행하며 살아야 한다. 따라서 오늘 하루, 내가 할 수 있는 일이나, 7인 7색 일정 중 나에게 맡겨진 일을 다시 생각하며 실천해 보는 삶을 살아보자.

오늘은 발리를 가기 전 마지막 도시인 '족자카르타'로 이동하는 날이다. 새벽 4시쯤 일어나서 5시 정도에 기차역에 도착했다. 한 7시간 정도 이동했는데 꽤 긴 시간 이동했지만, 이제는 적당한 시간으로 느껴지게 되었다.

도착해서는 바로 숙소 쪽으로 이동했다. 이번 숙소도 꽤 나쁘지 않았다. 점심시간이 좀 지났기에 바로 근처에 있는 식당으로 갔다. 현지식당이었는데 그동안 보았던 음식들과는 달리 간장치킨 비슷한 것을 팔았는데 상당히 맛있었다. 약간 한국 음식 느낌도 났다. 다시 숙소로 돌아와서 몇 시간 정도 쉬었는데, 그동안 친구들과 같이 빨래를 맡겼다.

그렇게 몇 시간 정도 방에서 쉬고, 어두워졌을 즈음 '야시장' 쪽으로 출발했다. 인도네시아 여행 중 처음이자 마지막인 제대로 된 야시장이었는데, 길거리에는 카페나 음식점, 상점, 포장마차 등등 엄청 많은 것들이 있었고, 음료수 잔들을 쟁반에 들고 사람 사이를 이리저리 돌아다니는 사람들도 있었다. 여기저기 돌아보다가 한 건물에 들어가 보았는데 여러 가지 옷이나, 시계, 기념품 등을 파는 곳이었다. 종류가 많긴 했지만 쿠알

　라룸푸르에서 봤던 티셔츠만큼 사고 싶었던 것들이 없어서 딱히 무언가를 사진 않았다. 한 가지 이상했던 것은 야시장이었는데 벌써 문을 닫는 가게가 있어서 이게 맞나 싶었다.
　한 30분 정도 각자 살 것들을 산 뒤에 다들 배가 고팠기에, 우선 근처에서 뭔가를 마시기로 하였다. 그러나 대부분 가게가 음료들이 품절되거나 거의 마감하는 분위기라서, 이런 곳보다는 다른 곳에 가서 저녁을 먹기로 하였다. 근처에 소형 몰이 있었는데, 안쪽에 맥도날드가 있길래 오늘은 다 같이 그쪽으로 가보기로 하였다. 오랜만에 먹어서 그런지 맛있었다. 저녁까지 해결한 뒤 조금 걸어서 바로 근처에 있는 독립 광장에 들렀다가 택시를 타고 다시 숙소로 돌아왔다. 도착 후 딱히 다른 일 없이 바로 잠들었는데, 오늘은 대체로 그나마 무난했던 하루여서 평화롭게 잘 지나간 것 같다.

• 요한이의 묵상과 여행

  7인 7색 멤버들에게 악을 악으로 갚지 않고 모두와 함께 평화할 수 있도록 해야 하고, 여행하면서 만나는 다양한 사람들에게도 악을 악으로 갚지 말며 선한 모습을 보여주도록 노력하자. 여행을 하면서 친절한 분들을 많이 만나고 있는 데 그분들에게 받은 것 이상으로 친절하게 보답하자.

  새벽 네 시에 일어나 '족자카르타' 행 기차를 탔다. 기차를 타고 자카르타를 떠나는 순간부터는 부담감이 사라지고 힘이 풀리는 기분이 들었다. 그렇게 기차에서 푹 자고 족자카르타에 도착하자마자 운 좋게 가격도 저렴하고 좋은 숙소를 찾아서 체크인 했다.

  점심으로는 현지식 간장치킨을 먹었는데 닭의 머리와 발까지 그대로 나와서 비주얼에 놀랐지만 맛은 괜찮았다. 저녁 시간에는 야시장에서 쇼핑했는데 옷이나 지갑, 키링 등 많이 팔고 있었다. 저녁으로 맥도날드에서 빅맥을 먹었는데 너무 맛있었다.. 족자카르타는 시골이라고 들었는데 생각보다 변화가가 많고 재밌게 놀아서 그렇게 느껴지지 않았다.

• 하민이의 묵상과 여행

    내가 가장 어려워하는 일 중에 하나가 원수를 사랑하는 일인 것 같다. 한 번 좋지 않은 감정이 생긴 사람이나, 나를 힘들게 했던 사람을 쉽게 용서하지 못하고 좋게 생각하는 것을 어려워한다. 누군가를 잘 용서하는 사람을 보면 대단하다는 생각이 들고, 나도 언젠가 그런 사람이 되어야 한다고 생각하게 된다. 이런 마음을 주시는 것도 하나님께서 하시는 일이라고 생각하기 때문에 조금만 더 힘쓰면 언젠가는 더 성숙한 사람이 될 수 있지 않을까? 오늘 하루 마음에 들지 않거나 누군가가 나의 기분을 상하게 해도 '용서'하자.

    새벽 4시에 기상해서 기차역으로 갔고 편안하게 기차를 타고 이동할 수 있었다. 찾아둔 숙소로 가 체크인을 하고 점심으로 인도네시아식(?) 치킨을 먹었다. 음식이 나왔는데 닭 머리와 목, 발까지 모든 게 함께 나왔고, 처음 보는 비주얼에 당황스러웠다. 닭 머리는 고스란히 휴지로 덮어두고 식사를 시작했는데 옆에 앉으신 여행 쌤이 맛있게 닭발을 뜯으시는 모습이 신기했다.

    그리고 잠시 쉬다가 '족자카르타 야시장'에 갔다. 고속터미널 느낌의 실내 쇼핑센터가 있었는데 한 바퀴 둘러보고 담배 냄새가 너무 많이 나서 머리가 아파 실외로 나가 다른 친구들을 기다렸다. 함께 모이기로 한 약속 시간이 지났는데 여행 쌤이 오지 않으셔서 기다리는데 저 멀리서 양손 가득 여행 쌤이 돌아오셨다. 한국에 돌아가면 지인 분들께 드릴 선물을 한 아름 가지고 미소를 지으며 멋쩍게 늦어서 미안하다며

사과하시는 쌤의 얼굴이 생생하게 기억난다. 시간약속을 철저하게 지키시는 여행 쌤이 처음으로 늦으신 날이어서 모두가 신기해했다.

• 윤하의 묵상과 여행

　오늘 말씀은 나에게 너무 지키기 어려운 것들에 대한 말씀이었다. 악을 미워하라고 하나님께서는 말씀하셨는데 나는 악의대로 살아가고 있다. 나는 나를 아프게 한 사람을 사랑하기보다 미워하고, 서로 화목하기보다 헐뜯기를 한다. 매일 이런 죄를 짓는 나지만 오늘은 꼭 '회개' 할 수 있었으면 좋겠다고 묵상하였다.

　'족자카르타'에 가기 위해 기차를 타러 새벽 4시에 기상하여 기차역에 도착하였다. 기차는 6시에 출발하여 기차 안에서 묵상을 나눴고, 7시간 동안 이동하였다. 다행히 편하게 잘 자면서 이동할 수 있었다.

　1시에 족자카르타에 도착해 숙소에 짐을 풀고, 점심을 먹으러 현지식 식당으로 이동하였다. 닭 머리가 있어서 처음에는 먹기가 무서웠는데 막상 먹어보니 맛있었다. 휴식을 한 뒤 '야시장'으로 이동하였다. 작은 상가에 들어가 구경도 하고, 쇼핑을 하여 맘에 드는 시계도 샀다.

　다들 배가 고파서 식당을 찾아 이동하다가 맥도날드에서 먹게 되었다. 오랜만에 빅맥을 먹으니 정말 배부르고 맛있게 먹을 수 있었다. 그렇게 다 같이 즐기고 돌아와 씻고, 정리를 하고, 잠에 들었다.

2024-01-23 (화) / 로마서 13장

대단한 보로부두르 사원

- **솔이의 묵상과 여행**

　말씀에서 그리스도인은 납세의 의무와 같은 사회 구성원으로서 의무를 다하고 참여하는 삶을 살아야 한다고 하였으며, 이웃 사랑을 실천하고 내 마음을 정결하게 하는 삶이 중요하다고 했다. 그리스도인들끼리만 누리는 하나님 나라가 아니라 '모두가 함께 누리는 하나님 나라'를 위해서는 현재 살고 있는 사회에서 구성원으로서 책무를 다하고 참여하는 삶이 중요하고, 사회 규범을 잘 지키는 것이 선한 예수님의 성품을 간접적으로 나타낼 수 있음을 느꼈다.

　오늘은 '보로부두르 사원'에 갔다. 사원 안에서는 문화재 훼손을 막기 위해 일반 신발이 아니라 주는 샌들을 신고 들어가야 했다. 그리고 가이드와 함께 사원을 돌아다니면서 설명을 들었다. 보로부두르 사원은 우리에겐 석가모니로 알려진 고타마 싯다르타의 인생을 담은 벽화가 있다. 그리고 맨 꼭대기로 올라가면 종 모양의 미니 탑들이 있는데, 이 탑들을 스투파라고 부르며 보로부두르 사원에서는 총 72개의 스투파가 있다. 그리고 각각의 스투파 안에는 작은 불상이 한 개씩 있다고 한다.

　사원 구경을 오래 해서 그런지 약간 지친 상태였다. 그래서 빠르게 점심을 먹고 후식으로 음료 체인점을 갔다. 우리나라로 보면 약간 메가커피나 공차처럼 인도네시아

전역에 있는 유명 체인점으로 보였고, 양이 많은데도 가격이 저렴했다. 나는 말차 아이스크림을 먹었는데, 한화로 약 1,600원이었다. 한국보다 저렴하다.

　맛있게 아이스크림을 먹고는 택시를 타고 숙소로 돌아왔다. 보로부두르 사원에서 숙소까지는 차로 2시간 가까이 걸렸는데, 차 안에서 이런저런 생각을 했다. 그러던 도중 감사할 수 있는 상황이 있는데도 감사하지 못했던 내 마음을 반성하게 되었다. 내가 발리 담당이라 발리를 조사하면서 점점 내 마음속으로 불평불만이 생겼다. 조사 과정에서 여러 블로그와 SNS를 통해 발리에 대해 알아보았는데, 대부분 사람들, 특히 한국인들은 발리 여행을 럭셔리하게 가는 것 같았다. 그런데 우리는 돈에 쪼들리면서 발리 여행을 가야 하는 현실에 불평불만을 느꼈었다.

　그런데 이번 여행에서 불평불만 할 점보다도 감사할 점이 많았다. 처음에 적응하기 어려웠을 때 은지 언니가 옆에 있었고, 상하이에서 여행 쌤 사촌 동생 분과 함께 다녀서 감사했고, K-POP을 통해 현지인들과 소통할 수 있었고, 공항 응급실에서 도움도 받았었다. 그리고 애초에 7인 7색을 올 수 있었던 것 자체가 나에겐 감사한 일이었다. 원래 7인 7색은 신청자가 많을 경우 학년이 높은 순서대로 신청을 받기 때문에 올해 11학년 선배들이 많이 신청해서 사실 나는 갈 수 없었다. 그런데도 여행 쌤이 나의 노력과 열정을 보시고 7인 7색에 가게 해 주셔서 갈 수 있었다. 이 자체만으로도 정말 감사한 일이었다. 그런데 점점 그 감사함을 잊어 가고 불평할 거리들을 더 크게 보게 된 것이다. 이러한 나의 마음을 솔직하게 하나님께 털어 놓고 기도를 했다.

• 태헌이의 묵상과 여행

이웃을 사랑하는 것이 얼마나 중요한 것인지 다시 체감할 수 있었다. 오늘 말씀에서 사랑은 '율법의 완성'이라는 표현이 나오는데, 이 표현을 보고 '사랑의 중요성'을 다시 느낄 수 있었다. 그러므로 나도 지금보다 더 사랑하도록 노력해야겠다.

아침에 기상해서 씻고, 아침을 먹은 뒤 '보로부두르 사원'으로 출발했다. 보로부두르 사원은 불교 최대 유적으로 알려진 사원이다. 이 사원의 이름은 처음 들어봤어도 사진을 본다면 어디선가 본 적이 있을 만큼 유명한 장소다. 우리가 있는 숙소에서 1시간 정도를 넘게 택시를 타고 가야 했고, 입장료도 꽤 비쌌지만 그럴만한 가치가 충분히 있는 장소이기 때문에 그걸 감안하고 함께 가기로 했다. 여행객들이 족자카르타에 방문하면 꼭 가보는 장소이기 때문에 나도 기대를 품고 출발했다.

사원에 도착해서 입장을 하자마자 슬리퍼를 나눠줬다. 이 사원을 성스럽게 생각해서 일반 신발을 신고 사원에 들어가는 것을 금지하기 때문이다. 그리고 조금 걷다 보면 사원이 보인다. 큰 크기에 압도되고, 그 섬세함에 또 놀라게 된다. 사원을 구경하면서 가이드께서 여러 설명을 해주었다. 이 사원 벽화의 의미와 불교의 교리 등을 설명해 주셨다. 영어 발음이 독특해서 전부 다 알아들을 수는 없었지만 조금 이해할 수 있었다. 그중 가장 기억 남는 설명은 이 사원을 지을 때 풀과 본드 같은 접착제를

전혀 사용하지 않았다는 것이다. 돌을 완벽에 가깝게 조각하고, 설계해서 만든 사원이라고 설명해 주셨다. 그 설명을 들으니까 이 사원이 더 대단하게 느껴졌다. 비싼 돈을 지불하고 올 만한 가치가 충분히 있다.

사원 구경이 모두 끝난 후에 근처에서 현지식 점심을 먹었다. 위생 상태는 좋지는 않았지만 맛 자체는 괜찮았다. 식사를 마치고 날이 너무 더워서 음료를 사 마셨다.

돌아오는 길도 한 시간이 넘게 걸리고, 이미 사원 구경을 하면서 체력 소모가 심했기 때문에 저녁은 간단하게 컵라면을 먹었다.

• 은지의 묵상과 여행

　계속 말씀에서 강조하는 것은 '네 이웃을 네 몸과 같이 사랑하라.'는 것이다. 여행을 하면서 각자가 다 성격도 다르고, 입맛도 다르고, 취향도 달라서 의견이 안 맞을 때도 많고, 생각대로 되지 않을 때가 생각대로 될 때보다 훨씬 많다. 그래서 정말 힘들다. 하지만 그런데도 이 여행은 다 같이 공동체로서 힘을 합쳐가는 여행이기 때문에 더욱더 내 기준, 내 생각보다 다른 사람의 입장을 존중하고 배려하며 해봐야겠다.

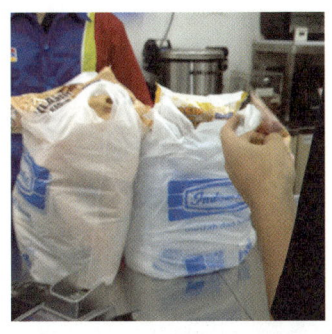

　'족자카르타'에서의 두 번째 아침이 밝았다. 아침부터 몰아치는 빗소리에 6시에 잠이 깼다. 비 오면 '보로부두르 사원'을 못 갈 수도 있겠다는 생각에 바로 인터넷 창을 켰다. 다행히 비와도 방문은 가능했지만, 더 심각한 문제가 하나 있었다. 그건 바로 사원 내부까지 올라가려면 미리 티켓을 예매해야 한다는 것이었다. 그런데 인기가 많아 '최소 일주일 전!!!'에 예약을 해야 한다고 나와 있었다. 그걸 읽는 순간, 눈앞이 캄캄해졌다. 이미 오늘 사원 간다고 어제 나눔 시간에 이미 다 말해놨는데? 어떡하지????

　걱정도 잠시 일단 오늘 먹을 아침을 사야 해서 다별 선배랑 10분 거리에 있는 편의점에 다녀왔다. 중간에 비도 오는 바람에 비도 쫄딱 맞았다.. 그리고 아침 나눔을 한 뒤 우리는 바로 보로부두르 사원으로 출발했다. 나는 택시 안에서 여행 쌤의 폰을 간절하게 붙잡고 열심히 사원 티켓 예약을 했다. 그런데 이게

무슨 일인지 당일 1시간 전에 예약했는데도 온라인으로 예약이 손쉽게 됐다! 엥? 나중에 알고 보니 비성수기 시즌이라 티켓이 그렇게 인기 있지가 않았다. 야호!!!!!

　그렇게 기적적으로 보로부두르 사원에 입성했고, 회색빛 사원에서 빛이 나는 무지개 바지를 입고 너무 신이 나서 폴짝폴짝 뛰어다녔다. 멤버들이 없었다면 기쁨의 춤까지 췄을 것이다.

이제 점심을 먹으려고 사원을 빠져나가는데 진짜 길이 미로처럼 되어 있었다;; 시장으로 되어 있어서 물건을 구매하게 만들려고 일부러 출구를 빙빙 돌게 해 놓은 것이었다…. 다들 배고파서 예민한 와중에 미로 길을 걷고 있으니 정말 착잡했다. 그리고 알아본 식당을 가려 하는데 생각보다 너무 멀었다. 나는 맨 앞에서 걸으니 몰랐지만 알고 보니 뒤에선 가까운 식당에 가고 싶어 하는 친구들이 많았다. 내가 좀 더 잘 들었다면 좋았을 텐데, 뭔가 친구들과 소통이 잘 안 되는 것 같아 속상했다.

현지식당을 가고 나서 다들 표정이 안 좋아서 오는 길에 봐 두었던 아이스크림 디저트 집으로 곧장 향했다. 에어컨도 빵빵하고, 시원한 음료를 싼 가격에 먹으니 정말 황홀했다… 부담감이 싹 내려가는 것 같았다. 디저트 집아! 너가 날 살렸다!

그렇게 겨우 한숨 돌리고 있는데 여행 쌤이 나에게 힘드냐고 물으셨다. 그리고 곧장 하시는 말씀이 "힘듦은 배움이야!"라는 말이었다. 오늘 정말 나만 아는 힘듦이 많은 하루였는데, 그 말을 들으니 내가 힘들지만 그래도 열심히 배우고 성장하고 있다는 생각이 들었다. 숙소에 오자마자 긴장이 풀려서 기절하다시피 잤다.

• 현서의 묵상과 여행

　하나님께서는 우리에게 구원과 그분의 끝없는 인내함을 선물로 주셨다. 선물에는 대가가 없다. 때문에 우리 또한 하나님께서 우리에게 하셨듯이 다른 사람들을 대가 없이 사랑해야 하지 않을까? 오늘 하루, 대가를 바라거나 교만하지 않고 내 주위의 사람들을 '먼저' 섬겨보자.

　오늘은 다른 날들에 비해 규모가 있는 일정이 있었는데 '보로부두르 사원'으로 가는 일정이었다. 숙소에서 아침에 출발하였다. 거의 도착했을 때부터 비가 오기 시작해서 혹시 못 들어가나 싶었는데 다행히 금방 그쳐서 정상적으로 들어갈 수 있었다. 보로부두르 사원은 다른 사원처럼 긴 옷을 입거나 할 필요가 없었고, 조금 특별했던 것이 있었다면 사원에서 따로 주는 슬리퍼를 신고 가야 했다. 이 사원은 자유롭게 돌아다니는 것이 아닌, 가이드를 따라서 구경하는 곳이었기에 다른 외국인 분들과 같이 모여서 가게 됐다.
　이곳은 어딘가에 들어가는 사원이 아니라 정말 오래전에 만들어진 약간 피라미드 비슷한 형식의 사원을 올라가는 코스였다. 사원 쪽에 도착해서는 한 층씩 가이드 분께서 설명해 주셨는데 불교 사원이었기에 그에 대한 여러 가지를 설명해 주셨다. 맨 꼭대기 층에서는 다양한 구조물들이 있었고, 멀리에는 산들이 보였는데 그중 비행기

를 연착시켰던 화산도 보았다. 7인 7색에서 제대로 가보았던 사원이라서 특별했고, 해주시는 설명이나 처음 보는 구조물들이 굉장히 신기했었다.

보로부두르 사원에서의 일정은 끝났기 때문에 사원에서 나가서 점심 먹을 곳을 찾아야 했다. 분명 출구 쪽으로 왔지만 갑자기 엄청나게 긴 길거리 상점가로 이어졌다. 진짜로 거의 10분 이상 상점가를 계속 걸었다. 아무튼 밖으로 나온 뒤 근처에 있는 현지식당에서 밥을 먹게 되었다. 그렇게 점심을 마무리하고 근처에 'MOMOYO'라는 곳에서 음료수나 빙수 같은 것을 시켜 먹었다. 나는 레몬에이드를 시켜 먹었는데 진짜 큰 컵에 담아주셨는데도 가격이 천 원 정도밖에 안 되었다. 진짜 인도네시아 물가는 그 무엇을 상상하던 그 이상으로 싼 것 같다. 그렇게 잠깐 힐링을 하고 난 뒤 숙소로 돌아가게 되었다.

숙소에 돌아와서는 쉬다가 내일은 발리로 가는 날이기에 근처 편의점에서 오늘 저녁거리를 몇 가지 사 왔다. 저녁은 방 밖에 큰 테이블 두 개가 있어서 거기서 컵라면을 끓여 먹으며 친구들과 이런저런 이야기를 하였다. 방으로 돌아와서는 내일을 위해 짐을 미리 정리해 놓았는데, 내일은 당장 발리로 이동해야 하고, 이제 거의 일정의 막바지에 다다른 상태이다. 그동안 기대하던 발리로 간다는 것 자체가 굉장히 나를 들뜨게 하였고, 또 점점 일정이 끝나갈수록 한국이 그리워졌다.

• 요한이의 묵상과 여행

하나님은 언제나 나를 보고 계시기 때문에 그것을 기억하면서 부끄럽지 않게 살아야 한다. 그러기 위해서는 어느 때나, 어떤 사람에게나 똑같이 선하게 대해주어야 하는 것 같다. 그래서 오늘 하루 동안 죄를 지으려고 할 때나 죄를 지은 다음에라도 '하나님을 생각하고 회개'하자.

오늘은 '족자카르타'에 온 이유라고 할 수 있는 '보로부두르 사원'에 가는 날이다. 아주 비싼 입장료를 내고 들어갔다. 입장하면 슬리퍼를 주는데 사원에 들어갈 때는 슬리퍼를 신고 들어가야 했다.

돌로 만들어진 불교사원이 그대로 보존되어 있는데 가이드님이 영어로 친절하게 설명해 주신다. 직접 올라가 볼 수도 있는데 돌들이 정말 정교하게 깎여있는 데다 접착제를 쓰지 않고 돌끼리 끼우는 방식으로 만들어져 있다. 오래 걸어서 체력적으로 지

치긴 했지만 정말 멋있는 유적이었다. 인도네시아에 온다면 한 번쯤 와 볼 가치가 있다.

점심으로는 현지식을 먹었는데 인도네시아 현지식 중에 가장 맛있고 위생적이었다. 특히 감자튀김이 정말 맛있어서 많이 먹었다. 후식으로 버블티 가게까지 가서 버블티를 먹었는데 당 충전이 돼서 힘내서 숙소에 돌아갔다.

사원에 다녀오는 일정이 체력 소모가 워낙 커서 오후에는 내내 자고 쉬었다. 저녁에는 마지막 남은 한국에서 가져온 컵라면을 먹었는데 역시 한국 컵라면이 맛있다.

벌써 마지막 도시인 발리밖에 남지 않았는데 벌써 시간이 그렇게 많이 지났다는 게 믿기지 않는다. 하루 알차게 보냈는데도 즐거워서 시간이 빨리 간 것 같다.

• 하민이의 묵상과 여행

하나님의 권세 안에 있고 주님 안에서 누구보다 사랑을 많이 누리는 우리는 누구보다 다른 사람에게 사랑을 잘 전할 수 있는 사람들이라고 생각한다. (받아본 사람이 더 잘하는 것이니까.) 이런 우리로 하여금 점점 그 사랑이 전해져야 한다. 나를 사랑하고 아껴줄 수 있는 사람이 다른 사람에게도 사랑을 베풀 수 있는 것이다. 나 자신을 소중하게 여기고, 다른 이들을 '사랑'으로 대하자.

숙소에서 차를 타고 '보로부두르 사원'에 방문했다. 입장료를 내고 들어가니 사원에서 신는 슬리퍼와 가방, 생수를 받았다. 신발을 갈아 신고 나면 배정받은 가이드와 함께 사원에 대한 설명을 들으며 구경을 했다. 친절한 가이드 분이 설명도 해주시고 단체 사진도 찍어주셨다.

오랜 시간 화산재에 묻혀있다 발견된 사원이라는 점이 신기했고, 구성된 벽돌 하나하나 손으로 조각하고 만들었다는 사실에 감탄했다.

점심을 먹고 근처에 있는 디저트 카페에서 아이스크림을 먹었다. 날도 너무 덥고 오랫동안 걷느라 많이 지쳐있었는데, 한입 먹는 순간 행복을 느낄 수 있었다. 너무 맛있었고 짧지만 행복한 시간이었다.

• 윤하의 묵상과 여행

　나는 사랑한다는 것이 참 쉽지만 동시에 어렵다. 누구나 그렇겠지만 나를 사랑해 주는 사람을 사랑하기는 쉬운데 나를 사랑해 주지 않는 사람까지 사랑하는 것은 쉽지 않다.
　하나님께서는 '이웃을 나 자신과 같이 사랑하라.'라고 말씀하셨지만 남보다는 내가 우선이라고 생각하며 이기적인 행동과 말을 한다. 물론 너무나 힘들겠지만 내가 살아가면서 나를 사랑하지 않는 사람들까지도 또 내가 사랑하기 힘든 사람까지도 사랑하는 연습을 해야겠다.

　오늘은 '족자카르타'에서 가장 유명한 '보로부두르 사원'에 가기로 했다. 사실 이동 비용도 그렇고 들어가는 입장료도 정말 비싸서 다 같이 고민하다가 그래도 족자카르타에서 꼭 가야 하는 곳이라고 해서 가기로 결정하게 되었다. 처음에 들어가면 신발을 갈아 신으라고 슬리퍼를 주는데 그 슬리퍼를 신고 사원을 구경하는 것이었다.
　사원을 돌로 지어진 불교 사원이었는데 어떻게 만들었을지도 가늠이 안 갈 정도로 신기하였다. 접착해서 이어 붙이지 않고 돌들을 끼워 정교하게 깎아 만들었다고 하는데 정말 신기하였다. 사실 처음에 비싼 비용까지 내면서 꼭 봐야 할지라는 생각이 들었는데 정말 이쁘고 족자카르타에 오면 왜 꼭 봐야 하는지 알 것 같았다.

점심을 먹고 다들 너무 지치고 체력이 떨어져 버블티 가게 가서 아이스크림과 버블티를 먹었다. 시원한 곳에서 아이스크림까지 먹으니 지친 것도 나아지고 맛있게 먹을 수 있었다.

사원에서 더운 날씨에 오래 걸어 지쳐서 숙소로 돌아와 쉬고 저녁을 먹었다. 저녁은 라면을 다 같이 먹었는데 처음에 친구들이 사 온 라면을 먹으니 도저히 먹을 수가 없어 한국에서 가져온 라면을 다시 먹었다. 사소하게 친구들이랑 저녁 먹으면서 얘기하는 시간이 너무 행복했고, 오늘 하루도 안전하게 마무리할 수 있어서 감사했다.

2024-01-24 (수) / 로마서 14장

발리에서 힐링 시작!

• **솔이의 묵상과 여행**

　오늘 말씀에서는 내 주관으로 나의 옳고 그름을 정죄하지 말라고 나오는데, 우리가 타인뿐만 아니라 나 자신을 바라볼 때, 나의 죄에 관대하거나 반대로 완벽주의로 자기검열을 하지 않아야겠다. 나는 특히 완벽주의 성향이 있는데, 그것도 어떻게 보면 나의 주관으로 이루어진 것이기 때문이다.

　발리가 내 담당 지역이라 내 완벽주의 성향으로 인해 내가 힘들 수 있는데, 나의 주관으로 이루어진 것으로 인해 나를 옭아매지 않도록 주의해야겠다.

　오늘은 드디어 '발리'에 도착했다. 설레면서도 '내가 잘 할 수 있을까?'라는 생각이 들며 떨리기도 했다. 공항에 도착해서 짐을 찾는데 공항 표지판이 한국어로도 쓰여 있었다. 발리가 한국인이 많이 오는 걸로 알고 있었는데 한국어가 많이 보이니 진짜 한국 사람들이 많이 오긴 하나 보다.

　그랩을 잡고 숙소로 도착해서는 쉬다가 밥을 먹고 수영을 했다. 숙소는 우리가 그동안 묵었던 숙소 중 제일 좋았고 그만큼 제일 비쌌다. 그래서 원래 2인실 방 하나당 조식을 포함하지 않은 가격은 한화로 35,000원이었으나, 우리가 흥정을 해서 조식 포함 시 방 하나당 37,000원으로 합의를 했다. 뷔페식 조식을 싸게 먹고, 아침 메뉴

고르는데 이런저런 시간을 아낄 수 있다는 점을 감안하면 좋다.

일단 다들 배고픈 상태라 저녁을 먹기 위해 근처 식당에 들어갔다. 전체적인 현지 물가를 살펴보니 우리가 숙소 잡은 지역이 '쿠타' 지역인데, 쿠타 지역이 고급 리조트 등 휴양 시설이 많다 보니 주변 물가가 비싸다. 오늘 저녁 식사의 총 가격은 한화로 10만 원이었다. 비싼 가격에 헉하고 놀랐지만 그래도 고급지게 먹어서인지 다들 저녁 나눔 때 숙소도 좋고, 밥도 비싼 걸 먹어서 그동안 돈을 아낀 보람이 있다고 해서 뿌듯했다.

밤에 야외 수영장에서 수영을 했는데 수영장이 생각보다 넓고 좋았다. 여유롭게 밤하늘을 보면서 수영을 하니 럭셔리한 호텔에 온 기분이었다. (물론 우리는 7인 7색 여행 중에 그런 곳을 가본 적은 없다.) 그리고 은지 언니와 다별 선배랑 같이 놀았는데 다별 선배를 약 올리고 도망치기도 했다. 수영장에서 놀 때는 정말 재미있고, 은지 언니가 전보다는 물을 덜 무서워하고 잘 적응한 것 같아서 다행이었다.

• **태헌이의 묵상과 여행**

오늘 말씀을 읽고 내 형제들을 이렇다, 저렇다 판단할 능력이 나에게 없다는 것을 느꼈다. 그러므로 여행을 하는 동안에 모두의 부족한 부분이 드러나겠지만 그럴 때도 정죄하지 않고, '있는 모습 그대로' 수용할 줄 아는 모습이 필요하다는 것을 느꼈다.

우리 여행의 마지막 장소인 '발리'로 떠나기 위해서 공항으로 출발했다. 숙소에서 공항까지 대략 1시간 정도를 갔다. 체크인을 하고 공항에서 점심을 먹었다. 공항 내부 식당에서 점심을 먹으면 비싸기 때문에 공항에 오기 전에 편의점에서 빵을 사 왔다. 여행 와서 빵을 엄청 많이 먹는다.

발리로 향하는 비행기에 탑승해서 이런저런 생각이 들었다. 발리가 유명한 휴양 도시이기 때문에 많은 기대가 되기도 했고, 발리에서 많은 것들을 누리기 위해서 그 전 일정에서 돈을 아껴두길 잘했다는 생각이 들었다. 한편으로는 곧 여행이 끝난다는 아쉬움도 있었다. 물론 한국으로 돌아가고 싶기도 했지만 무언가가 끝난다는 것은 항상 아쉽다.

발리에 도착해서 가장 먼저 숙소로 향했다. 이전에 돈을 꽤 아껴둬서 좋은 숙소로 갈 수 있었고, 기본 2인 1실에 수영장이 딸린 숙소를 쓰게 되었다. 숙소 침대가 침낭이 필요 없을 정도로 깨끗해서 너무 좋았다. 저녁을 먹으러 레스토랑에 방문했다. 그동안 돈을 아꼈기 때문에 스테이크를 포함한 비싸고 좋은 음식을 주문해서 먹을 수 있었다.

그리고 남은 저녁 시간에는 수영장에서 다 같이 수영을 즐겼다. 수영장 수심이 2m를 가볍게 넘었다. 또한 수영장 바로 옆에 있는 바에서 밴드 연주도 들을 수 있었다. 정말로 발리에 온 것이 실감 났

고, 왜 유명한 휴양 도시인지 직접 체감할 수 있었다.

• 은지의 묵상과 여행

　남을 판단하고 비판하지 말라고 한다. 음식을 먹든, 먹지 않든, 어떤 날을 중히 여기던 그렇게 행하는 '마음'을 하나님은 보신다. 그리고 그 마음까지 알 수 없는 우리는 겉만 보고 쉽게 다른 사람을 판단하게 되기도 한다. 특히 하나님 안에 거하지 못할 때 이런 생각들을 더 자주, 더 쉽게 하게 되는 것 같다. 남을 쉽게 판단하지 않기 위해 노력하자.

　'발리'에 왔는데 생각보다 예산이 괜찮았다! 일이 술술 풀리고 있다! 예산을 계산해 보니 40만 원으로 5끼를 먹을 수 있게 되었다. 그래서 우리는 숙소 바로 옆에 있는 식당에 와서 10만 원어치를 시켰다! 1인 1메뉴에 피자, 파스타, 스테이크까지 시켰다!! 역시 지금까지 예산을 아낀 보람이 있다. 특히 족자카르타에서 내가 가성비 좋은 숙소를 알아본 덕에 10만 원이나 절약할 수 있었던 게 뿌듯했다. 그리고 보로부두르 사원에 가는 대신에 전체적인 밥값도 최대한 줄였었다! 물론 다 하나님의 은혜 덕이다. 그래서 지금 이렇게 발리에 와서 풍족하게 먹을 수 있어서 참 감사하다!

저녁엔 숙소에 있는 수영장에 와서 우당탕탕 신나게 놀았다. 생각보다 수영장이 깊었는데, 수영을 못해서 계속 튜브를 끼고 있었다. 그리고 다별 선배도 수영을 못해서 계속 허우적댔다. 한번은 진짜 물에 빠져서 얼른 튜브로 구조했다ㅋㅋㅋ 다별 선배는 몸 개그 장인이다! 수영장에서 튜브 끼고 날 쫓아오는 모습에 너무 놀라 진심으로 도망쳤다. 그리고 옆에서는 밴드 라이브 공연을 하고 있어서 음악을 들으면서 수영을 하니 너무 좋았다. 정말 힐링이라는 게 이런 거구나 싶었다. 지금까지 고생했던 스트레스를 발리에서 다 날려버리고 있다. 하나님 감사합니다!

• 현서의 묵상과 여행

하나님의 나라는 1차원적인 행복이나 만족감을 주는 곳이 아니다. 그 너머의 무언가로 우리에게 진정한 행복을 가져다준다고 생각한다. 따라서 우리도 하나님을 바라볼 때 나에게 왜 이런 상황을 주어졌는지 보다는 '하나님의 뜻'이 무엇인지 생각해 보아야 하지 않을까? 오늘 하루, 눈앞에 보이는 현상만으로 판단하지 말고, 7인 7색에서의 여러 가지 경험이 나에게 어떤 것을 주었는지 생각해 보는 삶을 살아보자.

그토록 기다렸던 도시인 '발리'로 이동하는 날이다. 그동안의 일정들에서 조금 덜한 곳을 가고 덜한 것을 먹었던 것은 발리에서만큼은 조금이나마 더 좋은 것을 누리기 위함이었다. 항상 하던 대로 수속을 마치고 게이트 앞까지 도착해서 조금 기다리는 시간 동안 점심을 먹고, 음악을 들으며 쉬고 있었다. 탑승 시간이 되어 비행기를 탔고, 마지막 지역인 발리로 출발하였다.

공항에 내려서 바로 전에 알아본 숙소 중의 한 곳에 갔다. 숙소 위치는 근처가 바닷가였고 번화가 쪽에 있어서 괜찮다고 생각했다. 데스크 쪽에 가서 가격을 물어본 뒤 약간 흥정을 했는데, 조금 시간이 걸리긴 했지만 그래도 가성비 있는 쪽으로 잘 이야기가 되어서 이쪽에서 그대로 숙소를 잡기로 하였다. 숙소 로비 쪽에는 조식을

먹는 식당과 수영장이 있었고, 근처에 조금만 걸어가게 되면 숙소가 오픈 형식으로 하나씩 붙어있었는데, 숙소 퀄리티도 굉장히 좋고 휴양지 느낌이 나서 만족했었다.

숙소에 잠시 있다가 저녁 식사 때문에 밖에 나가게 되었는데, 발리에서 우리가 갔던 '쿠타'라는 곳은 유명한 곳인가 싶었다. 뭔가 현지인 보다 미국 또는 유럽 사람들이 많았고, 미국식 주점도 많아 보였다. 아무튼 우리는 근처 가게들을 지나다니다 한 레스토랑에서 저녁을 먹기로 하였는데, 이번에는 특별히 각자 1인 1메뉴를 시킬 수 있었고, 스테이크도 한 테이블 당 하나씩 시킬 수 있었다. 느낌 있는 가게에서 음식을 먹을 수 있었다는 것만으로 기분이 좋았다.

저녁 식사를 마치고 숙소로 돌아와 어김없이 수영할 친구들을 모아서 다 같이 수영했는데, 자카르타의 수영장보다 훨씬 수심이 깊은 곳이라 더 재밌었다. 또 바로 앞에서는 한 밴드가 공연을 했는데, 유명한 외국 곡들을 연주해 주어서 음악도 들으면서 수영할 수 있었고, 이후 숙소로 돌아와서 인상적이었던 발리에서의 첫날을 마무리했다.

• 요한이의 묵상과 여행

우리 중에 죄를 안 짓는 사람은 없으므로 다른 사람을 비판하고 정죄할 자격이 있는 사람도 없다. 오늘 하루 동안 친구가 실수하거나 잘못된 행동을 해도 비판하려는 마음을 가지는 게 아니라 '하나님 안에서' 바로잡을 수 있도록 도와주자.

족자카르타 공항에서 비행기를 타고 '발리'로 이동했다. 신기하게 발리는 지금까지 갔던 지역들과 1시간 시차가 났다. 저렴하고 좋은 숙소를 찾아서 체크인 했는데 조식 뷔페도 주고 수영장도 두 개나 있었다.

호텔 로비에서 길을 건너 다른 골목으로 들어가야 방이 나오는데 방도 지금까지 간 곳들 중에 가장 좋았다. 지금까지는 친구, 선배랑 같은 방을 썼었는데 이번에는 여행 쌤과 둘이 방을 쓰게 됐다.

짐을 풀고 나니 벌써 저녁 시간이 되어서 식당을 찾아 나섰다. 여행 내내 돈을 잘 아껴서 이번 저녁은 비싼 곳에 가서 먹었다. 스테이크도 시키고, 피자 등 각자 원하는 음식도 하나씩 시켜서 먹었다.

밤에는 숙소 앞 수영장에서 다 같이 수영을 했다. 밴드 공연도 해줘서 보면서 즐겁게 놀았다. 씻고 나서도 방에서 친구들이랑 놀다가 잤다.

• 하민이의 묵상과 여행

　사람의 눈으로 본 기준에서 사람들을 정죄하고 판단한다. 잘못된 것이라는 것을 알면서도 무의식중에 이미 습관이 되어버린 내 부족한 모습을 보게 되었고, 이에 부끄러운 마음으로 '회개'했다. 하나님의 심판대 앞에 섰을 때 부끄러움이 없도록 다른 사람을 정죄하지 않으려고 노력해야겠다. 나의 연약한 모습을 보게 하신 하나님께 '감사'하다.

　오늘은 '발리'로 이동하는 날! 비행기를 타고 발리에 도착해서 숙소를 잡고 저녁 식사를 했다. 7인 7색을 와서 했던 호화로운 식사 중 하나였다. 식당 모니터에 짜장면과 탕수육을 만드는 영상이 있었는데 여행 쌤과 태헌이, 현서가 넋 놓고 보고 있는 모습이 웃겨서 영상에 담았다.

　저녁에 숙소로 돌아와 늦은 시간이었지만 숙소 측에 양해를 구하고 수영을 할 수 있었다. 수영장에서 친구들과 수영을 했는데 앞에 있는 무대에서 밴드 연주가 있었다. 밴드 공연을 보며 친구들과 수영을 하는 그 순간이 너무 행복했고, 그동안에 여행 중에 있었던 힘든 일을 다 보상받는 느낌이었고, 힐링이 되는 시간이었다. 그리고 나중에 성인이 되면 우리도 저런 밴드를 만들어서 버스킹 다니자고 현서와 약속했다.

• 윤하의 묵상과 여행

　하나님 나라에 내가 있고 싶다는 묵상을 했다. 우리 안에는 죄가 너무나 많고 이기적이며 욕심이 많아 나를 힘들게 하고 남을 힘들게 한다. 하지만 하나님 나라에서는 우리가 모두 서로 사랑하며 아프지 않을 수 있다는 것이 평안해 보였다. 우리가 지금 당장 하나님 나라에 갈 수 없지만 그 나라는 하나님 안에 있고 서로 사랑하고 평강의 공간이니, 지금 이 세상에서 '서로를 사랑하고, 나를 사랑하는 하나님을 사랑하며' 그 나라를 만들기 위해 함께 노력했으면 좋겠다.

　오늘은 드디어 '발리'에 가는 날이 되었다. 모두가 그렇겠지만 난 발리를 가장 기대했었다. 마지막이기도 하고 최대한 노는 코스이기 때문에 기대가 많았다. 우리는 비행기를 타고 발리에 도착하였다.

　숙소로 이동해 보니 시설도 좋고 수영장도 있어 너무 좋았다. 지금까지 숙소들도 안 좋지는 않았지만, 발리 숙소는 휴양지에 온 것 같았다.

　다 같이 저녁도 맛있는 피자와 파스타, 스테이크를 먹고 숙소 수영장에서 친구들과 놀았다. 발리는 놀러 온 것 같아 행복했고, 수영장 앞에 밴드 분들이 노래를 해주셨는데 그 순간이 정말 소중하였다.

2024-01-25 (목) / 로마서 15장 1~13절
스쿠버다이빙 도전!
- - - - - - - - - - -

• **솔이의 묵상과 여행**

　오늘 말씀을 보면 이웃을 사랑하고, 소망을 가지며 하나님을 생각하라고 나온다. 그런데 사람은 바쁘게 살고, 일과 현실적 문제들이 나에게 닥쳐오면 하나님과 함께하는 소망과 이웃 사랑은 뒷전으로 미룬다. 나도 오늘 그랬다. 발리 담당으로서의 책임감이 나를 누르다 보니 하나님을 바라보는 마음이 희미해졌다. 바쁜 현실 속에서도 하나님을 잊지 말자. '하나님으로 인해 즐거워하는 마음'을 항상 가지자.

　오늘은 기다리고 기다리던 '스쿠버다이빙'을 하는 날이다. 스쿠버다이빙은 내가 '발리'를 처음으로 조사할 때부터 하고 싶었고, 살면서 처음 해 보기에 그만큼 기대했고, 갑작스런 변수로 인해 스쿠버다이빙을 못하는 상황이 생기지 않도록 기도를 했다.

　아침 9시에 픽업 서비스로 숙소에서 차를 타고 1시간 정도 이동을 했고, 스쿠버다이빙 업체는 사누르 비치 근처에 있었다. 스쿠버다이빙을 실제로 하기 전에 작은 사이즈의 수영장에서 물에 적응하기 위한 교육을 받았다. 여행 쌤이 연습도 따로 안 하고 바로 바다에 데려가는 업체들도 있는데, 이 업체는 사전 교육도 하는 체계적인 곳이라고 하셔서 이 업체를 알아본 나 자신에게 뿌듯했다><

　그 후 작은 보트를 타고 바다로 간 다음 큰 배로 옮겨 타고 거기서 준비 후 바다 속으로 들어갔다. 내가 모든 사람들 중 첫 번째로 입수하게 되어서 약간 무섭고 당황스

러웠는데 좀 적응이 되고 나니 괜찮았다. 하지만 더 깊이 물속으로 내려갈수록 귀에 압력이 느껴져서 귀가 아팠다. 그럴 때는 코를 막고 약간 읍! 읍! 하는 느낌으로 숨을 쉬었더니 괜찮아졌다. 바닷 속 풍경은 모래로 인해 약간 뿌얘서 아쉬웠지만 산호들과 물고기들이 다양하게 잘 보였다. 특히 영화에서 본 니모도 발견했고, <도리를 찾아서>에 나오는 도리도 봤다. 그리고 산호를 직접 만져보기도 했다. 처음엔 산호를 멋모르고 만졌다가 독이 있을까 봐 망설여졌지만, 가이드가 오케이 사인을 보내자 만져보았는데 약간 미끌미끌하면서도 오돌토돌한 느낌도 있었고, 문어 촉수 비슷한 걸로 손을 가볍게 빨아들이기도 하였다.

    스쿠버다이빙을 마치고 휴식 시간이 필요할 것 같아 5시 반까지 각자 쉰 다음, 모여서 쿠타 비치를 구경하면서 개인 사진을 남기고, 비치워크 쇼핑센터와 샌들 가게 fipper를 가기로 했다.

    비치워크 쇼핑센터로 이동하고 저녁으로 굽네 치킨을 먹었다. 비치워크 쇼핑몰에는 의외로 이니스프리와 뚜레쥬르, 삼성 등 한국 브랜드들이 많았다. 역시 여기서도 한류 열풍을 실감할 수 있었다. 저녁으로는 치킨과 떡볶이를 시켰는데, 양념은 한국의 맛이 느껴졌지만, 떡은 우리나라 떡과 다르게 뚝뚝 끊어지는 느낌이 났다.

저녁을 먹고는 쇼핑몰 지하 1층에 있는 슈퍼마켓에서 발리 특산품을 샀다. 내려가 보니 사실상 한국인들 만남의 광장이었다. 슈퍼마켓에서 들리는 한국어들을 들으며 말린 망고와 코코넛, 비누 등을 가득 샀다.

쇼핑을 끝내고는 산 물건들을 가지고 숙소로 돌아왔다. 쿠타 지역이 관광지라 그런지 밤에도 사람이 많았는데, 그중에서는 구걸하는 사람들도 있었다. 그런데 내가 충격 받은 것은 어른들 뿐만 아니라 아이들도 구걸을 하고 있었다. 아이가 구걸하는 경우도 있고, 엄마와 아이가 함께 구걸하기도 했다. 그리고 일곱 살 정도로 보이는 어린아이가 관광객들에게 기념품을 팔았다. 그중 한 명은 자꾸만 다별 선배에게 기념품을 팔려고 했었다.

나는 이러한 모습을 보고도 이들이 빈곤에서 벗어날 수 있게 내가 할 수 있는 일이 없어 안타까우면서도 부끄러워 그 아이들의 얼굴을 똑바로 볼 수 없었다. 또한 나는 18년 동안 살면서 구걸하는 사람을 본 적이 있지만, 어린아이가 구걸하는 모습은 본 적이 없었기에 큰 충격도 받았다. 그리고 경제적 빈곤의 현실을 잠깐이나마 보게 되면서 모두가 부자로 살 수  는 없더라도, 경제적 빈곤으로 인해 인생에서 어려움을 겪는 모습이 없었으면 좋겠다. 그리고 모두가 100% 풍족하지는 않더라도 삶을 꾸려나갈 수 있고, 나아가 가난에서 벗어나 더 나은 사회를 만들어 가면 좋겠다. 그리고 지금이 인도네시아 선거철이라 정치인들 포스터가 곳곳에 보였는데, 자신의 사리사욕보다 수많은 정치인들 중에 길바닥에 있거나 거리에서 기념품을 파는 어린 아이들을 생각하는 사람이 몇 사람이나 될지는 모르겠지만, 그래도 약자들을 살필 줄 아는 사람이 나라를 이끌어갔으면 좋겠다고 기도했다.

• 태헌이의 묵상과 여행

오늘 말씀을 보고 성숙한 기독교인은 나를 기쁘게 하지 않고, 이웃을 기쁘게 한다는 것을 깨달았다. 그러므로 오늘을 살면서 양보해야 하거나 스스로가 원하는 것을 포기해야 하는 상황이 오더라도 '기쁘게' 받아들여야 한다는 것을 배웠다.

조식으로 숙소에서 제공해 주는 뷔페를 먹었다. 서양인 투숙객이 많아서 그런지 음식이 서양식으로 준비되어 있었다. 그러고 나서 '스쿠버다이빙'을 하러 출발했다. 예약을 했기 때문에 스쿠버다이빙 업체에서 우리를 픽업하기 위해서 숙소까지 왔다. 그곳에 도착해서 잠수복으로 갈아입은 뒤 교육을 받았다. 간단한 수신호, 산소통

사용법, 비상 상황 대처법 같은 설명을 듣고 나서야 깊은 바다로 향하는 보트를 탈 수 있었다. 그리고 다이빙을 시작했다. 나는 중간 정도의 순서였다. 친구들이 하나둘 바다에 들어가는 것을 보고 기대가 부풀었다. 내 차례가 되었을 때 연습했던 것을 하나둘 떠올리며 바다에 들어갔다. 처음에는

산소통으로 호흡하는 게 정말 익숙하지 않았다. 교육받을 때 이미 연습을 하긴 했지만, 그래도 참 익숙하지 않았다. 그래도 다행히 금방 적응됐다. 물 밑에서 보이는 바다 자체는 막상 그렇게 신기하지는 않았다. 물고기와 산호가 내 예상보다 조금 더 많았던 것 빼고는 예상했던 것과 같았다. 하지만 그렇다고 해서 스쿠버다이빙이 실망스러웠다는 말은 절대 아니다. 친구들과 같이 할 수 있어서 좋았고 정말 재밌었다. 살면서 한 번쯤은 꼭 해 보는 것을 추천한다.

짧았던 스쿠버다이빙을 마친 후 씻고, 점심을 먹으러 갔다. 나시고랭을 먹은 뒤 숙소에서 자유 시간을 보냈다. 이런 자유 시간을 활용하기 위해서 영어 단어 책을 들고 왔지만, 한 번도 쓴 적이 없었다.

아무튼 조금 쉬고 숙소 근처 해변을 갔다. 해변 길을 따라가면서 사진도 찍고, 바다 구경도 했다. 해변 길을 따라가다 보면 나오는 쇼핑몰에 들어갔다. 쇼핑몰 내부에 굽네 치킨이 있길래 거기서 저녁을 먹었다. 맛이 한국이랑 완전 같지는 않았지만 흡사했다. 식사를 마친 뒤에 쇼핑을 하기로 했다. 이곳이 마지막으로 쇼핑을 하게 될 장소일지도 모르기 때문에 이곳에서 최대한 용돈을 다 쓰기로 마음먹었다. 부모님께 드릴 선물을 사고 친구들에게 줄 비누를 대량으로 샀다. 비누가 싸고 품질도 좋길래 40개 정도를 구매했다. 이미 충분히 시간이 늦었기 때문에 숙소로 얼른 복귀했다.

• 은지의 묵상과 여행

　하나님 안에서 평안한 마음을 유지하는 건 정말 쉽지 않다. 내 욕심, 불평, 판단하는 마음들이 끊임없이 올라오고, 배고프거나 지쳤을 때도 쉽게 예민해진다. 하지만 이번 여행을 하면서 평안을 유지하는 게 가능하다는 걸 확실히 느꼈다. 왜냐하면 묵상을 아침에 하고 시작한 하루와 묵상을 아침에 못하고 시작한 하루가 마음가짐부터 달랐기 때문이다. 말씀을 가까이 했을 때가 좀 더 마음이 누그러지고 다른 사람에게 좀 더 베풀고 나누고자 하는 마음이 생겼다. '말씀의 힘'으로 더욱 노력하자!

　오늘은 대망의 '스쿠버다이빙'을 하는 날이다. 수영을 못해서 너무 긴장됐었는데 숨만 잘 쉬면된다고 생각하고 어떻게든 했다. 들어가자마자 귀가 진짜 너무 아파서 힘들었지만 일단 참았다. 형형색색의 물고기들이 내 눈앞을 지나갔다. 물고기를 잡아보고 싶었지만 너무 빠르고 표면이 미끈거려서 잡을 수가 없었다. 살면서 물고기를 이렇게 가까이 본 게 처음이었다. 먹이를 주니 물고기들이 순식간에 몰려들었다.

　그렇게 숨을 잘 쉬고 있다고 생

각했는데, 갑자기 호흡 패턴이 무너지면서 물을 왕창 먹었다. 얼른 문제가 있다는 사인을 손으로 표시하고 재빨리 위로 올라갔다. 올라가자마자 거친 숨을 내쉬었다. 진짜 죽을 뻔했다! 두 번 다시는 못할 것 같다… 바닷물이 이렇게 짰던가? 물을 잔뜩 먹어서 정신이 혼미했다. 지금까지 쭉 컨디션이 계속 좋았고 특별히 아픈 적도 없었는데 오늘 스쿠버다이빙을 하고 나서 컨디션이 최악이었다. 너무 피곤했다. 그래도 일정은 계속 소화해야 했다. 우리는 예쁜 해변을 둘러본 뒤 쇼핑몰 가서 쇼핑도 했다. 해변에서 점프를 했는데 마치 '주여! 저를 데려가소서!!' 이렇게 외치는 듯한 포즈인 것 같아 너무 웃겼다.

• **현서의 묵상과 여행**

믿음이 강한 자가 믿음이 약한 자를 돕는 것이 당연하다고 한다. 즉, 믿음이 약한 자는 강한 자에게 도움을 받는 것이 부끄러운 것이 아니다. 우리는 가끔 나의 약점 때문에 다른 사람에게 도움을 받는 것을 싫어하거나 부끄러워하는 경우가 있다. 자신의 개인적인 감정 때문에 도움 받기를 거절하는 것은 그리 지혜로운 결정이라고 생각되지 않는다. 그렇기에 가장 먼저 '자신을 있는 그대로 인정하는 것'이 그 무엇보다 가장 으뜸이 되는 것이 아닌가 싶다.

오늘 아침은 다른 곳이 아닌 호텔에서 조식을 제공해 주어서 호텔 식당에서 먹게 되었다. 종류가 엄청 다양하진 않았지만 나쁘지 않았다. 이후에는 개인적으로 엄청나게 기대하는 일정인 '스쿠버다이빙' 체험 장소로 이동하였다. 도착해서는 직원의 설명을 듣고 탈의실에서 다이빙 복으로 갈아입은 뒤, 작은 수영장에서 산소통과 호흡기가 달린 조끼로 한 명씩 돌아가며 어떻게 쓰는 건지 직접 체험해 보았다. 다 마치고 난 뒤 진짜 배를 타고 바다 쪽으로 나가서 두 명씩 바다 속으로 들어갔는데 두 명당 직원이 한 명씩 붙어서 데리고 다녔다. 솔직히 자유롭게 수영하고 싶었기에 약간 아쉽기도 했지만, 스쿠버다이빙을 한다는 것 자체도 재미있었고, 물고기도 굉장히 많이 보는 등 모든 게 새로워서 엄청 즐거웠다. 진짜 꼭 시도해 보아야 한다.

끝나고 난 뒤에는 간단하게 씻고 다

시 숙소 쪽으로 이동하게 되었다. 숙소에 도착하고 근처에 있는 나시고랭 음식점에서 점심을 먹었는데, 이곳이 나시고랭을 가장 잘 만드는 음식점이었다. 진짜 매일 먹다시피 해서 질렸었는데 그걸 감안해도 진짜 맛있는 곳이었다.

숙소에서 잠시 쉬고 난 뒤 쿠타 해변 쪽으로 가게 되었는데 날씨가 굉장히 좋아서 재미있게 시간을 보냈다. 다만 좀 아쉬웠던 것은 바닷가에 쓰레기가 많았던 것이 좀 걸렸다. 해변을 따라 쭉 걷다가 '비치워크 쇼핑센터'라는 곳에 들르게 되었는데, 대강 둘러보다가 익숙한 이름인 굽네 치킨이 보여서 이곳에서 저녁을 먹기로 하였다. 돈이 좀 나오긴 했지만 맛있었다. 마지막으로 지하에 있는 마트에서 간식과 선물을 샀는데, 여행 쌤의 아들인 아론이가 생각나서 자동차 장난감을 하나 사주었다. 나중에 선생님께 여쭤보니 아론이가 자동차를 엄청나게 좋아한다고 하셔서 다행이라고 생각했다.

쇼핑센터에서의 일정이 끝나고 바로 숙소로 돌아와서 각자 얼마나 샀는지 정리하고, 오늘이 발리에서의 마지막 밤이었기에 친구들과 조금 늦게까지 놀다가 잤다. 한편으로는 발리에서의 일정이 벌써 끝난다는 게 아쉬웠고, 무엇보다 시간이 늦어서 수영을 한 번 더 못했던 게 아쉬웠다.

• 요한이의 묵상과 여행

내가 기쁘고 즐거울 때보다는 힘든 상황에서 하나님을 찾게 되고 기도하게 되는 것 같은데, 기쁜 상황에서도 더욱 하나님께 감사하도록 노력해 보자. 그래서 오늘 하루 동안 기쁜 상황에서도 '하나님을 찾고 감사'해야겠다.

아침에 조식 뷔페가 잘 나와서 맛있게 먹고 '스쿠버다이빙'을 하러 출발했다. 스쿠버다이빙을 위해서 지금까지 돈을 아꼈다고 할 수 있을 만큼 기대했던 일정이라 설렜다. 먼저 수영장에서 장비 사용법을 배웠는데 강사 분들이 친절하고 유쾌하셨다. 다른 한국인 가족도 만났는데 확실히 발리에서는 한국인을 쉽게 볼 수 있었다.

강습이 끝나자 배를 타고 수심 5m 이상 되는 곳까지 들어갔다. 물이 뿌옇지만 물고기가 엄청 많았는데 물고기들에게 먹이를 직접 나눠주기도 했다. 꽤 큰 물고기들도 있고 흰동가리 같이 작은 물고기들도 봤다. 그런데 물속에 10~15분 정도밖에 못 있고 나와야 해서 조금 아쉬웠다. 그래도 태어나서 처음 해 보는 스쿠버다이빙이라 재밌었다.

스쿠버다이빙 하느라 돈을 너무 많이 써서 점심은 나시고랭으로 간단하게 먹었다. 그런데 여행하면서 10번 넘게 먹어본 나시고랭 중에서 가장 맛있었다.

숙소로 돌아가서 한숨 자고 가까운 곳에 있는 해변에 갔다. 사진도 찍고 해변을 따라 걸어서 한 쇼핑몰에 도착했다. 쇼핑몰 안에 굽네 치킨

이 있길래 거기서 저녁을 먹고 남은 용돈을 다 쓰기 위해 마트로 갔다. 간식이랑 지인들에게 선물할 것들 좀 사고, 오늘이 숙소에서 자는 마지막 날인 만큼 친구들과 밤늦게까지 놀다가 잤다.

• **하민이의 묵상과 여행**

　하나님을 찬양할 때 평화가 있고 기쁨을 느낄 수가 있다. 나는 삶에서 하나님을 얼마나 찬양하고 있을까? 하나님을 찬양하는 방법은 여러 가지가 있다고 생각한다. 나는 어떤 방법으로 하나님을 찬양할 것인가? 오늘 하루를 보내며 감사한 일을 입술로 고백하며 '찬양'으로 올려드리자.

　드디어 '발리'에서의 가장 큰 일정인 '스쿠버다이빙'을 하는 날이다. 직원 분의 설명을 듣고 환복할 옷을 받고 탈의실에서 환복한 뒤에 간단한 설명을 듣고 배를 타고 바다로 나갔다. 생각보다 멀리 들어가서 놀랐고 막상 들어갈 때가 되니 기대되기도 하고 무섭기도 했다. 장비를 착용한 뒤에 바다로 들어갔다. 처음에는 무서운 마음에 다시 물 위로 올라가고 싶다는 생각이 많이 들었지만, 이왕 들어온 거 다 경험해 봐야겠다는 생각이 들어서 두려운 마음

을 잡고 물속으로 들어갔다. 버디 분이 내 손에 물고기 밥을 쥐어 주셨고, 나는 놀라서 소리를 지르며 밥을 놔버렸다. 이후에도 함께 들어간 버디가 물고기를 몰아주거나 물고기를 만져볼 수 있게 해 주셨는데 나는 물고기를 무서워했기 때문에 계속 소리를 지르면서 피해 다녔다. 가장 기억에 남는 건 니모였고, 생각했던 것보다 훨씬 귀여웠다. 물속이 적응될 때쯤 물 위로 올라갈 시간이 되어 아쉬운 마음이 컸다. 태어나서 처음 해 보는 경험이라 신기하고 재미있었다. 발리의 하이라이트답게 가장 인상 깊었던 활동이었다.

이후 휴식을 하고 저녁 먹으러 가는 길에 있는 발리 해변에서 산책하며 사진을 찍었는데 바람이 한국 바다보다 훨씬 세게 불어서 실제로 사진을 찍기는 너무 힘들었다.

• 윤하의 묵상과 여행

　나는 힘들고 지칠 때 세상의 것을 많이 기대고 의지하려고 한다. 그것이 편하다고 생각하고 행복하다고 생각하지만, 누구나 알고 있겠지만 세상의 것은 영원하지 못하다. 힘들고 무너질 때마다 하나님을 찾아야 하는데 하나님을 찾으면 항상 원망만 늘어놓고 불평만 털어놓는 나를 보게 된다. 그러므로 언제 어디서나 하나님을 찾고, '하나님 말씀에 집중'하는 내가 되도록 힘써보자.

　오늘은 '스쿠버다이빙'을 하기로 해서 아침을 든든하게 조식으로 먹었다. 스노클링은 자주 해봤어도 스쿠버다이빙은 처음이어서 기대가 되었다. 스쿠버다이빙을 하는 곳에서 숙소로 픽업해주러 오셨다.

　1시간 넘게 이동해 드디어 스쿠버다이빙을 하는 곳에 도착해 옷을 갈아입었다. 들어가기 전 작은 수영장에서 강사 분들이 친절하게 산소호흡기로 어떻게 숨 쉬는지 알려주시고 도와주셨는데 정말 친절하시고 재밌으셔서 긴장되는 거 없이 잘할 수 있었다. 연습을 다 마치고 배를 타고 5분 정도 되는 거리에 도착해 바로 들어갈 준비를 하였다. 처음 들어가기 전에는 조금 무서웠는데 막상 들어가니 신기하고 강사 분이 잘 잡아주셔서 안전하게 체험을 할 수 있었다. 짧은 시간 동안만 물속에 있어서 아쉬웠지만 그래도 물고기들한테 밥도 주면서 재밌게 즐겨 좋았다.

　스쿠버다이빙을 한 후 우리는 배가 고파 점심을 먹고, 다 같이 지친 몸을 위해 쉰 뒤 해변에 가기로 하였다. 바람이 너무 많이 불어서 당황했지만 바다와 노을이 정말 이뻐서 행복했다. 바닷길을 따라 걸으니 쇼핑몰에 도착해 저녁을 먹고, 푸드 코트에 가 친구들 선물을 다 같이 샀다. 오늘은 숙소에서 자는 마지막 날이라 정말 아쉬워서 친구들이랑 늦게까지 놀다 잠에 들었다.

2024-01-26 (금) / 로마서 15장 14~33절

발리 우붓

• 솔이의 묵상과 여행

바울은 자신이 그리스도인들을 탄압했지만, 역설적으로 그리스도인을 만드는 일을 하게 되었다. 하나님의 인도하심은 정말 신기한 것 같다. 나도 오늘 하루가 어떻게 흘러갈지는 모르겠지만 '하나님의 인도하심'으로 맡겨 드리자.

이방인들은 예루살렘 성도들에게 빚을 진 마음으로 헌금을 하고, 사이가 좋지 않았던 이방인과 유대인 성도들이 화합하는 모습은 이웃 사랑을 실천하는 모습으로 귀감이 된다. 오늘 마지막 하루도 '이웃 사랑'을 실천하며 발리 담당자로서 최선을 다하자.

오늘은 '우붓' 지역으로 이동을 했다. 일정이 너무 많아서 편의상 정리를 해보았다. 첫 번째로는 '몽키 포레스트'를 갔다. 몽키 포레스트는 야생 원숭이들이 돌아다니는 숲인데, 예능 지구 오락실에도 나온 곳이고, 입장료가 인당 8천 원이라 좀 비쌌다.

안으로 들어가고 나서는 야생 원숭이들을 많이 봤는데 나무와 나무 사이를 원숭이들이 날아다녀서 놀랐다. 가기 전 사전 조사를 했을 때는 야생 원숭이들이 핸드폰이나 지갑, 가방 열쇠고리 등을 가져갈 수도 있다고 들었다. 그런데 다행히 이런 일은 없었다.

돌아다니다가 다들 배도 고프고 좀 더워서 그랩을 타고 우붓으로 이동했다. 점심을 먹어야 했는데 차 안에서 찾아본 식당들이 인터넷에 나온 것보다 가격이 좀 더 비

싸서 당황했다. 그리고 관광지라 그런지 전체적으로 물가가 비쌌다.

그런데 걷다 보니 가격도 괜찮고 양도 많은 식당을 발견했다. 거기서 나시고랭과 미고랭을 먹었다. 그 순간에는 걱정하더라도 식당을 찾았던 걸 보면 비록 우리가 현실적인 문제로 염려하더라도 하나님은 우리의 필요를 다 채워주시는 분이심을 느꼈다. 이러한 다짐을 한국에 가서도 잊지 않았으면 좋겠다.

밥을 먹고는 쇼핑을 위해 '우붓 시장'에 있었는데 갑자기 비가 왔다. 여행 쌤이 일기

예보에서 비가 올 수도 있으니, 대비를 해 놓으라고 하셨지만 그래도 당황했다. 고민을 하다 사리스와띠 사원 옆에 있는 스타벅스에서 쉬기로 했다. 이 스타벅스는 건물 안에서 사리스와띠 사원이 보이고, 에어컨도 잘 나오기 때문에 경기도 우붓 지점 스타벅스라고 해도 될 만큼 한국인들 만남의 장소이다. 우리는 음료를 시키고 의자에 앉아 쉬고 있었다. 나는 좀 쉬다 보니 기력이 돌아와서 화장실을 갔다 나오는 길에 사리스와띠 사원이 보이는 곳을 발견해서 사진을 찍었다.

    스타벅스에서 1시간 정도 쉬고, 그랩 택시를 타고, 숙소 인근에 있는 식당으로 갔다. 갈 땐 1시간 걸렸는데 올 때는 교통체증 때문에 거의 2시간이 걸렸다. 그만큼 그랩 요금도 두 배나 올랐다. 도착하고 나서 밥을 먹고 숙소에서 짐을 챙긴 다음 공항으로 이동했다.

• 태헌이의 묵상과 여행

　오늘 말씀을 보고 복음이 전해지는 과정이 얼마나 수고스러운지 알게 되었다. 그렇지만 나는 정말 운이 좋게 주변 환경을 통해서 복음을 접할 수 있게 되었다. 그러므로 내가 얼마나 운이 좋고, 은혜 받은 사람인지 깨닫고 '이 은혜를 다시 흘려보내자.'는 묵상을 하였다.

　아침에 일어나서 숙소 체크아웃을 마친 후 마지막 일정을 소화하기 위해 '몽키 포레스트'가 있는 '우붓'이라는 지역으로 향했다. 우리가 내일 새벽 비행기를 타고 한국으로 돌아가야 하기에 체크아웃을 해야 했다. 하지만 무거운 짐을 들고 다닐 수는 없어서 숙소 로비에 짐을 맡기고 이동했다.

　어쨌든 택시를 타고 1시간이 넘게 이동해서 몽키 포레스트에 도착했다. 몽키 포레스트에 도착하자마자 원숭이들이 잔뜩 있었다. 정말 원숭이가 많았다. 규모가 컸지만 볼 게 원숭이밖에 없어서 원숭이를 좋아하지 않는다면 그렇게 추천하지는 않는다.

　그 후에 식당에서 점심을 먹었다. 나는 피쉬앤칩스를 먹었다. 확실히 관광도시여서 그런지 외국인을 겨냥한 메뉴가 많았다.

　그 후에 거리에서 마지막 쇼핑을 했고,

그리곤 '우붓 왕궁'에서 잠시 사진을 찍고 있는데 비가 내리기 시작했다. 그래서 다른 일정을 할 수 없었고 스타벅스에서 시간을 보내야 했다. 우리가 다시 숙소에 들어갈 수 없기 때문에 비행기를 탈 때 까지 시간을 잘 계산해서 이곳에 있어야 했다.

숙소 부근으로 돌아와 어제 점심을 먹었던 곳에서 다시 저녁을 먹었다. 여기서 도보로 조금 걸어서 숙소로 다시 도착해서 짐을 찾았고, 한국으로 돌아오기 위해서 공항으로 출발했다.

• 은지의 묵상과 여행

바울이 계속 복음을 전하러 다닌다. 나도 바울처럼 세상에 파송되는 그리스도인이 되자. 그리고 그렇게 파송되기 위해 오늘도 일상에서 하나님을 계속 느끼며 '준비'되자.

'몽키 포레스트'에 갔다. 살면서 이렇게 원숭이를 많이 본 건 처음이었다. 몽키 포레스트라는 이름답게 정말 숲에 원숭이들만 가득했다. 사나운 원숭이도 있어서 놀랐는데, 이럴 땐 겁낼 게 아니라 원숭이와 눈싸움을 해야 한다는 걸 알게 되었다. 근데 다별 선배가 원숭이를 무서워해서 너무 웃겼다…. 그리고 항상 이상한 포즈와 이상한 표정으로 사진을 찍는데 웃겨 죽는 줄 알았다.

오늘이 현지를 누릴 수 있는 마지막 날이라 그동안 아껴뒀던 개인 용돈으로 기념품을 잔뜩 샀다. 천연 고무 샌들, 나무 도마 등 가족들 줄 선물을 이것저것 샀다.

새벽 비행기를 타야 해서 얼른 공항으로 이동했다. 공항에 도착해서 익숙하게 체크인을 하고, 마지막 소감 영상을 각자 찍고, 마지막 저녁 나눔을 했다. 근데 새벽이라 너무 졸린 나머지 나는 휘청휘청하다 우당탕탕 쓰러졌다ㅋㅋㅋㅋㅋ 이런 모습으로 마무리를 하면 안 되는데ㅋㅋㅋ 졸려서 다별 선배와 솔이에게 이상한 말들을 했다. 다별 선배가

나보고 술에 취한 것 같다고 했다. 이래서 사람은 잠을 자야 하나 보다. 게다가 나는 엄청 잠꾸러기라 태어나서 한 번도 밤을 새워본 적이 없어서 더 이렇게 된 것 같다.

솔직히 내일이 마지막 날이라는 게 전혀 믿기지 않았다. 시간이 빨리 지나가길 바라면서도 마음 한편으론 붙잡고 있었기 때문인 걸까? 마치 7인 7색이라는 꿈을 꾼 것만 같다. 짧고도 긴 정말 평생 못 잊을 것 같은 여행이다!

• 현서의 묵상과 여행

　예수님이 바울에게 소명을 주신 뒤 자기 몸을 완전히 바쳐서라도 사람들에게 복음을 전하려 했다. 이것은 마치 작심삼일 하듯이 한 각오가 아닌, 그 어떤 것을 희생하더라도 복음을 전하리라는 각오로 이루어진 행동이라고 생각한다. 그래서 앞으로 나는 어떤 '각오'로 또 어떤 형태로 하나님을 전할 것인지 생각해 보는 하루를 살아보겠다.

　발리에서의 마지막 날이다. 내일 새벽 1시에 인천으로 가는 비행기를 타게 되는데, 숙소 예약 상으로 오늘 12시 전까지는 방에서 체크아웃을 해야 했기에, 우선 짐을 다 빼고 직원 분께 짐을 로비에 맡길 수 있냐고 부탁드렸는데 다행히 괜찮다고 하서서 짐을 맡길 수 있었다. 이후 우리는 마지막 일정을 진행하기 위해 '우붓'에 있는 '몽키 포레스트'에 도착했는데, 말 그대로 원숭이들이 사는 숲이다. 숲의 형식은 길을 따라 쭉 걷는 형식이었는데, 중간 중간 나무나 길에 원숭이들이 있는 것을 볼 수 있었다. 뭔가를 먹고 있기도 하였고, 새끼를 업고 다니기도 해서 하나씩 관찰하는 재미가 있었다.

　그렇게 한 바퀴 정도 돌고 나서 몽키 포레스트에서 나가서 길가 쪽으로 갔는데, 근처에 식당이 있어서 그쪽에서 점심을 먹었다. 이후에는 조금 이동해서 쇼핑거리 쪽에서 다른 선물들을 조금씩 샀는데 여러 군데를 돌아다니며 대부분이 용돈을 거의 다 쓰게 되었다. 슈퍼맨 쌤께서 7인 7색 여행에 후원해 주셔서 선생님을 위한 선물을 따로 사기도 하였다. 쇼핑 중 근처에 '우붓 왕궁'

로마서 묵상하며 여행하기- 1월 26일

이 있어서 그쪽을 둘러보았다. 기회가 됐더라면 발리의 공주님을 만나볼 수도 있었지만, 외국에 나가 계시는 바람에 뵐 수 없었던 것이 좀 아쉬웠다.

그렇게 쇼핑을 마친 뒤 스타벅스에서 잠깐 시간을 보냈는데, 3주 만에 스타벅스라 굉장히 오랜만이었다. 처음으로 헤이즐넛 프라푸치노에 도전해 보았는데 맛있긴 했지만 또 먹고 싶은 맛은 아니었다. 커피를 안 넣어서 그런가 싶었다.

스타벅스를 마지막으로 모든 일정이 마무리되었고, 숙소 쪽으로 이동하였다. 공항에서는 따로 시간이 없을 것 같았기에 어제 점심을 먹었던 곳에서 저녁을 먹었는데 어김없이 맛있었다. 다시 숙소로 이동해서 맡겨놓은 짐을 찾고 공항 쪽으로 이동했다.

공항에서 똑같이 탑승수속을 진행하였는데 유독 이날이 체크인 줄이 엄청나게 길었다. 그래도 1~2시간 내로 다 마무리되었고, 게이트 쪽에서 다 같이 기다리며 오늘 하루가 마무리되었다.

• 요한이의 묵상과 여행

　오늘 말씀을 보고 바울이 얼마나 로마교회를 가고 싶었길래 '로마교회 사람들을 위해 긴 편지도 쓰고 계속해서 로마로 가기 위해 노력했을까?'라는 생각이 들었는데 바울은 정말 하나님의 복음을 전하고 사역하는 것 자체를 즐겁게 여겼다. 나도 바울을 닮아서 하나님의 일을 할 때 '기쁜 마음'을 가져야겠다. 그래서 오늘 하루 동안 오늘 읽은 말씀을 계속 떠올리고 내일 묵상을 기대하는 마음을 가지려고 한다.

　오늘은 벌써 여행하는 마지막 날이다. 택시를 타고 '우붓'의 '몽키 포레스트'에 갔다. 공원 이름답게 들어가자마자 원숭이들이 많이 보이는데 말레이시아에서 본 원숭이들보다 귀엽게 생겼다.
　점심으로 피시앤칩스를 먹고 '우붓 마켓'에서 마지막으로 지인들 선물을 조금 산 후 '우붓 왕궁'을 살짝만 구경하고 나왔다. 덥고 피곤해서 스타벅스에 갔는데 주문한 거보다 음료를 한 개 더 받아서 감사했다.
　다시 숙소 쪽으로 가서 어제 나시고랭을 먹었던 곳에서 또 저녁을 먹었다. 그리고 숙소에 맡겨뒀던 짐을 챙겨서 공항으로 가려는데 이제 한국으로 돌아간다고 생각하니 아쉽기도 하고 기분이 이상했다.

• 하민이의 묵상과 여행

　하나님 말씀을 전하는 데에 얼마나 힘을 쓰고 있는가? 말씀을 전하는 일이 나의 신앙생활에서의 우선순위에서 많이 밀려나있는 것 같다. 기독교 학교에 다니고 있고 주변 친구들이 다 하나님을 믿다보니 그것이 자연스러운 것이 되었고, 익숙해져서 말씀을 전할 필요성을 크게 느끼지 못한 것 같다. 스스로 이런 것을 판단한 내 모습이 부끄러웠다. 오늘 하루 '회개'하는 삶을 살고 내 주변에 말씀이 전해져야 하는 사람들이 있는지 생각해보고 그들을 위해 '기도'하자.

　발리의 유명 관광지인 '몽키 포레스트'에 방문했다. 워낙 유명한 관광지다 보니 한국인들도 많았다. 그래서 외국이라는 기분이 들지 않아 이상하게 묘했다. 이곳에서 살면서 볼 원숭이들을 다 본 것 같다.

　슈퍼맨 쌤께서 여행에 후원해 주셔서 선생님을 위한 선물을 사기 위해 돌아다녔다. 선물을 구입하고 스타벅스에 들어가 비를 피했다. 각자 마시고 싶은 음료를 하나씩 주문했고, 정말 오랜만에 아이스 아메리카노를 마셨다. 이때 마셨던 아이스 아메리카노는 그동안 먹었던 커피 중에 가장 맛있었다. 소소한 것에 감사함과 소중함을 느낄 수 있었다.

• 윤하의 묵상과 여행

　하나님의 뜻을 따르고 그 뜻을 전하는 사람 되고 싶다고 생각했다. '나는 과연 하나님의 뜻을 따르고 있을까?'라고 생각해보며 돌아보았는데 하나님을 필요할 때만 찾고 나의 뜻대로 살아가고 있었다.

　하나님은 나보다 뒷전이고 내 생각대로 말하고 행동하며 살아간다. 하나님의 생각이 우선되어야 하고, 하나님이 내 옆에서 항상 지켜보고 계신다는 것을 명심해야 한다. 하나님의 뜻을 나의 말로 전해야겠다.

　오늘은 발리에 마지막을 날로 '몽키 포레스트'를 가기로 했다. 택시를 타고 몽키 포레스트에 도착해 들어갔다. 원숭이들이 많아 옆으로 올까봐 무서웠는데 자유롭게 앉아있고 움직이는 모습을 보며 신기했다.

　몽키 포레스트를 다 보고 이동해 점심을 먹었다. 사실 여기 와서 정말 자주 먹은 나시고랭인데 항상 가는 곳마다 맛이 새롭고 너무 맛있다. 슈퍼맨 쌤 선물을 위해 우리는 주위에 가게들을 구경하다 친구들에게 줄 선물도 사고 엄마 생일 선물도 사서 좋았다.

　비가 갑자기 쏟아져 우리는 스타벅스로 이동해 다 같이 음료를 시키고 이야기하며 재밌게 놀았다. 숙소에 돌아와 공항에 갈 준비를 하였다.

2024-01-27 (토) / 로마서 16장

대한민국으로!

- **솔이의 묵상과 여행**

오늘 말씀에서 바울이 문안하라고 적은 사람이 엄청 많았다. 그만큼 섬기는 사역자들이 많았던 것 같다. 바울은 동역한 사역자들을 기억하고, 편지를 보낼 때 이웃과 분쟁하지 말고, 선한 데는 지혜롭고 악한 곳에는 미련하라고 말한다.

오늘 집으로 돌아가는데 7인 7색에서 경험한 매일 매일 묵상하고 적용하는 연습이 내 삶에서 이루어진다면 '선한 데는 지혜롭고 악한 데는 미련'할 수 있다.

찐으로 마지막 날이다. 오늘은 하루의 시작을 발리에서 상하이 가는 비행기에서 맞이하게 되었다. 새벽 2시부터는 비행기 안에서 잠을 잤다. 원래는 남들 다 자는 새벽 비행기에서 새벽 감성 플레이 리스트를 들으면서 감성을 느끼고 싶었지만, 어제 우붓도 돌아다니는 등 피곤함이 누적되어서 바로 잤다. 새벽 3시쯤에 기내식을 먹고 또..잤다.

그렇게 6시간 동안 비행기를 타고 상하이 푸동 공항에 도착했다. 공항 착륙 전에 상하이의 모습이 보이는데 저번 상하이에 왔을 때는 밤이어서 잘 보이지 않았지만, 이번에는 상하이 하늘에 많은 미세먼지가 보였다. 그래서 살짝 기관지 걱정이 되었지만 그래도 이번에는 공항 안에만 있을 예정이라 괜찮을 거라고 생각했다.

공항에 와서는 보안 검사가 있었다. 상하이에서 체류하는 것이 아니라 공항에서 잠시만 있는데도 보안 검사가 꽤 빡빡한 것 같다. 보안 검사를 마치고 나서는 공항 게

이트에 앉아 묵상을 하고 비행기가 올 때까지 기다렸다. 기다릴 때 시간이 12시쯤 되어서 점심시간이기에 배가 고팠다. 배고픈 채로 공항에서 기다리다가 집 가는 비행기를 탔다. 비행기 안에서는 옆자리에 탄 한국분과 정말 많은 대화를 나눴다. 비행기를 1시간 반 정도 타고 한국에 도착하자, 나는 그제야 편안함과 안도감을 느꼈다.

공항에서 학교까지는 슈퍼맨 쌤이 차를 가지고 태워주셨다. 학교 스타렉스를 타고 학교로 가는데, 바깥 풍경이 13시간 전까지만 해도 있던 인도네시아와 사뭇 달랐다. 차들이 질서정연하게 신호에 따라 움직이고, 오토바이들이 쌩쌩 다니지 않았다.

그렇게 차를 타고 학교에 도착한 뒤 서로 인사를 하고 집에 왔다. 20일 동안 많이 돌아다녔지만, 역시 집만큼 편안한 곳은 없는 것 같다. 집에 오니 그토록 먹고 싶었던 쭈꾸미를 먹었다. 쭈꾸미의 매운 국물과 밥을 비비고 상추 위에 쭈꾸미와 밥, 콩나물을 얹어서 먹고 싶었는데 소원을 성취해서 좋았다.

사실 아직도 한국에 온 게 실감이 나지 않는다. 분명히 어제는 내가 발리에 있었는데.. 비행기가 없었으면 적어도 몇 달은 걸렸을 길을 비행기를 타니 하루만에 와서 그런지 실감이 안 나고, 왠지 당장이라도 저녁 나눔을 하고 손빨래를 해야 할 것만 같았다.

• 태헌이의 묵상과 여행

오늘 말씀을 보면서 그리스도인은 하나님과의 관계뿐만 아니라 이웃과 성도와의 관계도 '원만하게' 유지해야 한다는 것을 배웠다.

새벽 비행기에서 조금 자고, 경유하기 위해 상하이에 도착했다. 그리고 상하이에서 다시 비행기를 타고 인천으로 출발했다. 인천에 가까워질수록 더더욱 집에 가고 싶어졌다. 사람들도 보고 싶어졌고, 한국에서 보내던 일상이 그리워졌다. 오랜 시간 여행을 가면 여행의 즐거움을 얻을 수 있지만, 동시에 집의 소중함도 깨달을 수 있게 되는 것 같다. 이런저런 생각을 하니 어느새 인천공항에 도착했다. 인천공항에서 슈퍼맨 쌤이 운전해 주신 부름이를 타고 학교로 돌아왔다. 학교에 도착하니 부모님들이 마중을 나와 계셨다. 다 같이 기념사진을 찍고 각자 귀가했다.

집으로 가는 차에서 여행 중에 있었던 일들이 생각났다. 기뻤던 일, 힘들었던 일,

짜증났던 일들이 떠올랐다. 그때 당시에는 이런 순간들을 추억하지 못했지만, 시간이 지나고 생각하니까 참 배울 점도 많고, 추억할 점도 많았던 3주인 것 같다. 여행을 하면서 얻은 교훈을 통해서 더 성숙한 사람으로 성장해야겠다.

• 은지의 묵상과 여행

어떻게 이렇게 말씀에 성도들 이름을 하나하나 빼먹지 않고 기록했을까? 공동체란 이런 모습이 되어야 한다. '주안에서' 수고한, '주안에서' 인정함을 받은, '주안에서' 사랑하는 ○○○ 이렇게 편지를 썼는데, 누군가를 사랑하려면 역시 '주님'이 필요하다. 7인 7색이 끝나고 나서도 공동체 안에서 비판이 아닌 사랑을 하기 위해 노력해야겠다.

드디어 그리웠던 한국에 도착했다!! 학교에 가자마자 학부모님들이 우리를 반겨주셨다. 정말 기뻤다. 정말 잊지 못할 귀한 경험을 하게 되었다. 물론 힘들기도 했지만…. 힘들 때 배움도 있으니까 괜찮다!

• **현서의 묵상과 여행**

　바울은 로마교회에 자신들과 함께 일하는 여러 교회의 성도들을 소개하며 '서로 문안하라'는 말을 전하고 있다. 바울이 로마서의 마지막 장을 문안하라는 권고와 함께 끝마친 것은 그만큼 중요한 게 아닌가 싶다. 우리 그리스도인은 교회 안이 아닌 밖에 있는 사람들에게 전도하고, 개인보다는 공동체 생활을 한다. 근데 우리가 서로를 잘 모른다고, 친하지 않다고 벽을 세워버린다면, 우리 안에서부터 열린 마음을 가지지 않는다면, 과연 다른 사람에게 복음을 전하는 게 가능할까 싶었다. 오늘 하루, 또 앞으로, 그리스도인으로서 살아가며 '열린 마음'을 가지고 사는 사람이 되어야겠다.

　게이트에서 1시까지 기다리고 있었는데, 생각보다 시간이 길어서 누워 있기도 하고, 윤하랑 게이트 반대편까지 갔다가 탑승 시간에 맞춰서 다시 뛰어오기도 하였다. 그렇게 도착했는데 시간도 변경되고 게이트도 바뀌어서 괜히 뛰었다 싶었다. 조금 더 기다리니 비행기에 탈 수 있었고, 몇 시간 정도 날아서 상하이에 도착했다.

　이번에는 경유하는 시간이 그렇게 길지 않았기에, 따로 시내에 나가거나 하지 않고 바로 환승하기로 했다. 공항을 둘러보기도 하고 앉아있기도 하면서 기다렸고, 드디어 긴 여정의 마지막 인천행 비행기를 탔다. 비행기에서 기내식을 주어서 점심으로 먹었는데, 나머지는 먹을 만 했지만 한 메뉴가 아무 소스가 없는 면 요리가 있었는데 솔직히 맛없었다. 이후 인천에 도착하기만을 기다렸는데, 기다려서 그런지 훨씬 늦게 도착하는 것 같았다.

그렇게 비행기는 인천에 도착했고, 비행기에서 내려서 입국심사를 받는데 부스 안에 앉아있는 사람이 한국말을 할 줄 안다는 것이 감격스러웠다. 각자 짐을 찾아서 로비까지 나갔더니 슈퍼맨 쌤께서 마중 나와 계셨고, 짐을 가지고 주차장까지 가서 학교 승합차를 통해 학교까지 갔다. 1시간 정도 걸렸기에 쭉 자면서 갔는데, 막상 도착하고 부모님들께서 나와 계시는 것을 보았을 때 뭔가 느낌이 이상했다. 차에서 내려서 먼저 가족들과 친구 부모님들께 인사드리고, 다음으로 여행 쌤과 다른 선생님들께 인사드렸다.

지금까지 7인 7색 일정을 소화하면서 여행 쌤께서 제일 처음에 말씀하신 '우리가 만들어 가는 여행'이라는 키워드답게 우리 힘으로 한 것도 많았지만, 항상 그 뒤에는 여행 쌤께서 아무 말 없이 기다려 주시고, 또 지켜주신 덕분에 이번 여행이 큰 사고 없이 마무리되지 않았나 싶다. 그 때문에 이번 7인 7색에서 여행 쌤께 정말 감사했고,

같이 여행 일정 중 힘이 되었던 친구들도 진짜 고마웠다. 그리고 무엇보다 언제나 우리 곁에 계셨던 하나님께, 이 7인 7색을 통해 나를 변화시키신 것에 대해 진심으로 감사했다.

• 요한이의 묵상과 여행

우리가 하나님 안에 있는 만큼 서로 갈등이 생기지 않도록 조심해야겠다. 그래서 먼저 나부터 분쟁을 일으키는 사람이 되지 않아야겠고, 7인 7색 여행이 끝난 후에도 갈등을 하나님 안에서 사랑으로 해결하는 능력이 필요할 것 같다. 마지막 날인 만큼 옆의 친구들을 사랑해주며 보내자.

새벽 2시 비행기를 타고 상하이로 갔다. 기내식이나 편의점 음식으로 식사를 때워가며 드디어 인천공항에 도착했다. 한국은 겨울이라 나가자마자 너무 추워서 적응이 안 됐다.

슈퍼맨 쌤이 운전해주셔서 차를 타고 학교에 갔더니 부모님들이 기다리고 계셨다. 마지막으로 단체 사진을 찍고 집으로 돌아오니 따뜻하고 깨끗한 집이 너무 감사했다. 짐을 정리한 다음에 오랜만에 떡볶이도 먹고, 목욕도 하고, 내 침대에서 누우니까 다른 숙소들과는 비교할 수 없을 정도로 편하고 행복했다.

지금까지는 살면서 먹을 것이나 잘 곳에 돈을 아껴가면서 살아볼 일도 없었고, 3주라는 긴 시간 동안 다른 사람들과 잠시도 안 떨어지고 붙어있을 일도 없었다. 여행 전에는 처음 경험해 보는 열악한 상황에 제대로 적응하지 못하고 힘들어하면 어떡하나 생각하기도 했다.

그런데 실제로는 여행 내내 힘들고 집에 가고 싶다는 생각보다 새로운 경험을 하는 게 즐겁다는 생각이 많이 들었고, 다신 못할 경험이란 걸 생각하니 순간순간들이 소중했다. 덕분에 감사하는 마음을 가지고 3주를 보냈다. 혼자가 아니라 친구들과 함께한 여행이었기 때문에 그렇게 생각할 수 있었던 것 같다.

여행 내내 하루, 이틀 혹은 3일 단위로 지역이나 나라를 계속해서 옮겨 다니다 보니 3주라는 짧은 시간에 정말 많은 곳들에 가볼 수 있었다. 내가 평소에 생활하는 반경은 기껏해야 경기도~서울인데 이번 여행하는 동안은 넓은 세상을 그대로 경험하

다 보니 세상이 넓다는 걸 내 몸으로 실감할 수 있었다. 또 정말 많은 사람들도 만나고, 그 과정에서 모르는 사람들과 친해져 보기도 하고, 영어로 이야기해 볼 기회도 많아서 나에게 잊을 수 없는 경험이 되었다.

만약 7인 7색 같은 여행을 또 가볼 기회가 생긴다면 또 한 번 가보고 싶다. 만약 7인 7색과 같은 배낭여행을 갈지 말지 고민하는 분들이 있다면 꼭 가보길 추천한다.

• 하민이의 묵상과 여행

　처음 여행을 시작할 때는 어떤 일이 일어날지 예상되지 않아 불안한 마음도 있었는데, 3주라는 길다면 길고 짧다면 짧은 시간을 다 보내고 나니 내가 앞서 했던 걱정들은 걱정할 필요도 없는 일이라는 것을 깨닫게 되었다. 분명 여행 가운데 악한 세력의 방해가 있었음에도 불구하고 끝까지 지켜주신 '하나님께 감사'하다.

　약 7시간 동안의 비행 끝에 인천공항에 도착했다. 도착해서는 한국이 얼마나 살기 좋은 나라인지 다시 한 번 느낄 수 있었다. 설레는 마음으로 짐을 찾고, 마중 나오신 슈퍼맨 쌤과 함께 학교로 복귀해 부모님을 만났다. 차를 타고 가면서도 집에 가면 뭘 할지를 가장 많이 생각했다. '짐을 풀고, 따뜻한 물로 목욕을 하고, 전기장판을 켜고, 침대에 누워서 영화를 봐야지.'라는 행복한 상상을 하며 집에 돌아왔다. 동시에 내가 평소에 아무렇지도 않게 누리던 소소한 것들이 정말 소중한 것이라는 생각이 들었다.

　여행 기간 틈틈이 언니와 영상통화도 하고 가족들과 자주 연락해서 느끼지 못했었는데 오랜만에 만난 엄마, 아빠, 언니는 꽤 반가웠다.

> 많은것을 생각하고 느낄 수 있는 시간들이었다. 후회도 있었고, 불평도 있었지만 감사도 항상 공존했다.
>
> 모든 일은 하나님의 계획하심 아래 일어난다는 것을 확실하게 느낄 수 있었다. 이해되지 않았던 부분도, 불평했던 것들에도 이유가 있었고 그 모든 일들은 하나님의 계획에 다다르기 위함이었다. 이런것들이 이해되고 나니 감사할 수 있었고 깨달음을 얻게 된 사실 또한 감사하게 되었다. 이번 여행도 하나님의 계획하심이었다.

• 윤하의 묵상과 여행

　하나님께서는 선한데 지혜롭고 악한데 미련하기를 바라신다. 나도 그렇게 살아가고 싶지만, 나의 욕심과 이기적인 마음 때문에 선하게 살지 못하고 죄의 뜻대로 살아가 삶 속에서는 그렇게 살아가기가 너무 힘들다. 그렇게 살아가면 안 된다는 것을 알고 있지만 내가 편하기 위해 나의 이익을 위해 그렇게 살아가는 나를 볼 수 있었다. 오늘의 말씀처럼 '선한데 지혜롭고 악한데 미련한' 내가 되길 기도한다.

　우리는 새벽 2시에 발리에서 상하이로 가는 비행기에 탑승했다. 그렇게 5시간 동안 이동해서 상하이에 도착하니 아침이 되었다. 상하이 공항에서 마지막 묵상을 하였는데 이 시간이 마지막이라는 게 믿기지 않았고 정말 시간이 빨리 간다고 느꼈다.

　그렇게 한국에 도착해 슈퍼맨 쌤을 만나 차를 타고 학교에 도착해 부모님을 만났다. 오랜만에 만난 가족과 또 내 방을 보니 내가 편안하게 살아가고 있었다는 것과 감사하며 살지 못했다는 것을 깨달았다. 7인 7색 여행을 통해 배웠던 것들과 또 하나님에 대해 알아갔던 시간들을 잊지 않고, 진짜 삶 속에서 적용해 나가며 살아가고 싶다.

말레이 제도 여행을 마치며

김 솔의 "여행으로 삶을 배우다"

7인 7색을 마치고 그때를 회상하며 원고 작업을 하니 첫 모임을 한 지 얼마 되지도 않은 것 같은데 20일의 시간이 정말 정신없이 지나갔던 것 같다. 언뜻 보면 그저 단순한 배낭여행의 시간으로 보일 수 있지만 여행 가운데에서 하나님이 나에게 많은 것들을 보여주시고, 느끼게 해 주셨다. 그리고 시련 가운데에서도 나 자신을 돌아보게 하셨다.

여행 초반에는 외로움이라는 감정을 느꼈다. 내가 편안함을 느끼고 친밀했던 학년 공동체를 떠나 선배들과 여행을 가게 되었을 때, 나는 외로움을 별로 안 느낄 줄 알았다. 오히려 선배들과 가면 언행을 조심하게 되니까 말로 죄를 짓지 않을 수 있고, 새로운 사람들과 가는 것도 새로운 경험이라고 생각했다. 물론 내가 생각한 것들도 맞지만 막상 타지에서 소명 동기들이 없고, 그중에서도 매일 같이 붙어 다니던 친구들이 없다 보니 외로움이 밀려왔다. 또한 내가 이 팀에서의 역할이 무엇일지 감을 잘 못 잡아서 힘들었다. 물론 선배들이 잘 챙겨주었고, 노력할 수 있는 분위기를 잘 만들어주었다. 여행 가기 전에 팀에서 막내라고 주변 사람들이 "너 막내라서 힘들지 않겠어?"라는 반응을 보인 것에 비하면 나의 이런 고민은 축복받은 고민으로도 볼 수도 있었다. 하지만 나는 이런 긍정적인 마음을 가지지 못했다.

그래도 이런 고민들 속에서 내 친구들의 소중함을 느꼈고, 정말 친구들이 하나님이 보내 주신 이웃임을 깨닫게 되었다. 그리고 나의 외로웠던 경험을 바탕으로 앞으로 공동체에 있을 때 관계에서 소외감을 느낄 이웃들을 도와주는 삶을 살아야겠다고 생각하게 되었다. 전에는 나밖에 몰랐고, 다른 사람들을 생각하는 마음이 적었는데 내가 외로움을 느끼다 보니 이웃 사랑의 중요성과 공동체가 주는 힘을 알게 되었다.

여행 중반부터는 팀 분위기에 적응하고 모바일 데이터를 통해 그랩을 잡는 등 나름대로 내 역할을 해나갔다. 그리고 탁구도 하면서 선배들과 어색함이 해소되었다.

그래서 이제 어려움이 덜어질 줄 알았지만 태어나 처음으로 쓰러지면서 몸이 아팠다. 몸이 아파지자, 평소엔 아무렇지도 않게 하던 것들을 하기가 힘들어졌고, 그러다 보니 내가 팀에 도움이 되고 싶고 선배들을 돕고 싶더라도 하기 어려웠고, 내가 하고 싶은 일들도 할 수 없는 것 같아 나 스스로 무력감을 느꼈다. 아무것도 하지 못하는 무력한 나 자신을 마주하기가 어려웠다. 하지만 이런 과정 가운데에서 하나님이 내가 무언가 성과를 내지 않더라도 나를 사랑하고, 내 행위에 집중하지 않고도 나를 사랑하는 분이라는 사실에 위로를 받았다. 세상에서는 성적, 외모, 재산 등 조건으로 나를 사랑할지 받아줄지를 따지지만, 하나님은 그런 분이 아니시라는 것도 느꼈다.

여행 후반에서는 하나님이 가까운 이웃들과의 관계를 넘어 멀리 있는 이웃들을 보게 하셨다. 발리 쿠타 비치워크 쇼핑몰 옆에서 기념품을 팔러 다니고 구걸하는 아이들을 보면서 '세상은 왜 이럴까?'라는 의문을 가지면서도 안타깝고 이러한 현실에 화가 났다.

그때 하나님이 내가 발리에서 만난 아이들을 위해 기도하게 하셨다. 마침 유튜브 알고리즘에 WELOVE의 〈낮은 곳으로〉라는 찬양이 떴는데, 이 찬양의 가사 중 "낮은 곳으로 우릴 초대하네. 함께하자고 말씀하시네. 우리도 예수 그 길을 따라 함께 가길 원하네."라는 가사가 보였다. 나도 이 가사처럼 예수님이 모든 것을 할 수 있음에도 낮은 자들을 도우셨듯이, 나도 예수님의 길을 따라 가게 해달라고 기도를 했다. 나의 은사와 소명이 이웃을 돕는 데 쓰였으면 좋겠다.

이렇게 7인 7색 여행을 통해 많은 것들을 깨달았다. 물론 다시 일상으로 돌아왔을 때 나는 죄인이기에 때로는 잊고 살 수도 있고, 죄의 길로 빠지기도 할 것이다. 그래도 그때마다 이 책을 보면서 하나님을 생각하고, 하나님이 내게 주신 마음들을 다시 기억할 것이다.

김태헌의 "도전하는 여행"

처음에는 7인 7색에 대한 마음이 없었다. 고등학교 3학년이 되는 겨울방학에 가기 때문에 시기상으로 학업에 무리가 있을 거라고 생각했다. 사실 이게 가장 큰 이유는 아니었다. 가장 큰 이유는 여행 자체에 대한 걱정이었다. 나는 새로운 시도를 하는 것을 별로 좋아하지 않는다. 익숙한 환경 속에 있을 때 편안함을 느끼고, 내가 잘 알고 있는 것을 할 때 긴장이 완화된다. 그래서 무언가를 먹을 때에도 자주 먹었던 것을 선택하는 편이고, 스포츠를 하거나 수업을 들을 때에도 평상시에 접했던 것들을 선호하는 경향이 있다. 그러므로 여행을 하면서 스트레스를 받지 않을까 하는 걱정이 되었다. 여행이라는 것은 익숙함에서 벗어나서 새로운 것을 탐험해야 하므로 내가 선호하는 상황과는 거의 정반대에 가깝기 때문이다. 그래서 7인 7색에 대한 마음이 크지 않았다.

하지만 막상 7인 7색 신청자를 모집하기 시작하자 가도 좋을 것 같다는 마음이 생기기 시작했다. 어떤 바람이 불어서 내가 그렇게 느꼈는지 모르지만, 그때 당시에는 여행지로 떠나서 무언가로부터 해방되고 싶다고 생각했던 것 같다. 그리고 어쩌면 이 여행이 10대 시절에 할 수 있는 마지막 도전 중 하나가 될지도 모르겠다는 생각을 했기에 더더욱 그랬다. 그래서 7인 7색에 가기로 마음먹었고, 그때부터 친구들을 적극적으로 설득해서 함께 여행하게 되었다.

무작정 떠나긴 했지만 여전히 여행에 대한 걱정을 마음에 품고 있었다. 3주라는 긴 여행 동안 여행에 흥미를 느끼지 못하고 쓸데없는 시간을 허비하는 것은 아닐지 걱정이 되기도 했다. 하지만 여행을 다녀온 지금 되돌아보면 내가 정말 쓸데없는 걸 걱정했다는 생각이 든다. 오히려 아무런 걱정 없이 정말 재미있게 여행을 즐겼던 것 같다. 물론 예상했던 것처럼 도시, 문화, 음식 등등 전부 낯설긴 했지만, 오히려 그런 것들이 내가 더 재미있게 여행할 수 있도록 도와준 것 같다. 숙박비를 흥정하고, 공항에서 노숙도 하고, 현지 음식을 먹었던 것이 한국에 돌아오면 다시는 하지 못할 경험이라고 생각하니까 이 경험에 소중함을 느끼게 되었다.

 어쩌면 친구들과 함께 갔기 때문에 친구들이 주는 그 편안함에서 내가 재미를 느꼈을지도 모른다. 하지만 확실한 것은 내가 여행을 오기 전에 했던 걱정이 생각보다 쓸데없는 걱정이라는 사실을 깨닫게 되었다. 내가 정말로 존경하는 선생님이 한 분 계시는데, 그 선생님께서 해주신 말씀이 순간 기억났다. "사람은 쓸데없는 걱정 때문에 큰 기회를 날려버리기도 한다."라고 말씀을 하셨다. 나도 만약 조금의 걱정 때문에 7인 7색을 가지 않았더라면 정말 크게 후회했을 것 같다. 그러므로 때로는 무작정 도전해 보는 것도 좋을 것 같다.

박은지의 "말씀의 힘으로 살아가는 연습"

살다 살다 내가 7인 7색에 오다니! 직접 해 보니 정말 생고생하는 여행이다. 식당 찾아 엄청나게 걷고, 현금 인출이 안 되기도 하고, 하다못해 화산이 폭발해서 비행기를 못 타서 공항에서 노숙을 하질 않나.. 또 내가 맡은 족자카르타에서 팀원들을 리드할 때는 식당 하나를 갈 때도 거리, 돈, 애들 컨디션, 식당 청결도 등을 전부 고려해야 하니 여간 힘든 게 아니었다. 단체생활이기 때문에 내가 원하는 대로만 할 수 없고, 무엇 하나를 결정하든 모두를 위한 선택을 위해 치열하게 고민하고, 토론하고, 길이 막힐 때마다 해결책을 강구해야 했다.

그리고 덥고 습한 날씨에 불평과 이기적인 마음은 습관적으로 올라왔는데 그럴 때마다 말씀을 생각해야 했다. 말씀을 실천한다는 게 나의 본능을 거스르는 일이라 너무 힘들었다. 하지만 놀랍게도 말씀을 자주 볼수록 말씀을 실천하기가 더 쉬워졌다. 말씀을 묵상하지 않고 시작한 하루는 죄를 실천하기가 더욱 쉬웠다. 하지만 말씀을 묵상하고 시작한 하루에는 죄가 올라올 때 오늘 묵상한 말씀이 나의 마음을 콕콕 찔러서 죄를 짓기가 어려웠다. '이래서 말씀 묵상이 중요하다고 하는 거구나, 이게 말씀의 힘이구나.'라고 이번 여행을 와서야 깨달았다. 그동안 학교에서 아침 묵상을 할 때는 말씀의 중요성에 대해 진지하게 잘 느끼지 못했었는데, 힘든 상황에 처하고 붙잡을 게 말씀밖에 없으니 여행하는 동안에는 정말 말씀을 많이 의지하게 되었다.

여행 중에 길이 막힐 때마다 어떻게든 나아가야 한다는 생각을 가지고 끊임없이 문제와 부딪혀 결국 해결했던 것처럼, 나의 삶에도 끊임없이 닥쳐오는 문제들을 직면하고, 또 부딪치고 쓰러지더라도 다시 일어날 수 있는 믿음을 가질 수 있었으면 좋겠다.

마지막으로 힘이 되었던 말씀 한 구절을 써본다.

"두려워하지 말라, 내가 너와 함께 함이라.
놀라지 말라, 나는 네 하나님이 됨이라.
내가 너를 굳세게 하리라.
참으로 너를 도와주리라.
참으로 나의 의로운 오른손으로 너를 붙들리라."

- 이사야 41장 10절

박현서의 "'내'가 한 경험"

    7인 7색을 실제로 갔다 오기 전, 한 2~3년 전쯤부터 부모님께서 7인 7색이라는 프로그램이 있다며 엄청 강조를 하셨었고, 꼭 가라고 당부하셨다. 한번 가보는 것도 괜찮을 것이라 생각했지만, 무조건 가야겠다는 생각까지는 들지 않았고 그만큼의 동기부여도 되지 않았다. 솔직히 말하면 7인 7색을 가기로 확정하고 사전 조사가 거의 끝날 때쯤 마음을 먹은 것 같다. 지금까지 7인 7색을 다녀오셨던 선배들은 다 똑같이 정말 좋았다고 말하였고, 정말 가기 싫어하고 후회했던 선배가 갔다 오고 나서는 꼭 가보라고 하기도 했기에, 그래도 여행에 대한 막연한 기대가 있었다. 그리고 그 기대는 훨씬 입체적인 경험으로 나에게 다가왔다.

    지금까지 해외여행의 경험은 그렇게 적지 않았지만, 동남아시아 부근 쪽 나라는 처음이었고, 일정이나 배낭여행이라는 타이틀도 인생에서 흔히 할 수 없는 경험이었다. 7인 7색에서의 경험은 책에서 얻는 지식이나 다큐멘터리처럼 흘러가는 것과는 결이 많이 달랐다. 실제로 여행을 가고 나서는 매일 매일 어떤 문제에 부딪히게 되었다. 언어의 장벽이나, 숙소의 퀄리티, 예상치 못한 일들 같은 문제들이 매일 매일 생기다 보니 기본적인 마음가짐이나 생활에 대한 태도가 바뀌게 되었다.

    또한 전에는 동남아시아를 생각해 보면 그저 조금 어려운 나라 정도로밖에 생각을 안 했지만, 여기 또한 사람이 사는 곳이며, 오히려 이곳의 사람들의 표정이나 행동이 우리나라보다 더 여유롭고 행복해 보이기도 하였다.

    그렇게 내가 살아온 곳과는 전혀 다른 장소에서 책에서 다루지 않은 조그마한 일들부터 대부분의 친구들이 각자 다른 방식으로 다룬 일들까지 그 일이 일어난 주체가 '나'였다. 누군가가 이야기해 준 일도 아니고, 책으로 읽은 것도 아닌 순전히 3주 동안 나에게 일어난 일이었기에 이 여행이 나에게 더욱 입체적으로 다가오지 않았나 싶다.

소명학교에서 인문고전 수업을 하셨던 이시원 선생님께서 수업 중에 하신 말씀이 "만약 직장에서 첫 월급을 받는다면 다른 곳에 쓸 것이 아닌 여행을 가는 자금으로 써 봐라."라고 하셨었다. 그때까지만 해도 왜 그렇게 여행을 강조하셨는지, 단순히 여행은 유명한 곳을 관람하는 것 이상도 이하도 아니라고 생각했기에 이해를 하지 못하였다. 그러나 7인 7색을 다녀온 지금, 여행을 한다는 것은 내가 새롭게 경험하고 직접 피부로 느끼는 것들이 나를 발전시키고 나의 시야를 넓히는 행위라는 것을 깨달았기에 여행이 얼마나 중요한지 깨달을 수 있었다.

　배낭여행에 관심이 생겨 이 책을 읽는 다른 분들에게 책만으로는 그렇게 와 닿지 않을 수도 있을 것이다. 하지만 그럼에도 배낭여행을 꼭 추천하는 이유는, 나 또한 배낭여행이 사람을 변화시킬 수 있다는 여행 쌤의 말을 듣고 긴가민가했었고, 출국 날까지만 해도 실감이 나지 않았지만, 여행 일정을 진행하면 할수록 나의 내면이 조금씩 변화되었고, 결국에는 여행을 향한 나의 시선이 완전히 바뀌고, 생각의 지경이 넓혀지는 계기가 되었기 때문이다.

임요한의 "여행과 함께하는 여행"

처음 7인 7색 신청을 받기 시작할 때도, 친구들이 같이 7인 7색에 가자고 할 때까지도 나는 이 여행에 대한 생각이 없었다. 내가 7인 7색에 대한 마음을 가지게 된 건 방학 때 어떻게 살지 생각해 보던 중 공부를 열심히 하는 것도 좋지만 인생에 영향을 줄 만한 새로운 경험을 하나쯤 해 보고 싶다는 생각이 들고 나서였다. 다른 곳에서 못할 새로운 경험을 하려면 7인 7색 만한 게 없다는 것을 알았기 때문에 신청 마감 직전에 여행에 참여하게 된 것이었다.

7인 7색에 가면 지금까지의 내 인생에서 겪은 것들과는 다른 고난을 수없이 겪게 될 거로 생각했다. 그리고 그 고난을 통해 무언가 얻게 될 것이라는 기대가 있었다. 하지만 그런 기대가 너무 컸는지, 7인 7색에서의 시간들이 고난보다는 마냥 즐겁게 느껴졌던 것 같다. 평소에 하던 고민이나 걱정들이 그곳에서는 부질없어진 탓에 내가 처한 상황 자체를 즐기며 3주간의 시간을 보낼 수 있었다.

물론 고난이 없었던 것은 아니다. 앞의 내용을 보면 알 수 있듯이, 건강이 악화되면 그 어떤 상황도 즐기기 어려워진다. 며칠간의 아팠던 기간 뒤에는 건강이 정말 중요하다는 것을 다시 한 번 느꼈고, 동시에 내가 건강하다는 사실이 매번 감사했다.

지금까지 나에게는 집이 있었고, 먹을 것도, 입을 것도, 약도 많았다. 그게 나에게는 당연한 것들이었지만 7인 7색 여행 중에는 그것들이 당연하지 않았다. 모든 것을 직접 아껴가며 구해야 했다. 적당히 잘 만한 숙소를 얻으면 감사했고, 옷을 빨 수 있다는 것에 감사했다. 가진 게 없을 때의 내가 느낀 감정은 불편함보다는 이미 가진 작은 것들에 대한 감사였다.

하나님과의 동행을 가장 우선으로 생각한 여행이었던 만큼, 하나님과 가깝게 지낼 수 있는 시간이기도 했다. 매일의 시작과 끝을 말씀과 함께 보내면서 어려운 것에 감사하고, 친구들을 배려할 힘을 얻을 수 있었다.

여행 쌤께서 "여행은 인생을 압축한 것과 같다."라는 말씀을 몇 번 하셨던 것이 기억에 남는다. 그 말씀대로 나에게는 이 여행이 하나의 인생처럼 느껴졌다. 그만큼 여행이 끝날 때는 허무한 마음도 컸지만, 그 과정 중에서 많은 것을 느끼고 배웠다. 앞으로의 삶도 여행이라고 생각하고 즐기며 살 수 있으면 좋겠다. 7인 7색은 내게 많은 것을 준 여행이었다. 이런 여행을 할 수 있게 해주신 하나님께 감사하다.

주하민의 "어느새 추억이 되어버린 여행"

7인 7색 여행은 내 인생에서 또 하나의 추억이 되었다. 사실 처음에는 7인 7색에 관련된 안내조차 제대로 듣지 않았었다. 이번 여행은 2024년 나의 계획에 없었던 변수였다. 함께 간 친구들의 설득 끝에 신청하게 되었고 그렇게 나의 여행은 시작되었다. 처음에는 기대가 컸다. 그런데 시간이 지날수록 가끔은 후회가 되기도 하고, 함께 여행을 가지 못한 친구들에 대한 아쉬운 마음도 들었다. 특히 23년 중에서 가장 분주했던 시기에 여행 준비 모임을 했던 터라 여행 준비에 집중하지도 못하고 소홀했다. 그렇게 변덕스러운 마음을 가지고 여행을 시작했다.

여행 기간 중 매일 아침 묵상을 했던 것이 나에게 큰 힘이 되었다. 정말 솔직하게 말하면 가끔은 귀찮기도 했다. 하지만 낯선 환경에서 어려운 일을 겪을 때 어딘가 기댈 곳이 필요했고, 그럴 때면 당일에 했던 묵상을 보며 위로를 받기도 하고, 마음을 다잡기도 했었다.

돌이켜보면 감사함이 너무 많았던 여행이었다. 어쩌면 감사하는 방법을 배울 수 있었던 여행이었다. 그뿐만 아니라 여행을 하며 한국에서는 경험해 보지 못했던 일들을 경험하고 많은 것을 배울 수 있었다. 어려운 상황을 만나거나 예상치 못한 변수를 만났을 때는 불평불만이 전혀 도움이 되지 않는다는 것을 깨달았다.

예전부터 알고 있었던 사실이지만 어떤 상황이든 불평불만이 앞섰던 것 같은데 여행 기간 중 했던 묵상이 나를 변화하게 했다. 묵상을 통해 나에게 어려운 시련을 주신 하나님을 원망하는 것이 아니라 어려운 길이기에 그 이후에 더 값진 것을 얻을 수 있게 하신 하나님께 감사하는 마음을 가질 수 있었고, 그래서 여행 중 어려운 상황을 마주해도 해결해 나갈 수 있었다. 감사하지 못할 때보다 감사하며 보냈던 하루가 더 즐거웠고 값졌다.

이번 여행은 입시를 앞둔 나에게 남은 시간 들을 어떻게 나아가야 할지 깨달을 수 있게 해주었고, 뿐만 아니라 고3 생활을 함께하는 친구들에게 어떤 사람이 되어 주어야 하는지 알려주는 계기가 되었다. 나에게는 감사하게도 학창 시절에 친구들과 함께 배낭여행을 할 기회가 주어졌고, 여행을 통해 어디서도 할 수 없는 경험을 할 수 있었다.

이제는 7인 7색 여행이 함께했던 친구들과 두고두고 이야기할 수 있는 또 하나의 소중한 추억이 되었다. 여행 중에 있었던 일부터, 친구들과 웃으며 함께 같은 기억과 경험을 공유하고 이야기할 수 있음에 감사하다.

최윤하의 "예상할 수 없는 그분의 계획"

사실 난 처음에는 7인 7색에 관심도 없고, 갈 생각도 없었다. 그래서 내가 정말 7인 7색을 갈 거라고 생각도 못 했었다. 그저 친구들의 권면으로 '그냥 친구들하고 좋은 추억 쌓고 오지 뭐.'라는 생각으로 간 것이 이렇게 많은 것들을 배울지 상상도 못 했다. 가기 전 난 그저 가벼운 마음으로 참여해서 그런지 걱정도 근심도 많았다. 분명 여행 가서는 여러 가지 변수들이 생길 것이고, 그것을 누군가가 책임져 주지 못하니 우리가 책임져야 하는 상황이 두렵기도 하였다. 그래서 더욱더 7인 7색을 가는 날이 다가올수록 더 걱정과 불안이 커졌다.

그래도 막상 가보니 행복하고 즐거운 순간 들이 너무나 많았다. 아름다운 풍경도 보고, 맛있는 밥도 먹으며 친구들과 함께 웃고 떠들며 내가 예상한 대로 소중한 추억을 쌓을 수 있었다. 신기하게도 열악한 상황 속에 있으니 숙소가 좋지 않아도 잘 수 있음에 그저 감사할 수 있었고, 입맛에 맞지 않을까봐 걱정했던 현지 음식들도 대부분 맛있게 먹을 수 있었다. 하지만 언제나 편하고 좋은 순간들만 있을 수는 없는 법이다. 더운 날씨로 인해 예민해진 상태에서 조금만이라도 계획이 틀어지거나 서로 답답할 때 날이 서 있는 순간들이 잦아졌다.

내 마음이 여유로울 때는 남을 배려하고 서로 이해할 수 있었는데 내가 예민해지고 마음이 좁아지는 순간 내가 먼저가 되고 나의 감정을 생각 없이 표현하며 연약한 모습들과 순간들이 지속해서 나타났다.

우리는 매일 아침마다 묵상을 하고 모든 일정을 마무리한 뒤 다 같이 오늘 하루가 어땠는지 나눔을 하며 하루를 마친다. 이렇게 매일 매일 묵상하고 성찰하지만, 여행 중간까지도 난 그저 연약한 순간들이 반복해서 나타나고 묵상이 삶으로 나타나지 않았다. 항상 내 마음과 생각대로 흘러가길 바랐고, 나의 뜻대로 되지 않으면 내 연약함 때문에 자꾸 하나님과 나를 멀어지게 하였다. 그러다 여행 중반이 지나고 후반을 시작할 때쯤에 내가 이 여행 안에서 하나님 그리고 우리가 아니라 그저 '나'밖에 없는 여행을 하고 있었다는 것을 깨닫게 되었다.

그 이후로부터 그저 형식적으로 하며 억지로 몰입하려고 했던 묵상이, 내 진심이 담기는 바람이 되기 시작했다. 하나님께서 말씀을 통해 작년에 아팠던 상처를 위로해 주시고, 내가 기억하지 못했던 아픔까지도 위로해 주시고 계셨다. 또한 나의 연약함과 부족함으로 내가 날 아프게 하며 힘들고 지쳐있던 마음을 하나님 안에서 사랑하고, 평안한 하나님 나라 안에 내가 있고 싶다는 고백으로 변화하게 하셨다. 여행을 하는 순간들 속에서 연약해질 때마다 오늘 아침에 했던 묵상이 떠오르게 하셨고, 가끔은 무너지는 순간마다 나의 죄를 성찰하게 하셨다. 물론 내가 일주일 전에 했던 묵상을 기억하며 살아가지는 못하겠지만, 오늘 아침에 했던 묵상을 통해 하나님 안에서 더 강해질 수 있구나를 느끼며 여기서 뿐만 아니라 다시 삶으로 돌아와서도 나의 진심이 되는 묵상을 해야겠다고 다짐했다.

7인 7색이 끝나고 다시 삶으로 돌아왔을 때 처음에는 힘들었지만, 아침에 일어나 가장 먼저 묵상을 하는 습관을 만들 수 있게 되었다. 아무 기대 없이 갔던 7인 7색이 예상치 못한 순간 하나님에 대해 더 알아가며 하나님을 향한 나의 진심을 깨닫게 하셨다. 이 여행을 통해 하나님이 이해가 되지 않아도 결국 나에게 가장 좋은 것을 주신다는 것을 배우게 되었다. 물론 겪어보기 전까지는 이해가 되지 않고, 지금 나 또한 아직도 하나님의 계획을 알지 못해 답답하고 이해되지 않는 순간들이 있을 수 있다. 사실 우리는 당연히 크고 크신 하나님의 계획은 알 수 없기에 우리를 가장 좋은 길로 이끄실 것을 믿으며 살아가다 보면, 예상치 못한 순간에 하나님이 우리를 가장 좋은 길로 이끄시고 계신다는 것을 깨닫게 될 것이다.

우리가 소개하는 여행 TIP

김 솔이 소개하는 여행 TIP

1. 싱가포르는 한국과 다르게 팁 문화가 있어서 식당에서 나도 모르게 거액의 금액이 팁으로 결재될 수 있으니, 사전에 잘 확인해야 한다.

2. '그랩'이라는 택시 앱을 이용하면 바가지요금 없는 합리적인 가격으로 이용할 수 있다. 그리고 그랩에서 현 위치 주소를 입력할 때 그냥 현 위치 버튼을 누르기보다는 정확한 상세 주소를 입력하면 택시를 만나는 게 편하다.

3. 흥정 꿀팁은 처음 가격을 부를 때 내가 생각해도 너무 낮다 싶을 정도로 내려야 내가 원하는 금액으로 조정하면서 흥정을 할 수 있다. 그리고 대량 구매를 할 경우에는 많이 살 거라고 어필을 하면 좋다.

4. ATM 출금이 잘 안 되는 상황이 생길 수도 있으니 다른 카드사의 카드가 여러 개 있다면 최대한 많이 챙겨가는 게 좋다.

5. 나이트 버스는 버스에서 1박을 한다. 그래서 사실상 양치나 세수를 하기 어려운 상황이니 스프레이형 구강 청결제를 구비하고, 갈증 상황에 대비해 생수 한 병 정도는 필요하다. 또한 자고 싶을 때 자꾸만 노래가 나와서 노이즈 캔슬링 헤드셋, 무선이어폰이나 귀마개가 필요하다. 그리고 생각보다 에어컨 바람이 세서 담요도 필요하다. 그리고 버스가 정차해 있을 때 나갈 수 있는 상황이라면 귀찮다고 안에 있기보다는 무조건 나가기를 추천한다. 왜냐하면 버스 내부에 이산화탄소가 많고, 계속 앉아만 있으면 힘들기 때문에 기회가 있을 때마다 나가서 바깥 공기를 마시고 스트레칭을 꼭 해줘야 한다.

6. 현지에서 두리안을 시도해 본다면 맛있는 두리안을 고르는 방법이 있다. 두리안 열매는 노란색인데, 모양이 동그랗게 잘 잡힌 게 있고 지나치게 짓물린 것이 있다. 일반적으로 전자가 훨씬 달고 맛있다. 그래서 두리안의 모양을 잘 봐야 한다.

7. 발리에서 스쿠버다이빙, 바투르산 트래킹 등 액티비티를 하려면 '클룩' 앱에서 찾아보면 좋은 정보들을 얻을 수 있다. 온라인으로 예약을 하여 이용할 수 있으며, 할인된 가격에 대한 정보를 많이 찾을 수 있다. 스쿠버다이빙의 경우는 업체마다 다르지만 잘 찾아보면 가격도 합리적이면서 호텔 픽업 서비스를 제공하는 곳도 있으니, 자가용이 없다면 호텔 픽업 서비스를 이용해도 좋다.

8. 사리스와띠 사원은 인당 입장료가 3,000원인데 비해 사원 규모는 작다. 그래서 많이 둘러보지는 않을 생각이라면 옆에 있는 스타벅스에서 쉬다가 사원과 분수가 보이는 공간(화장실 근처에 베란다 같은 곳이 있다.)에서 사진만 찍고 구경해도 된다.

9. 우붓 시장의 경우 관광객을 대상으로 하는 바가지가 심하다. 그래서 우붓 시장에서는 기념품을 사지 않는 것을 추천한다.
10. 인도네시아 방문 시 발리 외에 다른 지역들도 간다면 엘립스 헤어오일 등 등 다른 지역에도 같은 물건을 파니 발리보다는 다른 지역에서 구매하는 게 더 싸게 살 수 있다. 엘립스 헤어오일의 경우 자카르타에서는 8,000원이지만, 발리에서는 11,000원이다.

김태헌이 소개하는 여행 TIP

1. 벌레가 많아서 벌레 퇴치제나 모기향 등을 꼭 구비하면 좋다.
2. 낮에는 굉장히 더워서 되도록 시원한 곳에 있거나, 많이 이동하지 않는 편이 좋다.
3. 숙소 주위가 시끄러운 경우가 있기 때문에 잠을 자야 하는 상황이라면 귀마개나 노이즈 캔슬링 이어폰 등을 구비하면 좋다.
4. 전통 시장을 방문할 때는 가격이 정해져 있지 않기 때문에 흥정을 해야 한다.

박은지가 소개하는 여행 TIP

1. 간단한 영어 회화. 숙소 체크인, 예약, 공항 입국심사, 현지인과 친해지기 등에 활용된다.
2. 무단횡단을 잘해야 한다. 오토바이와 자동차에 치이지 않으려면 좌우를 잘 살펴봐야 하고, 일행과 무리 지어 신속하게 건너야 한다.
3. 비가 가끔 오는 데 금방 그치기 때문에 우비나 우산이 별로 필요 없다. 써 보니 우비는 좀 더워서 차라리 우산이 나은 것 같다.
4. '그랩' 앱이 오전 6시 전엔 현금 거래가 안 돼서 새벽에 이동해야 하는 경우엔 '블루버드'라는 택시 앱을 사용하는 게 좋다. 예약도 가능해서 편리하다.
5. 여권, 티켓 등을 넣고 다닐 수 있는 작은 가방이 있으면 좋다.
6. 여행 전 체력을 위해 운동은 필수다.
7. 모기가 많으니 버물리를 꼭 챙겨야 한다.

박현서가 소개하는 여행 TIP

1. 짐을 최대한 적고 간편하게 싸야 해요. 쓰고 여차하면 버릴 수 있거나 망가져도 괜찮은 것들을 가져가야 합니다.
2. 한국 음식 (특히, 고추장이나 장조림) 무조건 가져가세요!!
3. 비타민 같은 면역력 관련된 제품들이 의외로 도움이 됩니다!
4. 현지 이동 수단을 이용할 때는 퀄리티에 기대하지 않는 것이 좋아요. 조사 중에 어떻게 검색해도 나오지 않는 정보에 대해서 불안해하거나 힘들어 할 필요 없습니다! 여러분이 못 찾는 게 아니라 진짜 정보가 없는 경우가 많아요. 막상 여행 가면 어떻게든 된답니다.
5. 즐기지 않으면 살아남지 못합니다. 제발 즐기세요.

임요한이 소개하는 여행 TIP

1. 처음 만난 사람은 아무리 친절해도 믿으면 안 된다. 친절하게 대해준 후에 팁을 더 받아 갈 수도 있고, 친절하다 못해 우리를 계속 쫓아오는 사람도 있었다.
2. 싱가포르, 인도네시아, 말레이시아에 갈 경우 컵라면을 굳이 여러 개 챙기지 않아도 된다. 웬만한 편의점이나 마트에서 한국 컵라면을 팔고 있으므로 그때그때 사서 먹었다면 가방 공간도 아끼고 좋았겠다고 생각했다.
3. 대중교통을 오래 이용해야 할 때 더 좋은 옵션, 좌석을 고려해 보자. 20시간 동안 나이트 버스를 탈 때 체력 소모가 너무 커서 뒤의 일정에 영향을 줄 정도였기 때문에 돈을 더 써서라도 좋은 차를 타는 것을 진지하게 고려해 보자.
4. 컨디션 조절을 잘하자. 조금 무리한 것 같으면 휴식을 취하고 속이 안 좋을 것 같으면 조금만 먹는다면 아플 일이 많이 줄어든다.
5. 고추장이나 라면스프 등을 챙겨 가면 언젠가는 유용하게 쓰게 된다. 작은 사탕도 많이 챙겨가서 지칠 때 먹으면 도움이 된다.
6. 보조배터리는 무조건 하나씩 챙기기! 충전기도 분실이나 파손의 위험이 있으므로 두 개 정도는 챙겨가는 게 좋다.
7. 모기나 바퀴벌레에 대한 대안을 꼭 준비해 가자 (기피제 등).

8. 빨래를 맡기고 돈을 내면 빨아서 가져다주는 서비스가 있는 숙소들이 있다. 가격도 저렴하고 편해서 사용하면 좋다.

주하민이 소개하는 여행 TIP

1. 간단한 인사말 정도는 미리 공부해 가기.
2. 날씨가 많이 덥고 습하기 때문에 휴대용 선풍기가 있다면 좋아요.
3. 소나기가 자주 오니 작은 휴대용 우산을 항상 들고 다니면 좋아요.
4. 화장실에 휴지가 없을 수도 있으니, 휴지는 항상 챙겨 다니는 게 좋아요.
5. 기념품이나 과일을 살 때는 꼭 가격표가 있는 곳에서 사세요.
6. 길거리에서 파는 음식을 먹으면 배탈이 날 수도 있으니, 식사는 꼭 깔끔한 곳에서!
7. 본인 비상약은 본인이 챙기기.
8. 아무 음식이나 못 먹는다면 팩에 소분되어 있는 한국 반찬들 챙겨가기.
9. 어려움이 있을 때 혼자서 다 하려고 하지 말고, 여행에 함께하는 친구들을 의지하고 함께 헤쳐 나가기.
10. 할 수 있는 경험은 빼지 말고 웬만하면 다 경험해 보기.

최윤하가 소개하는 여행 TIP

1. 많이 걷기 때문에 다음 날을 위해서 휴족 시간은 필수입니다.
2. 여행을 하다 보면 당이 떨어지고 허기가 질 수 있기에 포도당 사탕이나 간식을 챙겨 가면 좋습니다.
3. 옷들을 손빨래할 수도 있지만 근처에 저렴한 빨래방이 있을 수 있으니 이동할 때 체크하시면 유익합니다.
4. 돼지코(변환 플러그)는 필수입니다.
5. 샴푸나 바디 워시는 일회용 패키지로 주문하는 것을 추천합니다.
6. 그랩은(택시, 식당 앱) 필수입니다.
7. 택시를 이용할 때는 최대한 저렴한 가격으로 흥정해야 합니다.

여행을 닫다

　동남아시아가 거리도 가깝고, 많이 알려지고 친근한 곳이라 새로움이 떨어진다고 생각할 수도 있습니다. 그러나 세세하게 보면 주요 도시 또는 관광지만 주로 알려진 것이라 기존에 알지 못했던 새로움이 풍성한 곳이기도 합니다. 그런 맥락에서 인도네시아는 참신하고 새로운 곳이라 말할 수 있습니다. 메단, 사모시르, 파당, 족자카르타 등 가깝지만 쉽게 가지 못할 곳을 돌아보며 수마트라와 자바 섬을 누리는 시간이었습니다.

　이번에도 담고자 하는 이야기를 다 담기에 어려움이 많았습니다. 다녀온 기간이 20일이라 그리 긴 기간은 아니었지만 7명 학생의 시선을 담다보니 지면의 한계가 있었습니다. 아쉬움이 있지만 그래도 묵상과 여행 이야기를 최대한 살려서 담고자 노력했습니다.

　이 글은 여행 에세이와 청소년 에세이라는 성격이 함께 있습니다. 보시다가 가끔은 이해하기 어려운 표현을 마주하셨을 수도 있습니다. 최대한 이해를 돕기 위해 보충을 하려고 했으나 그럼에도 불구하고 이해하지 못하는 단어를 마주하셨다면 이해를 부탁드리며 검색 창의 도움을 받으시기를 바랍니다.

　또한 아침마다 묵상에 힘을 쏟고, 묵상한 결단으로 하루를 살아가고자 힘을 쏟았던 나날임을 고백합니다. 하나님과의 관계를 놓고 끊임없이 고민하며, 넘어져도 다시 일어서는 그 과정이 하나님께서 보시기에 분명 값진 시간이었으리라 믿어 의심치 않습니다. 이 씨름의 과정을 통해 하나님과 더욱 친밀해지는 아이들의 모습을 볼 수 있었습니다.

　네 번의 출판을 하면서 여러 독자 분들과 소통을 하며 느낀 것은 기독 청소년, 기독

학부모만 한정하여 관심을 가져 주시는 것이 아니라 다양한 분들의 많은 관심이 있다는 것이었습니다. 아쉬움에 대한 피드백을 주시는 경우도 있었고, 칭찬과 격려를 주시는 분도 있었습니다. 하나를 나눠보자면 '여행을 어떻게 준비했는지 궁금한데 책에서 실려 있지 않아서 아쉽다.'라는 피드백이 있었습니다. 그래서 학기 중에 아이들과 모임을 하며 과정을 기록했고, 이번에도 짧게나마 나누었습니다.

이번 여행에서도 '하나님 나라'를 경험했습니다. 솔이가 아파 파당 공항에서 잠시 정신을 잃고 쓰러지는 일이 있었습니다. 공항 직원들이 열과 성을 다하여 도와주셨고, 솔이를 은지가 전담하여 챙겼으며, 다른 친구들은 은지의 짐을 나눠 들었습니다. 저녁에 공항에서 노숙을 하면서 불침번을 정할 때에도 오늘 솔이와 은지가 고생이 많았으니 불침번을 제외하자는 제안이 나왔고, 그 제안대로 불침번을 진행하며 더 피곤했을 수 있는데 불평불만이 앞서는 것이 아니라 솔이를 걱정하며 회복을 기도하는 모습을 보았습니다. 후배의 어려움을 외면하지 않고, 손을 내밀어 배려하고 지원하는 아름다운 모습이었습니다. 우리는 장차 완성될 하나님 나라를 고대하며 살고 있지만, 그 하나님 나라는 이미 우리 가운데 임하였습니다.

7인 7색 배낭여행을 진행하도록 지원해주신 신병준(꿈) 소명학교 1대 교장이시자 현재 시흥소명학교 교장 선생님, 정승민 소명학교 2대 교장 선생님, 인도네시아 안내를 위해 선교사님을 소개해주신 김선자(좋은땅) 선생님, 인도네시아에서 현지 사역을 하시며 바쁘신 중에 줌으로 아이들을 만나서 알려주시고, 도전을 주신 정문교 선교사님, 상하이 일정을 준비하고, 안내로 섬겨준 사촌 동생 고하민 군과 여수현 자매, 인천 국제공항 오갈 때 운전으로 섬겨주신 서상진(토브) 선생님, 정승민(슈퍼맨) 교장 선생님, 출판 재정 대여에 힘써주신 오미영(단비) 선생님께 감사드립니다.

일정 동안 기도로 함께해주신 소명학교 전교직원 선생님과 아이들을 믿고 맡겨주신 학부모님께 감사드리며, 윤문으로 아이들의 글을 아름답게 다듬어주신 하민이 어머니 변성아님, 현서 어머니 김효남님, 요한이 어머니 이혜진님, 저의 신앙 공동체 서울 노량진 강남교회와 청장년부 허그 공동체, 남편의 부재 동안 가정을 잘 지켜준 사랑하는 아내 유근혜 자매와 건강하게 잘 자라주는 고마운 아들 박아론에게도 감사드립니다.

    말레이 제도 배낭여행에 함께한
    홀로 막내였음에도 잘 적응하고, 파이팅한 솔이,
    도움이 필요할 때 외면하지 않고 잘 나서는 태헌이,
    모든 순간을 충실하게, 모든 여정을 축제로 누린 은지,
    배려에 힘쓰며, 영어 소통에 언제나 앞장 선 현서,
    조용하지만 해낼 것은 다 해내는 예술가 요한이,
    우왕좌왕할 때 명확하게 정리하는 카리스마 하민이,
    살아있는 내비게이션, 묵상 나눔에 진심을 다한 윤하,
    후배들이 하나가 될 수 있도록 잘 품어준 팀장 다별이와
    함께해서 쌤도 무지 감사하고 행복했습니다.

마지막으로 위험천만한 말레이 제도에서 안전하지 못할 수도 있었던 일정을 안전하게 잘 마무리할 수 있도록, 다음 세대 아이들이 당신을 더 알아가고 성장할 수 있도록 허락하신 하나님께 마음 다하여 감사와 찬양과 영광을 높여 드립니다! 할렐루야!

감사합니다.

2024년 9월
소명학교 교사 박진섭 (여행)

청소년! 7인 7색, 배낭 메고 말레이 제도

초판 1쇄	2024년 09월 03일
초판 1쇄	2024년 09월 11일
지은이	김솔, 김태헌, 박은지, 박현서, 임요한, 주하민, 최윤하, 박진섭
펴낸이	김지홍
편집	김지홍
디자인	최이서
펴낸곳	도서출판 북트리
주소	서울시 금천구 서부샛길 606 30층
등록	2016년 10월 24일 제2016-000071호
전화	0505-300-3158
팩스	0303-3445-3158
이메일	booktree11@naver.com
홈페이지	http://blog.naver.com/booktree77
값	18,000원
ISBN	979-11-6467-164-9 (03910)

• 이 책은 저작권에 등록된 도서로 저작권법에 따라 무단전재 및 복제와 인용을 금지합니다.
• 이 책 내용의 전부 및 일부를 이용하려면 저작권자와 도서출판 북트리의 서면동의를 받아야 합니다.
• 잘못된 책은 구입하신 서점에서 바꾸어 드립니다.